国家社科基金
后期资助项目

澳大利亚混血土著问题研究

A Study on Australia's Halfcastes Problem

杨洪贵 著

中央编译出版社
Central Compilation & Translation Press

国家社科基金后期资助项目
出版说明

　　后期资助项目是国家社科基金设立的一类重要项目，旨在鼓励广大社科研究者潜心治学，支持基础研究多出优秀成果。它是经过严格评审，从接近完成的科研成果中遴选立项的。为扩大后期资助项目的影响，更好地推动学术发展，促进成果转化，全国哲学社会科学规划办公室按照"统一设计、统一标识、统一版式、形成系列"的总体要求，组织出版国家社科基金后期资助项目成果。

全国哲学社会科学规划办公室

目 录

导 论 ··· 1
    一、人类学视野下的澳大利亚土著研究 ······························ 3
    二、澳大利亚土著史研究的兴起 ······································ 7
    三、澳大利亚土著研究的深入发展 ·································· 13
    四、国内学者对澳大利亚土著的研究 ······························ 22
    五、本书的任务 ··· 25

第一章 从教化到保护 ·· 27
  第一节 土著社会的萎缩 ·· 27
    一、澳大利亚土著的早期状况 ······································ 28
    二、白人与土著人的暴力冲突 ······································ 29
    三、疾病和瘟疫的侵袭 ··· 33
    四、土著社会遭遇的破坏 ·· 35
  第二节 教化土著的最初努力 ·· 38
    一、土著教化的缘起 ·· 38
    二、麦夸里的努力 ··· 40
    三、教会的介入 ·· 41
    四、早期教化的失败 ·· 43
  第三节 "注定灭绝"论 ·· 45
    一、英国人对澳大利亚土著的早期认识 ························· 45
    二、"注定灭绝"论的由来 ··· 48
    三、"注定灭绝"论的形成 ··· 50
    四、"注定灭绝"论的流传 ··· 53

第四节　土著保护政策 …………………………………… 55
　　　一、保护政策的由来 …………………………………… 56
　　　二、保护政策的确立 …………………………………… 60
　　　三、保护政策的实施 …………………………………… 64

第二章　混血土著问题的由来 ……………………………………… 72
　第一节　混血土著的由来 …………………………………… 72
　　　一、性别比例的长期失调 ……………………………… 72
　　　二、白人男性对土著妇女的追逐 ……………………… 77
　　　三、土著妇女对白人男性的接近 ……………………… 80
　　　四、种族婚姻（性）关系的特征 ……………………… 82
　第二节　混血土著的增长与分布 …………………………… 85
　　　一、混血土著人口的增长 ……………………………… 85
　　　二、混血土著人口的分布 ……………………………… 90
　第三节　混血土著对社会的威胁 …………………………… 93
　　　一、混血土著对"白澳"的冲击 ……………………… 93
　　　二、社会对混血土著的恐惧 …………………………… 98
　　　三、白人对混血土著的愧疚 …………………………… 101

第三章　混血土著问题解决之道的探索 …………………………… 104
　第一节　经济吸收模式的开创 ……………………………… 104
　　　一、1886 年《混血土著法》的出台 ………………… 105
　　　二、《混血土著法》的实施与成效 …………………… 107
　　　三、经济吸收模式的开创 ……………………………… 109
　　　四、经济吸收模式的推广 ……………………………… 111
　第二节　生物吸收方案的提出 ……………………………… 114
　　　一、国际优生学运动的兴起 …………………………… 114
　　　二、澳大利亚优生学运动的开展 ……………………… 116
　　　三、澳大利亚土著的种族归属 ………………………… 119
　　　四、巴斯道提出生物吸收方案 ………………………… 121
　第三节　吸收政策的确认 …………………………………… 125
　　　一、联邦政府的压力 …………………………………… 125
　　　二、各地的争论与共识 ………………………………… 129

三、第一次土著会议的影响 …………………………………………… 134

第四章　混血土著吸收政策的实施 …………………………………… 138
 第一节　强制隔离 ………………………………………………………… 138
  一、昆士兰 …………………………………………………………… 139
  二、维多利亚 ………………………………………………………… 140
  三、新南威尔士 ……………………………………………………… 141
  四、南澳 ……………………………………………………………… 143
  五、西澳 ……………………………………………………………… 145
  六、北领地 …………………………………………………………… 147
 第二节　教育与培训 ……………………………………………………… 149
  一、混血土著教育的实施 …………………………………………… 149
  二、混血土著教育的内容 …………………………………………… 152
  三、混血土著教育的特点 …………………………………………… 155
 第三节　血统改造 ………………………………………………………… 157
  一、各州对生物吸收方案的反应 …………………………………… 158
  二、内维尔的血统改造试验 ………………………………………… 160
  三、塞西尔·库克的优生学试验 …………………………………… 166

第五章　混血土著的生存状态 ………………………………………… 172
 第一节　隔离生活 ………………………………………………………… 172
  一、强制隔离的动机 ………………………………………………… 172
  二、隔离场所的状况 ………………………………………………… 174
 第二节　工作待遇及遭遇 ………………………………………………… 178
  一、混血土著的就业状况 …………………………………………… 178
  二、混血土著的工资与待遇 ………………………………………… 180
  三、混血土著女性的就业 …………………………………………… 182
 第三节　婚姻状况 ………………………………………………………… 185
  一、婚姻控制的推行 ………………………………………………… 185
  二、血统改造的悲哀 ………………………………………………… 188
 第四节　社会与心理处境 ………………………………………………… 192
  一、双重排斥 ………………………………………………………… 192
  二、心理困境 ………………………………………………………… 196

三、社会定位 …………………………………………… 198

第六章　混血土著吸收政策的终结 ………………………… 201
　第一节　观念的变化 …………………………………………… 201
　　一、"注定灭绝"论的破产 …………………………………… 201
　　二、生物吸收理论基础的丧失 ……………………………… 205
　　三、社会文化同化观念的高涨 ……………………………… 209
　第二节　土著的抗争 …………………………………………… 212
　　一、土著权利运动的兴起 …………………………………… 212
　　二、1938 年"哀悼日"活动 ………………………………… 214
　第三节　政策的转变 …………………………………………… 219
　　一、1939 年"土著新政" …………………………………… 219
　　二、第二次世界大战与土著政策变革 ……………………… 222
　　三、土著同化政策的确立 …………………………………… 226

结　语 ………………………………………………………………… 233
参考文献 …………………………………………………………… 239
译名对照表 ………………………………………………………… 254

导 论

"Half-Caste"是英语与葡萄牙语的混合词汇，产生于18世纪后期，用以指欧洲人与印度人结合所生的混血后代。随着英帝国的扩张，"Half-Caste"成为混血儿的统称。① 在澳大利亚历史上，人们常用"Half-Caste"这一术语，即混血土著，来称呼白人与土著结合所生的混血后代，以便与纯血统土著区分开来。② 由于白人男女比例长期失调，加之受到无法逾越的种族偏见限制，土著男性与白人妇女之间的婚姻（性）关系极为少见③，所以澳大利亚混血土著主要是白人男性与土著妇女结合的后代。从19世纪后期到第二次世界大战爆发，"混血土著"一语频繁地出现在澳大利亚的政治话语之中。④ 在此期间，混血土著被视为严重威胁"白澳"理想的种族与社会问题，受到澳大利亚政府的高度重视，引起澳大利亚社会的广泛关注。

自踏上澳洲大陆开始，白人就视土著为种族难题和心腹之患。19世

---

① Douglas, Bronwen & Ballard, Chris, *Foreign Bodies: Oceania and the Science of Race 1750 – 1940*, ANU E Press, 2008, p. 308.

② Rolls, Mitchell & Johnson, Murray, *Historical Dictionary of Australian Aborigines*, Lanham. Maryland: The Scarecrow Press, p. 120. 理论上看，"Half-Caste"指的是"土著与非土著父亲所生的后代"，即混血土著，包括土著与各种非土著人口结合的后代，诸如土著与白人、土著与亚洲人、土著与太平洋岛民等。见Austin, Tony, "'A Chance to Be Decent': Northern Territory 'Half-Caste' Girls in Service in South Australia 1916 – 1939", *Labour History*, No. 60, May, 1991, p. 52. 不过，19世纪和20世纪早期，"Half-Caste"这一术语在澳大利亚的法律中广泛使用，却是专指白人殖民者与土著居民结合的后代，具有一定土著血统同时又具有一定白人血统的人。见Neville, A. O., "The Half-Caste in Australia", *Mankind*, Volume 4, Issue 7, September 1951, pp. 274 – 290。

③ Ellinghaus, Katherine, *Taking Assimilation to Heart: Marriages of White Woman and Indigenous Man in the United States and Australia 1887 – 1937*, Lincoln & London: University of Nebraska Press, 2006, p. x.

④ Attwood, Bain & Griffiths, Tom, *Frontier, Race, Nation: Henry Reynolds and Australian History*, Melbourne: Australian Scholarly Publishing, 2009, p. 257.

纪末到20世纪初，殖民扩张导致土著社会的严重萎缩。在社会达尔文主义的影响下，"注定灭绝"论流行开来，澳大利亚各殖民地（州、领地）相继确立土著保护制度，建立保留地，把土著圈禁在保留地，任其自行灭绝。然而，就在澳大利亚社会庆幸土著问题即将自行解决之时，长期存在的白人男性与土著妇女的婚姻（性）关系造就的一个特殊群体——混血土著——逐步成为民众和政府关注的焦点。一方面，混血土著不仅被视为"白澳"理想的挑战，而且还被视为潜在的经济负担和不稳定因素；另一方面，混血土著身上与生俱来的白人血统也使人们深感歉疚与所担责任。

出于这种复杂的心态，为创建一个种族纯洁的国家，从19世纪80年代到第二次世界大战前夕，澳大利亚各殖民地（州、领地）积极探索解决混血土著问题的方法，实施一系列旨在试图将他们吸收进白人之中以促使其消失的政策。混血土著被从土著社会隔离出来，但又不为白人社会所接受，成为游离于两个种族之间的特殊群体。他们饱受饥馑、管制、排斥、歧视的屈辱和痛苦。然而，悲惨的命运也坚定了混血土著追求自由与平等的斗志。20世纪20—30年代开始，在他们中涌现出一批引领土著居民抗争的社会活动家，成为推动澳大利亚土著历史命运转折的重要力量。因此，通过对混血土著问题的系统研究，不仅有助于进一步全面揭示整个澳大利亚土著的历史遭遇及其演变轨迹，而且可以加深对澳大利亚社会的理解。

混血土著问题不仅是澳大利亚社会必须反思的历史问题，更是澳大利亚社会必须面对的现实问题。在混血土著问题处理过程中，强制隔离混血土著儿童成为普遍的手段。混血土著儿童被强制与家庭分离，安置在政府教养院和教会布道所抚养、教育、培训。这种做法延续时间长、影响范围广，造就了被称为"被偷的一代"（Stolen Generation）的特殊土著群体，也给"被偷的一代"及其家庭乃至整个土著社会带来了深重的心理和生理创伤。澳大利亚土著至今还在揭示这段历史，还在不断要求政府承认这段历史，并为之承担责任。学术界和社会上还在就如何对待白人剥夺和伤害土著的历史展开争论。土著问题不仅是当今澳大利亚政府面临的最重要、最难处理的问题之一，而且整个世界将通过土著问题来评判澳大利亚。① 正确和坦诚地对待处理混血土著问题的历史依然

---

① John, Melissa & Sanders, Will, "Debating Indigenous Issues: More Continuity than Change", *Australian Journal of Social Issues*, Vol. 40, No. 1, 2005, p. 55.

是澳大利亚政府和民众面向未来、促进民族和解与构建社会和谐的基本前提。

对澳大利亚混血土著问题的研究本身也涉及人类社会在现代化进程中如何理性发展的问题。以种族纯洁和文化同质为基本特征的单一民族国家曾经是很多国家追求的建国理想。为此，很多国家的多数人群体利用国家机器，采取各种手段排斥甚至灭绝少数人群体[①]，导演出一幕幕历史悲剧。混血土著就是澳大利亚在现代化过程中为实现种族纯洁的建国理想而被政府提出来，并试图以极端方式加以解决的种族与社会问题。在一个把国家概念与种族纯洁等同起来的国家里，少数人群体必然没有存在的空间，必然遭受严重的排斥。从这个意义上看，它不仅仅是土著问题，也不仅仅是发生在澳大利亚历史上的问题，而且更是世界各国在现代化过程中都必须面对和正视的如何处理国家与民族的关系问题、如何处理国家内部多数人与少数人的关系问题。

一、人类学视野下的澳大利亚土著研究

18世纪，欧洲人以新奇的眼光来看待澳大利亚土著，他们把土著与澳洲袋鼠一起运往伦敦供人参观和研究。19世纪，澳大利亚土著则被认为是欧洲人征服和开发澳洲新大陆的障碍。[②]

在欧洲人知悉澳大利亚土著过程中，人类学是一种极其重要的力量。[③] 19世纪70年代以后，随着人类学的兴起，澳大利亚土著逐渐引起学术界的关注。在一个关注社会进化并对达尔文进化论着迷的时代，澳大利亚土著被认为是现代社会起源的标本。学者们使用人类学田野考察方法研究澳大利亚土著的体质和社会结构，试图从澳大利亚土著身上探

---

① 世界文化委员会报告把"少数人"分为四类：（1）土著民族。他们的祖先可以上溯到该国最早的本地居民，他们与生存的土地有特殊的联系，从而对土地所有权看得非常重。（2）地域性少数人群体，他们通常拥有悠久的文化传统，生活在一个多民族的大家庭里。（3）非地域性少数人群体或游牧民族。他们与地域没有特别的联系。（4）移民，他们倾向以整体文化或宗教存在与本地社会发生关系。见联合国教科文组织、世界文化与发展委员会：《文化多样性与人类全面发展——世界文化与发展委员会报告》，广州：广东人民出版社，2006年，第18页。

② Rorabacher, Louise E., *Aliens in Their Land, the Aborigine in The Australian Short Story*. Melbourne: F. W. Cheshire Publishing Pty Ltd., 1968, p.8.

③ 许国润：《法律、理性与历史：澳大利亚的理念、制度和实践》，北京：中国法制出版社，2000年，第34页。

索现代社会结构的起源。① 欧美人类学家 L. H. 摩尔根（L. H. Morgon）、E. 泰勒（E. Tylor）和詹姆斯·弗雷泽（James Frazer）以及澳大利亚人类学家 L. 菲森（L. Fison）、W. B. 斯潘塞（W. Baldwin Spencer）、W. E. 罗斯（W. E. Roth）和 A. W. 霍瓦特（A. W. Howitt）都对澳大利亚土著研究表现出浓厚的兴趣。②

W. B. 斯潘塞（1860—1929）和弗朗克·格林（Frank Gillen）通过自己的努力引起公众对澳大利亚内陆沙漠地区土著居民的注意。1887年，W. B. 斯潘塞从英格兰移居澳大利亚，成为墨尔本大学生物学首位主持人。他与熟悉澳大利亚中部且同情土著居民处境的弗朗克·格林一起合作开展广泛的田野调查。1899年，他们合作的结晶《澳大利亚中部的土著部落》一书出版。③ 在对内陆地区一个以采集和狩猎为生的半游牧土著部族进行调查的基础上，该书如实地介绍他们的经济活动、社会生活、艺术形式与宗教信仰，成为研究澳大利亚土著的人类学经典。

20 世纪初，英国人类学家马林诺夫斯基（Bronislaw Kasper Malinowski）和拉德克利夫-布朗（Alfred Reginald Radcliffe-Brown）都曾到澳大利亚土著社区进行田野考察。1925 年，悉尼大学建立人类学系。拉德克利夫-布朗受聘于该系，成为澳大利亚第一位人类学教授。1926 年，阿德莱德大学建立人类学研究会。1930 年，澳大利亚创办人类学杂志《大洋洲》（*Oceania*）。澳大利亚国家研究理事会（Australian National Research Council）、洛克菲勒基金会（Rockefeller Foundation）以及卡耐基公司（Carnegie Corporation）均对澳大利亚土著研究给予慷慨资助。澳大利亚人类学研究得到迅速发展，一批杰出的人类学家相继涌现，如赫伯特·巴斯道（Herbert Basedow）、A. P. 埃尔金（A. P. Elkin）、P. M. 凯贝里（P. M. Karberry）、R. M. 伯纳特（R. M. Berndt）、C. H. 伯纳特（C. H.

---

① McAllister, Ian, Dowrick, Steve & Hassan, Riaz, *The Cambridge Handbook of Social Sciences in Australia*, Cambridge University Press, 2003, p. 574.
② Elkin, Adolphus Peter, *The Australian Aborigines*, Garden City, N. Y.: Doubleday, 1964, p. 343.
③ Spencer, Baldwin & Gillen, E. J., *Native Tribes of the Central Australia*, Cambridge University Press, 2010.

Berndt) 以及 W. E. H. 斯坦勒（W. E. H. Stanner）等。①

埃尔金被誉为20世纪澳大利亚最杰出的人类学家。他在1934—1956年间一直担任悉尼大学人类学教授，并长期担任土著种族保护协会（APNR）主席和新南威尔士土著福利委员会（AWB）副主席。他在田野调查的基础上，充分吸收前人研究成果，于1938年出版《澳大利亚土著》一书。在初版前言中，他指出："在过去的150年里，由于无知与冷漠，在处理土著问题时，我们曾经犯下过错，给土著造成了巨大的伤害。因此，政府官员和传教士应该接受人类学训练。只有懂得土著文化，才能真正帮助土著居民。"他还指出："该书的目的在于帮助人们更好地理解土著居民，促进澳大利亚社会对土著居民的观念、态度、政策朝着有利改善土著处境的方向转变。"② A. P. 埃尔金在书中把土著生活方式视为土著文化的核心，深入地分析澳大利亚土著的社会组织、习惯法、宗教、哲学思想等。该书是了解和认识澳大利亚土著传统社会的重要著作，只是论及澳大利亚白人与土著的关系和土著现状的笔墨很少。

1944年，A. P. 埃尔金出版《赋予公民权：一种全国性土著政策》一书，在对20世纪30年代澳大利亚土著事务进展进行分析的基础上，就全国统一的土著政策的原则、目标、意义、方法提出自己的理解与建议。作为一位有良知的学者，A. P. 埃尔金在该书中反对以控制混血土著婚姻和生物吸收为基本内容的土著政策，主张对土著居民实施文化同化，坚信授予土著公民权是土著同化政策的突破口。③ 该书揭示出当时混血土著的困境，反映了社会上对混血土著政策的质疑，是研究混血土著问题重要参考资料。

澳大利亚人类学的发展深刻地影响了土著事务管理。正如社会人类学家拉德克利夫-布朗在《大洋洲》的创刊号上所指出的，人类学是一门"具有实用价值并与土著事务密切联系的学问"④。A. P. 埃尔金在为

---

① Rorabacher, Louise E., *Aliens in Their Land, the Aborigine in the Australian Short Story*, Melbourne: F. W. Cheshire Publishing Pty Ltd., 1968, p. 8.

② Elkin, Adolphus Peter, *The Australian Aborigines*, Garden City, N. Y.: Doubleday, 1964, p. xvi.

③ Elkin, Adolphus Peter, *Citizenship for the Aborigines, A National Aboriginal Policy*, Sydney: Australasian Publishing Co. Pty. Ltd., 1944, pp. 7 - 8.

④ Broome, Richard, *Aboriginal Australians, Black Response to White Dominance 1788 - 1980*, Sydney, London, Boston: George Allen & Unwin, 1982, p. 163.

J. W. 布莱克利（John William Bleakley）的《澳大利亚土著：历史、习俗和同化》所写的前言中指出，悉尼大学建立人类学系的目的在于培训具备人类学知识的土著事务官员。① 人类学的发展促进了土著事务管理。同时，在人类学的影响下，土著管理官员纷纷著书立说研究土著问题和宣传土著政策。

1915—1940年，A. O. 内维尔（A. O. Neville）长期担任西澳土著首席保护官。25年的职业生涯使他充分了解土著状况和各级政府处理混血土著问题的政策。离任后，他结合自己的实践写成《澳大利亚的有色族裔》一书。② 内维尔在书中以西澳为中心，介绍了当时土著与土著政策现状，总结自己的工作经验，强调以优生学方法对混血土著实施血统改造。作为以生物吸收为基本方法解决混血土著问题的鼓吹者和实施者，内维尔在书中极力为自己所实施的政策辩护。该书是直接论述和分析混血土著问题的著作，包含了大量有关20世纪20—30年代西澳混血土著问题的重要资料，具有很高的参考价值。

J. W. 布莱克利（1879—1957）是20世纪上半期又一位重要的土著管理官员。1907年，J. W. 布莱克利进入昆士兰土著部工作。1914年，升任首席保护官，并担任这一职务直到1942年退休。《澳大利亚土著：历史、习俗与同化》一书是J. W. 布莱克利长期土著事务管理实践的总结。③ 在国际社会越来越关注澳大利亚土著的背景下，为了满足一般民众的需要，J. W. 布莱克利以通俗的语言写就这部著作。书中首先介绍土著居民的起源、生活方式、精神生活、社会习俗；其次探讨白人与土著的早期关系与传教士对土著的教化和布道所的建立；然后以昆士兰为中心对土著政策状况进行分析。值得指出的是，该书不仅涉及澳大利亚大陆土著，而且专门介绍了托勒斯海峡岛民。J. W. 布莱克利记载并分析了当时土著处境、土著政策，其中多处涉及混血土著的状况。虽然该书的初衷是向普通大众介绍澳大利亚土著，但也成为重要的研究参考资料。

1951年出任澳大利亚联邦政府负责北领地土著事务的领地部长保

---

① Bleakley, John William, *The Aborigines of Australia: Their History, Their Habits, Their Assimilation*, Brisbane: Jacaranda Press, 1961, Forword.
② A. O. Neville, *Australia's Coloured Minority: Its Place in the Community*, Sydney: Currawong Publishing Co., 1947.
③ Bleakley, John Williamley, *The Aborigines of Australia: Their History, Their Habits, Their Assimilation*, Brisbane: Jacaranda Press, 1961.

罗·哈斯勒克（Paul Hasluck）是第二次世界大战后澳大利亚土著同化政策的设计者与实施者。20世纪20年代在西澳大学求学期间，他完成了硕士论文《澳大利亚土著——1829—1897年西澳土著政策调查》，并于1942年出版。该书系统地探讨1829—1897年间西澳的土著政策与民众的土著观念演变。正如作者在再版前言中所言："对医生来说，在开出处方之前，知晓患者病史非常重要。同样，了解土著的历史将有助于人们更好地理解与把握当今土著问题。"① 这部著作虽然没有涉及其他地方的土著问题及后来的混血土著问题，但从这种思考角度来看，其价值也不可忽视。

从总体上看，19世纪末到20世纪50—60年代，人类学家及其影响下的土著事务官员一直是澳大利亚土著问题主要的关注者和研究者。人类学对澳大利亚土著的研究局限于亲属关系、宗教、语言、土地权以及男女关系等土著社会内部问题。土著居民与非土著居民的关系，以及城市土著群体和混血土著群体，则在研究的对象之外。② 而土著事务管理者主要关注的是土著政策的总结，还缺乏对澳大利亚土著史的系统考察。

二、澳大利亚土著史研究的兴起

长期以来，在人们观念里，澳大利亚土著是一个即将灭绝的古老种族，其存在的价值仅仅在于为人类学研究提供范本。③ 他们只是人类学研究的对象，而非历史学研究的范畴。④ 早期澳大利亚历史学家们认为，在英国人到来之前，澳大利亚没有历史可言。澳大利亚历史始于库克船长发现澳大利亚的1770年，库克之前（BC，即 Before Cook）没有历史。⑤

1917年出版的一本澳大利亚历史教科书指出，在人们心目中，澳大

---

① Hasluck, Paul, *Black Australians: A Survey of Native Policy in Western Australia, 1829-1897*, Carlton, Vic.: Melbourne Univsity Press, 1970, p. 5.
② McAllister, Ian, Dowrick, Steve & Hassan, Riaz, *The Cambridge Handbook of Social Sciences in Australia*, Cambridge University Press, 2003, p. 574.
③ McAllister, Ian, Dowrick, Steve & Hassan, Riaz, *The Cambridge Handbook of Social Sciences in Australia*, Cambridge University Press, 2003, p. 574.
④ Attwood, Bain, *Telling the Truth about Aboriginal History*, Crows Nest, N.S.W.: Allen & Unwin, 2005, p. 16.
⑤ 许国润：《法律、理性与历史：澳大利亚的理念、制度和实践》，北京：中国法制出版社，2000年，第23页。

利亚历史指的是澳大利亚白人的历史。澳大利亚土著有从远古继承了传说、语言和习俗，但是他们没有"历史"这一术语所包含的文明内涵。①因此，在早期澳大利亚历史著述中，人们难以发现澳大利亚土著的身影。R. M. 克劳福德（R. M. Crawford）的《澳大利亚》于1952年出版，到1963年重印7次，包括1960年的修订本，仅有2条关于澳大利亚土著问题的索引。曼宁·克拉克（Manning Clark）的《澳大利亚简史》于1963年出版，1969年、1980年和1981年多次重印，仅有17条关于澳大利亚土著问题的索引。汉弗莱·麦奎因（Humphrey McQueen）的《新不列颠》于1970年出版，1971年、1976年和1978年重印，仅有4条关于澳大利亚土著问题的索引。② 1959年，澳大利亚著名历史学家约翰·拉·诺兹（John La Nauze）在总结此前40年澳大利亚历史研究时指出："与新西兰的毛利人、美洲印第安人和南非班图人不同，土著在澳大利亚历史研究中仅仅是人类学的悲惨注脚而已。"③ 曼宁·克拉克是20世纪澳大利亚著名历史学家，著有六卷本的《澳大利亚史》。1976年在谈及为何没有考察澳大利亚土著历史时，他坦率地承认，他们那一代历史学家抱有严重的偏见。在他们看来，澳大利亚只存在一种文化——欧洲文化，只存在一种生活方式——移植而来的欧洲人的生活方式。④

20世纪60年代是澳大利亚土著居民与非土著居民关系发展的分水岭。1963年，土著社区反对北领地戈夫半岛（Gove Peninsula）的矿地租约，土著居民的土地权问题被提上澳大利亚国家议程。1966年，韦夫希尔（Wave Hill）牧业工人罢工争取平等工资待遇和就业机会。1967年，宪法改革的全民公决通过，联邦获得为土著立法以及将公民权扩大到土著的广泛权力。这些事件的发生使得土著居民越来越受到人们的关注，推动了澳大利亚土著研究。

1961年澳大利亚土著研究院（AIAS）的建立，成为澳大利亚土著与

---

① Shuker, Rhonda & Gistitin, Carol, *An Introductory Aboriginal and Islander History*, Central Queensland University, 2000, pp. 1 – 3.
② Craven, Rhonda, *Teaching Aboriginal Studies*, St Leonards, N. S. W.: Allen & Unwin, 1999, p. 152.
③ Attwood, Bain, *Telling the Truth about Aboriginal History*, Crows Nest, N. S. W.: Allen & Unwin, 2005, p. 16.
④ Craven, Rhonda, *Teaching Aboriginal Studies*, St Leonards, N. S. W.: Allen & Unwin, 1999, p. 152.

托勒斯海峡岛民研究史上一个重要的转折点。① 1961年研究院以临时理事会的形式成立，1964年6月澳大利亚国会通过《澳大利亚土著研究院法》(*Australian Institute of Aboriginal Studies Act*)，规定该院为独立于政府之外的研究机构，拥有22个理事会成员和100名个人创始成员。该法规定，澳大利亚土著研究主要从事"人类学研究和有关澳大利亚土著居民的研究（包括文化与语言研究）"②。澳大利亚土著研究院的宗旨是"促进土著研究及土著研究成果出版，鼓励与相关机构合作，资助相关领域研究人员培训"③。

在这种背景下，学术界开始对澳大利亚历史研究进行全面反思。1968年，在澳大利亚广播公司开办的博耶讲座（Boyer Lectures）上，人类学家 W. E. H. 斯坦勒教授指出，澳大利亚历史研究存在严重的缺陷。现有历史研究只呈现澳大利亚过去光辉的一面，而忽视土著居民的存在，忽视对土著苦难史的考察。他把这种忽视称为"澳大利亚人巨大的沉默（Great Australian Silence）"④。

查尔斯·邓福德·罗利（Charles Dunford Rowley）是打破沉默开创土著史研究的早期代表。1972年，他出版关于澳大利亚土著历史的三部专著：《土著社会的破坏》、《白人社会的贱民》（*Outcasts in White Australia*, Ringwood, Vic.: Penguin Books, 1972）以及《偏远的土著人》（*The Remote Aborigines*, Ringwood, Vic.: Penguin Books, 1972）。其中最重要的是《土著社会的破坏》。该书以历史学的方法对白人与土著关系进行了梳理。它首先介绍白人与土著的最初接触。然后详细地描述白人殖民者给澳大利亚土著社会带来的破坏。他把土著人口急剧减少的原因归结

---

① Reference Group for the Australian Academy of the Humanities, *Knowing Ourselves and Others: The Humanities in Australia into the 21st Century*, *Volume 2 Discipline Surveys*, Commonwealth of Australia, 1998, p. 1.

② Reference Group for the Australian Academy of the Humanities, *Knowing Ourselves and Others: The Humanities in Australia into the 21st Century*, *Volume 2 Discipline Surveys*, Commonwealth of Australia, 1998, p. 2.

③ McAllister, Ian, Dowrick, Steve & Hassan, Riaz, *The Cambridge Handbook of Social Sciences in Australia*, Cambridge University Press, 2003, p. 575.

④ Manne, Robert, *Whitewash: on Keith Windsshuttle's Fabrication of Aboriginal History*, Melbourne: Schwartz Publishing, 2003, p. 1.

为暴力冲突、生活方式破坏、疾病以及营养不良。① 罗利还探讨土著保护制度的形成过程，指出"所谓的保护实际是对土著的全面限制"②。这部著作初步揭示白人殖民者给土著带来的悲惨历史遭遇。在后两部著作里，罗利进一步从殖民者无限制的扩张和剥夺的角度揭示土著社会萎缩的根源。③ 虽然罗利主要关注的是历史上白人殖民者对土著社会的破坏，但也为理解和认识混血土著问题的由来提供了大的历史背景。罗利的这三部著作被认为是澳大利亚土著史（Aboriginal History）——澳大利亚史学的一个特殊研究领域——兴起的标志。④

与罗利探讨白人殖民者对土著社会的破坏不同，亨利·雷诺兹（Henry Reynolds）则关注土著对殖民者的反应和抵制。亨利·雷诺兹是20世纪澳大利亚杰出的历史学家，主要研究历史上欧洲殖民者与澳大利亚土著居民的冲突。亨利·雷诺兹早年毕业于塔斯马尼亚大学，曾在澳大利亚和英格兰担任过中学教师。1964年担任澳大利亚汤斯维尔大学（Townsville University）（即今詹姆斯·库克大学）讲师。后在该校获得历史学博士学位，1982年开始担任该校历史学与政治学副教授，直到1998年退休。退休后担任塔斯马尼亚大学澳大利亚研究理事会成员。亨利·雷诺兹出版了十多部专著和数十篇论文，就澳大利亚殖民过程中发生的殖民者与土著居民之间的暴力冲突、土著居民的抵抗以及由此导致的对土著居民的屠杀等问题进行系统探讨。1972年，雷诺兹的《土著与殖民者：澳大利亚历史1788—1939年》（*Aborigines and Settlers: The Australian Experience* 1788—1939, Melbourne: Cassell Australia, 1972）出版。当时普遍坚持的观念认为，在澳大利亚殖民的过程中，土著居民几乎没有进行过抵抗，土著居民对殖民者的技术和文化也没有兴趣。在该书中，雷诺兹对此进行了反驳。他认为，土著居民不仅进行过抵抗，而且英勇

---

① Rowley, C. D., *The Destruction of Aboriginal Society*, Ringwood, Vic.: Penguin Books, 1972, pp. 79–80.

② Rowley, C. D., *The Destruction of Aboriginal Society*, Ringwood, Vic.: Penguin Books, 1972, p. 138.

③ Veracini, Lorenzo, "A Prehistory of Australia's History Wars: The Evolution of Aboriginal History During the 1970s and 1980s", *Australian Journal of Politics and History*, Vol. 52, No. 3, 2006, p. 442.

④ Veracini, Lorenzo, "A Prehistory of Australia's History Wars: The Evolution of Aboriginal History During the 1970s and 1980s", *Australian Journal of Politics and History*, Vol. 52, No. 3, 2006, p. 441.

善战；土著居民不仅对殖民者的技术和文化感兴趣，而且能够有选择地加以利用。1981年，雷诺兹的又一部重要著作《边疆的另一面：土著对欧洲入侵澳大利亚的抵制》（*The Other Side of the Frontier*：*Aboriginal Resistance to the European Invasion of Australia*，Sydney：University of New South Wales Press，2006）出版。作者利用大量的文献资料和口述史资料进一步详细地描述1788年以来澳大利亚土著对白人殖民者的强烈抵制。该书是对土著抵抗白人殖民问题的首次全面而系统的研究，对澳大利亚历史研究产生了深刻影响。该书改变了人们理解澳大利亚土著与欧洲殖民者之间关系史的方式，影响了人们理解澳大利亚历史的方式，成为澳大利亚历史学研究的经典著作。1982年，该书获得澳大利亚厄内斯特·斯考特史学奖（Ernest Scott Historical Prize）。

除此而外，雷诺兹主要论著还包括：《边界：土著、殖民者与土地》（*Frontier*：*Aborigines*，*Settlers and Land*，Sydney：Allen & Unwin，1987）、《剥夺：澳大利亚黑人与白人入侵者》（*Dispossession*：*Black Australia and White Invaders*，Sydney：Allen & Unwin，1989）、《与白人同行》（*With the White People*，Ringwood，Vic.：Penguin，1990）、《昆士兰北部的种族关系》（*Race Relations in North Queensland*，Townsville，Qld：Dept. of History and Politics, James Cook University of North Queensland，1993）、《土著主权：关于种族、国家和民族的思考》（*Aboriginal Sovereignty*：*Reflections on Race*，*State and Nation*，St. Leonards，N.S.W.：Allen & Unwin，1996）、《内心低语》（*This Whispering in Our Hearts*，St. Leonards，N.S.W.：Allen & Unwin，1998）、《为什么不告诉我们：寻求历史真相的历程》（*Why Weren't We Told*：A Personal Search for the Truth about Our History，Ringwood，Vic.：Penguin，2000）、《黑人先锋》（*Black Pioneers*，Ringwood，Vic.：Penguin，2000）和《澳大利亚历史上的大屠杀问题：抹不掉的污点？》（*The Question of Genocide in Australia's History*：*An Indelible Stain*？Ringwood，Vic.：Viking，2001）。

与前两位学者不同，里查德·布鲁姆（Richard Broome）的《澳大利亚土著与白人关系：1788—1980》则更注重从总体上探讨澳大利亚历史上白人与土著两个种族的互动关系。该书最初于1982年问世。在初版前言中，作者指出："要自信地面对未来，我们就必须充分地理解塑造澳大利亚历史的力量和运动。历史研究是我们正确认识自己的重要途径。通过历史研究，我们不仅可以理解土著，而且可以更好地理解白人社会。自1788年以来的澳大利亚历史是白人和土著共同创造的历史，是双方相互作用、相互影响的历史。"① 他认为，在澳大利亚殖民过程中存在白人大量屠杀土著的暴力事件。随着白人殖民扩张的完成，许多白人掩盖澳大利亚历史残酷的一面，仅仅热衷于描述白人光辉的拓展史，土著被说成勇敢的白人开拓者必须克服的障碍之一。于是，人们把土著从澳大利亚历史中抹掉。事实上，澳大利亚存在两部历史：一部胜利者（白人）的历史，一部失败者（土著）的历史。② 基于这样的认识，作者从总体上对1788年到1980年澳大利亚白人与土著的互动关系进行分析。虽然没有专门的章节探讨混血土著问题，但是该书从多角度涉及澳大利亚混血土著问题。

与之同时，以地域为中心探讨澳大利亚土著历史的著作也不断出现。1975年出版的《昆士兰殖民地的种族关系：排斥、剥削和灭绝的历史》就是其中的代表。作者把白人与土著的关系史分为三个阶段：首先是争夺资源的战争，其次是对残存土著的剥削，最后是试图彻底灭绝土著种族。③ 该书不仅提出认识土著与白人关系史的模式，而且开创澳大利亚土著地方史研究的先河。1981年出版的《塔斯马尼亚土著》则是又一代表。④ 随后，林多尔·瑞安（Lyndall Ryan）、戴曼·巴里克（Dianne Barwick）、诺埃尔·卢斯（Noel Loos）、亨利·马库斯（Henry Markus）和彼得·里德（Peter Read）分别对塔斯马尼亚、维多利亚、昆士兰、西澳和新南威尔士的土著与白人关系进行新的探讨。⑤

随着澳大利亚土著史研究的兴起，一些杰出的土著人士也纷纷以自己的亲身经历为基础，出版不少反映土著群体与个人历史遭遇的作品。就个人传记而言，最著名的莫过于查尔斯·帕金斯（Charles Perkins）

---

① Broome, Richard, *Aboriginal Australians, Black Response to White Dominance 1788 - 1980*, George Allen & Unwin. 1982, p. 6.

② Broome, Richard, *Aboriginal Australians, Black Response to White Dominance 1788 - 1980*, Sydney: George Allen & Unwin, 1982, p. 51.

③ Evans, Raymond, Saunders, Kay, & Cronin, Kathryn, *Race Relations in Colonial Queensland, A History of Exclusion, Exploitation and Extermination*, St. Lucia, Qld: University of Queensland Press, 1975, p. 29.

④ Ryan, Lyndall, *The Aboriginal Tasmanians*, University of Queensland Press, 1981.

⑤ Cavanagh, Pat, "Australian History: A New Understanding", in Rhonda Craven, ed., *Teaching Aboriginal Studies*, St Leonards, N. S. W.: Allen & Unwin, 1999, p. 159.

(1936—2000）的自传《我是一个私生子》。查尔斯·帕金斯是澳大利亚著名的土著领袖。1965 年，受美国自由乘车运动启发，帕金斯带领 29 名悉尼大学的学生组织了澳大利亚历史上著名的"自由之行"。他们深入新南威尔士西北部地区调查土著的处境，抗议当地政府和居民对土著的歧视。1975 年，查尔斯·帕金斯的自传《我是一个私生子》出版。在自传里，他对"自由之行"以及自己的人生经历进行了全面阐述。① 查尔斯·帕金斯本人就是混血土著的杰出代表人物，他的传记可以为探讨混血土著的遭遇提供重要线索。

20 世纪 70—80 年代，澳大利亚土著研究主要涉及两个方面的问题：一是以人口学和民族学方法探讨土著人口在诸如卫生、教育、就业以及犯罪与法律等广泛的社会生活层面所处的劣势地位；二是探讨土著居民与非土著居民以及社会机构之间的关系。② 历史学家参与澳大利亚土著研究则主要体现在第二个方面。总体上看，在这一时期，历史学家关注的焦点是白人殖民对土著社会的影响以及土著的反应，也就是白人与土著的关系问题，而且主要集中于殖民时代白人与土著之间暴力冲突的探讨。澳大利亚土著中的特殊群体——混血土著——的苦难历史还没有受到应有的重视，但是在对土著种族整体命运的探讨中，也涉及混血土著问题，尽管比较零散。

三、澳大利亚土著研究的深入发展

1990 年 3 月，依据《澳大利亚土著与托勒斯海峡岛民研究院法》（*Australian Institute of Aboriginal and Torres Strait Islander Studies Act*），澳大利亚土著研究院改为澳大利亚土著和托勒斯海峡岛民研究院。该法规定，澳大利亚土著与托勒斯海峡岛民研究指的是有关澳大利亚土著与托勒斯海峡岛民的文化、历史和社会的调查与研究。③ 对于"文化、历史与社会"，昆士兰大学的解释为"考古、史前史、人类学、历史学、社会学、土著文学、语言学、种族关系、政治学、音乐、政府管理和宗教，以及

---

① Perkins, Charles, *A Bastard Like Me*, Sydney: Ure Smith, 1975.
② McAllister, Ian, Dowrick, Steve, & Hassan, Riaz, *The Cambridge Handbook of Social Sciences in Australia*, Cambridge University Press, 2003, p. 575.
③ Reference Group for the Australian Academy of the Humanities, *Knowing Ourselves and Others: The Humanities in Australia into the 21st Century*, *Volume 2 Discipline Surveys*, Commonwealth of Australia, 1998, p. 2.

与土著和托勒斯海峡岛民相关的跨学科研究"。一些大学的土著与托勒斯海峡岛民研究还涉及法律、生物学、教育、社会工作、社区福利、旅游管理、文化地理、医学、卫生研究和护理、人体生理学和建筑学等。研究院的改组不仅把托勒斯海峡岛民纳入土著研究范畴,而且推动跨学科领域"土著研究"的形成。澳大利亚土著与托勒斯海峡岛民研究院涉及的研究领域包括:家庭史、环境卫生、考古学和遗址研究、土著权利、语言和口述史、以及音乐等等。研究院对诸如卫生、岩画艺术、音乐、艺术、考古、生物、当代研究、教育、历史、妇女研究、住房问题、地权问题、语言与语言史、史前史、心理学以及人类学领域的研究进行资助。① 1992年高等法院对马伯诉昆士兰政府案进行判决,推动《1993年土著权利法》(Native Title Act 1993)的通过。考古学、历史学、人类学和语言学研究在为土著权利诉求提供证据和决定法律问题方面的作用显露出来。加之基廷政府把促进种族和解作为基本国策,土著问题的研究得到深入发展,并在以下几个方面取得显著成就。

(一)"被偷的一代"研究

澳大利亚联邦政府组建了人权与机会平等委员会对全国的"被偷的一代"进行调查,1997年委员会出版了最后报告《回家——关于强制隔离土著儿童的调查报告》。② 该报告不仅公布了不少历史资料,更重要的是促进了学术界对澳大利亚土著问题的深入探讨。"被偷的一代"是20世纪90年代以来澳大利亚土著研究的热点。③

---

① Reference Group for the Australian Academy of the Humanities, *Knowing Ourselves and Others: The Humanities in Australia into the 21st Century*, Volume 2 Discipline Surveys, Commonwealth of Australia, 1998, p. 1.

② Human Rights and Equal Opportunity Commission, *Bringing Them Home: Report of the National Inquiry into the Separation of Aboriginal and Torres Strait Islander Children from Their Families*, Sydney: Sterling Press, 1997.

③ "被偷的一代"指的是19世纪末到20世纪70年代澳大利亚政府实施强制隔离政策,将土著儿童从土著家庭分离出来安置在政府教养院、教会布道所以及白人家庭抚养而形成的特殊土著群体。混血土著是"被偷的一代"的主体。1997年人权与机会平等委员会的报告《带他们回家》全面披露了这一历史问题。参见 Read, Peter, *A Rape of the Soul So Profound: the Return of the Stolen Generations*, St Leonards: Allen & Unwin, 1999, p. 49; Human Rights and Equal Opportunity Commission, *Bringing Them Home: Report of the National Inquiry into the Separation of Aboriginal and Torres Strait Islander Children from Their Families*, Sydney: Sterling Press, 1997.

彼得·里德（Peter Read）教授是"被偷的一代"这个术语的创造者。20世纪80年代开始，彼得·里德就从事土著事务管理和土著历史研究，曾担任澳大利亚国立大学《土著历史》杂志的主编。后转入悉尼大学历史系，讲授澳大利亚历史和土著历史，并担任土著研究中心副主任。彼得·里德对澳大利亚土著（尤其是北领地和新南威尔士土著）的历史以及"被偷的一代"进行过广泛深入的研究，著述颇丰，其中最为著名的是1999年出版的《被强暴的灵魂》。该书收集1976年到1998年间作者先后写就的9篇文章，从不同角度关注那些在儿童时代就被强制与土著社会隔离，并在白人社会长大成人的土著人的经历以及痛苦。[①]其中一些采访记录揭示混血土著个人的悲惨遭遇，是探讨混血土著政策后果的重要例证。

1998年出版的昆顿·贝斯福德（Quentin Beresford）等人所著的《我们的心灵：种族计划与被偷的一代》是又一部关于"被偷的一代"研究的重要著作。在采访许多"被偷的一代"的成员和土著事务官员的基础上，作者查阅了大量文献资料，着重对土著儿童隔离政策的历史根源以及对土著家庭生活的影响进行了研究。作者认为，失去家庭、文化和认同感的痛苦，只有曾经经历，否则无法充分诉说。因此，该书的出发点不是为土著诉说痛苦，而是向世人揭示澳大利亚历史上发生的悲剧，使人们能够更好地理解过去、过去对现在的影响以及种族和解的必要。[②]该书深刻地剖析了土著儿童隔离的种族主义根源，有助于我们认识混血土著问题产生的社会思想基础。

（二）国际比较研究

国际比较成为20世纪90年代以来澳大利亚土著问题研究的重要视角。加拿大学者安德鲁·阿米蒂奇（Andrew Armitage）的《土著同化政策比较：澳大利亚、加拿大和新西兰》就是这方面的重要代表。[③]他认为，19世纪以来，由于英国的殖民扩张，在澳大利亚、加拿大和新西

---

① Read, Peter, *A Rape of the Soul So Profound, the Return of the Stolen Generations*, St LEonards: Allen & Unwin, 1999, p. vii.
② Beresford, Quentin, & Omaji, Paul, *Our State of Mind: Racial Planning and the Stolen Generations*, Fremantle, W. A.: Fremantle Arts Centre Press, 1998, p. 8.
③ Armitage, Andrew, *Comparing the Policy of Aboriginal Assimilation: Australia, Canada, and New Zealand*, Vancouver: University of British Columbia Press, 1995.

兰，土著成为自己土地上的少数人群体。大英帝国为土著人设计的命运轨迹是：文明化、基督教化和成为公民，即同化。该书把三国政府实施的土著政策分为早期接触、保护、同化、一体化和多元化几个阶段。在同化政策下，儿童受到特别的关注，该书主要集中探讨土著儿童福利与教育问题，包括关于土著儿童隔离、西化教育、儿童福利及其严重影响等。该书的重要意义在于帮助人们从比较的角度理解土著同化问题。对澳大利亚土著同化的探讨仅集中在两个方面：一是澳大利亚土著政策的历史发展（见该书第 2 章）；二是土著与儿童福利政策的历史演变过程（见该书第 3 章）。正如作者在前言中所说，他是一位社会工作者，主要关心的是儿童福利政策，并认为，儿童福利政策是土著同化政策的缩影。①

1999 年，詹姆斯库克大学的保罗·哈夫曼（Paul Havemann）教授主编的《澳大利亚、加拿大和新西兰土著民族的权利》是又一部比较研究的著作。② 该书的突出之处首先是吸收一些杰出的土著学者参与写作；其次是比较方法的运用。全书分为 6 个部分，每个部分就土著问题的特定方面进行探讨，在每部分之前则是对三个国家土著问题的总体分析，然后分别对澳大利亚、加拿大和新西兰土著的状况进行阐述，使读者对三国土著问题的异同一目了然。该书主要揭示了三国土著的共同历史遭遇：土地被占领，权利被剥夺。同时指出，虽然在法律与政治制度方面拥有共同的来源，但三国土著的权利与遭遇却存在着巨大差别。从 1788 年以来，澳大利亚被作为"无主地（Terra Nullis）"对待；1840 年，新西兰白人与毛利人签订《怀唐伊条约》，承认毛利人的权利；1763 年，《国王宣告》规定，限制加拿大白人在印第安人领土上殖民，并与印第安人订立了 12 个条约；1867 年，加拿大联邦获得对全国土著的管辖权，而澳大利亚联邦却直到 100 年之后，即 1967 年全民公决之后，才承担起对全国土著的责任。

（三）土著权益与法律地位研究

马丁·亨顿（Martin Hinton）等人完成的《澳大利亚土著与法律》，

---

① Armitage, Andrew, *Comparing the Policy of Aboriginal Assimilation: Australia, Canada, and New Zealand*, Vancouver: University of British Columbia Press, 1995, p. xii.
② Havemann, Paul, *Indigenous Peoples' Rights in Australia, Canada, and New Zealand*, Auckland: Oxford University Press, 1999.

就有关土著的法律制度以及土著法律地位状况进行分析。① 如果说该书主要关注当代澳大利亚土著法律问题，那么约翰·切斯特曼（Joan Chesterman）和布雷恩·加利根（Brain Galligan）合作的《无权的公民，土著与澳大利亚公民权》则是关注土著法律地位历史演变的重要著作。书中不仅详细地叙述澳大利亚历届与各级政府控制、隔离和排斥土著的法律与管理制度，而且考察了土著和托勒斯海峡岛民获得公民权和土著权的历程。② 尼古拉斯·彼得森（Nicholas Peterson）和威尔·桑德斯（Will Sanders）主编的《公民权与澳大利亚土著》则主要以1967年宪法改革为中心，探讨澳大利亚土著法律与土著政治地位的演变历程。③ 作者首先追溯了殖民时代土著与白人的关系史，然后全面探讨了1967年全民公决。他认为，1967年全民公决对于土著公民权的象征意义远远超过实际的法律意义。最后该书还分析了土著公民权问题的未来发展。这三部著作也涉及混血土著的法律地位和政治权利问题。

对土著权利问题的探讨还体现在对土著运动的探讨上。在这方面，安·柯斯伊（Ann Curthoys）的《自由之行：一位自由之行战士的记忆》是一部全面反映1965年澳大利亚"自由之行"的重要著作。④ 作为"自由之行"的参加者，作者对查尔斯·帕金斯领导的"自由之行"的缘起、过程和影响进行了全面的论述。这是一部全面探讨具体历史事件的著作，虽然关注的是20世纪60年代的土著问题，但在对新南威尔士西北部地区土著状态的介绍中，也涉及混血土著的历史。

在土著权利问题的研究上，贝恩·阿特伍德（Bain Attwood）是一位非常重要的学者。二十多年来，阿特伍德把绝大多数时间都用于研究和讲授土著历史。⑤ 长期的努力使他成为澳大利亚土著史研究领域最杰出的学者之一，先后编著十多部著作。2003年出版的《土著权利》一书，

---

① Johnston, Elliott, Hinton, Martin, & Rigney, Daryle, *Indigenous Australians and the Law*, Gavendish Pubishing, 1997, p. 1.

② Chesterman, Joan, & Galligan, Brian, *Citizens Without Rights*, *Aborigines and Australian Citizenship*, Melbourne: Cambridge University Press, 1997, p. 9.

③ Peterson, N., & Sanders W., *Citizenship and Indigenous Australians: Changing Conceptions and Possibilities*, Cambridge: Cambridge University Press, 1998.

④ Curthoys, Ann, *Freedom Ride, A Freedom Rider Remembers*, Crows Nest, N.S.W: Allen & Unwin, 2002.

⑤ Attwood, Bain, *Telling the Truth About Aboriginal History*, Crows Nest, N.S.W.: Allen & Unwin, 2005, p. 7.

阿特伍德参考大量历史文献资料，探讨 19 世纪 70 年代到 20 世纪 70 年代土著争取权利的斗争历程。① 该书是一部系统探讨土著权利问题的著作，具有许多独特之处。首先，它不仅分析土著活动家的斗争，而且揭示了非土著人士与组织的作用。作者认为："如果不承认白人活动家的作用，土著权利斗争的最主要事件，例如土地权问题的产生，就不能得到令人信服的解释。白人活动家包括教会团体和传教士、人道主义者、人类学家、作家和共产党员、律师和政治家以及其他关心土著的人们。"② 其次，它不仅提出了土著公民权问题，而且提出了土著权问题。阿特伍德对于土著争取公民权和土著权的斗争历程的探讨具有重要的现实意义，因为，公民权和土著权利之间的紧张关系依然是后殖民时代澳大利亚社会关于土著问题争论的焦点。③ 书中所涉及的土著活动家就是一批杰出的混血土著，因此对研究混血土著争取自由和权利的斗争有借鉴意义。

阿特伍德还致力于土著问题的文献资料整理。1999 年，阿特伍德和安德鲁·马库斯（Andrew Markus）合作完成《为土著权利而奋斗：一部文献史》。与有关种族关系的其他文献汇编不同，该书明确地强调土著居民在争取权利斗争中的影响，并力图通过揭示土著的声音来探讨土著政治史。④ 全书收集从 1837 年到 1998 年间共 200 条有关土著争取权利斗争的文献资料，涉及内容广泛，极具代表性。这些文献资料以时间顺序分为四个部分：19 世纪；20 世纪 20 年代到 50 年代；20 世纪 50 年代到 70 年代；20 世纪 70 年代到 1998 年。该书的价值不仅在于是文献资料的汇编，而且在前言和每部分的绪论中，作者对文献资料以及与土著权利相关的问题进行了简明扼要的分析，为读者深入探讨文献提供了必要的指导。这部文献史的不少内容涉及混血土著的斗争情况。

2004 年，阿特伍德和马库斯再度合作，完成又一部重要土著问题的著作《威廉·库珀与澳大利亚土著联盟》。威廉·库珀（William Cooper）是一位杰出的混血土著活动家。他出生于 1861 年，20 世纪 20—30 年代成为澳大利亚西南地区最有影响的土著代言人，并创建土著组织——澳

---

① Attwood, Bain, *Rights for Aborigines*, Crows Nest, NSW: Allen and Unwin, 2003, p. xi.
② Attwood, Bain, *Rights for Aborigines*, Crows Nest, NSW: Allen and Unwin, 2003, p. xiii.
③ Glaskin, Katie, "Book Reviews, 'Rights for Aborigines'", *Australian Journal of Anthropology*, Vol. 16, Iss. 1, 2005.
④ Attwood, Bain, Markus, Andrew, *The Struggle for Aboriginal Rights: A Documentary History*, St Leonards: Allen & Unwin, 1999, p. 2.

大利亚土著联盟。通过集会、请愿和向英国国王、政府官员、报刊和土著的同情者写信等方式，库布斯开展了一系列揭露土著处境、表达土著愿望和要求的斗争。两位作者历时二十余年，遍访澳大利亚重要的图书馆和档案馆，最终完成了这部关于库布斯及其领导的澳大利亚土著联盟的文献史著作。① 该书首先在绪论中对威廉·库布斯生平事迹以及为土著权利斗争的活动情况进行了简要的介绍，然后收集整理了100条关于威廉·库布斯开展斗争的文献资料。这些资料主要集中于1929年到1940年威廉·库布斯活动最为活跃的时期，其中不少反映了库布斯对隔离混血土著儿童的政策看法，是探讨混血土著处境与抗争的重要资料。

（四）婚姻（性）关系研究

在澳大利亚学术界，研究种族关系的学者多关注白人男性对土著妇女的侵犯。历史学家们都认识到，白人妇女与土著男性之间的婚姻（性）关系极为少见。② 澳大利亚历史学家亨利·雷诺兹在《与白人同行：土著在澳大利亚开发中的重要作用》一书中指出："土著男性与白人妇女之间的婚姻（性）关系遭遇无法逾越的种族偏见。"③ 或许进一步的研究可能揭示白人妇女与土著男性之间存在婚姻（性）关系，但是这种关系也极其罕见。④ 关于土著历史的著述一般都会提到土著妇女与白人男性的关系，但是却很少涉及土著男性与白人女性的关系。当代土著男性学者约翰·梅纳德（John Maynard）和白人妇女学者维多利亚·哈斯金斯（Victoria Haskins）合作对历史上土著男性与白人妇女之间的交往进行了考察。⑤

澳大利亚莫纳什大学哲学、历史与国际问题研究学院凯瑟琳·艾琳

---

① Attwood, Bain, Markus, Andrew, *Thinking Black: William Cooper and the Australian Aborigines' League*, Canberra: Aboriginal Studies Press, 2004, p. xiii.

② Ellinghaus, Katherineus, *Taking Assimilation to Heart: Marriages of White Woman and Indigenous Man in the United States and Australia 1887-1937*, Lincoln & London: University of Nebraska Press, 2006, p. x.

③ Reynolds, Henry, *With the White People: the Crucial Role of Aborigines in the Exploration and Development of Australia*, Ringwood: Penguin, 1990, p. 111.

④ Reynolds, Henry, *With the White People: the Crucial Role of Aborigines in the Exploration and Development of Australia*, Ringwood: Penguin, 1990, p. 114.

⑤ Haskins, Victoria, & Maynard, John, "Sex, Rrace, and Power, Aboriginal Men and White Women in Australian History", *Australian Historical Studies*, Vol. 36, Issue126, 2005, pp. 191-216.

豪斯（Katherine Ellinghaus）教授于 2006 年出版的《从心同化》一书，考察了 1887—1937 年澳大利亚和美国白人妇女与土著男性之间的婚姻问题。作者认为，在澳大利亚和美国这两个移民国家，人们期望白人妇女生育更多的儿童以确保白人种族的纯洁，特别注意控制土著男人与白人妇女的性关系，白人妇女与土著男性的婚姻极为少见。种族婚姻通常被认为是同化进入主流社会的一种途径。当婚姻对象是白人男性时，人们易于接受。但当婚姻对象是白人女性时，情况则会非常复杂。① 正因如此，对白人妇女与土著男性之间的种族婚姻的研究有助于探索当时复杂的社会、种族和民族状况。通过对白人妇女与土著男性婚姻关系的观念与政治背景的考察，也可以揭示出澳大利亚实施的同化政策与美国政府鼓励的同化政策之间的巨大差异。为实现白澳理想，澳大利亚强调生物吸收（Biological Absorption），通过种族婚姻消灭土著血统，清除土著生理特征，而美国推行的是文化同化，试图改变土著居民的生活方式，而非外貌特征。正是这一差异的存在导致两国人道主义改革、教育政策等方面的差异，从而对两国存在婚姻关系的白人妇女和土著男性的社会地位产生巨大的影响。② 该书通过考察白人妇女与土著男性的婚姻关系，探讨同化政策对种族婚姻的影响，揭示公共政策与个人命运的密切关联。

澳大利亚格里菲斯大学（Griffith University）人文学院副教授雷吉娜·甘特（Regina Ganter）所著的《种族交往：北澳地区亚洲人与澳大利亚土著居民的联系》对澳大利亚北部地区的亚洲人与土著居民的交往的历史进行了梳理。③ 作者指出，长期以来，人们仅对 1788 年以来澳大利亚南部历史感兴趣，忽视澳大利亚北部地区土著人与亚洲人接触的历史，而且是比欧洲人来到澳大利亚早得多的历史。作者认为，在人们的观念里，澳大利亚的历史开始于 1788 年植物湾。但是澳大利亚从来都不是一个封闭的大陆，在白人殖民者到来的很久之前，望加锡（Macassan）

---

① Ellinghaus, Katherineus, *Taking Assimilation to Heart: Marriages of White Woman and Indigenous Man in the United States and Australia 1887–1937*, Lincoln & London: University of Nebraska Press, 2006, p. xi.

② Ellinghaus, Katherineus, *Taking Assimilation to Heart: Marriages of White Woman and Indigenous Man in the United States and Australia 1887–1937*, Lincoln & London: University of Nebraska Press, 2006.

③ Ganter, Regina, *Mixed Relations: Asian-Aboriginal Contact in North Australia*, University of Western Australia Press, 2006.

采珠人就与澳大利亚北部海岸的土著居民有着密切联系，建立起从中国到金伯利和托勒斯海峡的贸易网络。正是亚洲人与土著居民的联系才导致后来成为地区经济发展动力的澳大利亚北部珍珠行业的兴起。该书探讨北部地区亚洲人与土著居民交往的历史，分析政治、法律和经济环境对多民族社区成员的深刻影响，以广泛的田野考察，包括对数百人的访谈，对澳大利亚民族历史提供了新的理解，对21世纪澳大利亚的民族认同提出了挑战。从种族婚姻（性）关系的角度看，该书对澳大利亚北部地区土著居民与亚洲人之间的交往进行了探讨。历史上北部地区土著人口众多，而定居于此的亚洲移民多以男性为主，虽然受到限制，但是亚洲男性与土著妇女之间的婚姻（性）关系不时发生。

艾琳娜·戈佛（Elena Govor）是澳大利亚作家和历史学家，出生于白俄罗斯明斯克。1990年，艾琳娜·戈佛移居澳大利亚，1996年获得澳大利亚国立大学历史学博士学位。她以俄罗斯与澳大利亚的关系为研究领域，《我的黑人兄弟》一书叙述了1910年前往澳大利亚定居的俄罗斯人莱昂德罗·林（Leandro Illin）及其家庭的故事：1915年，不顾政府的反对和法律的限制，莱昂德罗·林与土著妇女基蒂·克拉克（Kitty Clarke）结婚。1925年基蒂·克拉克去世后，他独自带着6个孩子定居在昆士兰内地，艰难地在丛林中勉力维生。这部关于特殊家庭的著作是一部富有吸引力的传记、历史和侦探小说。①

达里尔·汤金（Daryl Tonkin）与卡罗琳·兰登（Carolyn Landon）合著的《杰克逊的足迹：对一个梦幻之地的追忆》是一部探讨20世纪40—60年代种族婚姻与澳大利亚维多利亚州吉普斯兰（Gippsland）社会生活的专著。② 1936年，达里尔·汤金（Daryl Tonkin）与弟弟离家冒险，来到维多利亚西部吉普斯兰，建了一个木材厂。作为一个潜心工作的丛林人，达里尔·汤金在此与土著姑娘尤菲（Euphie）坠入爱河。然而，他们之间的爱情却被法律禁止，为政府所不容。达里尔大胆地坚决追求自己的爱情，并为此历尽艰辛。这是一部关于幸福、悲伤和希望的书，自问世以来就深深吸引着澳大利亚人的心灵，是每一位希望深刻理

---

① Govor, Elena, *My Dark Brother: The Story of the Illins, A Russian-Aboriginal Family*, Sydney: University of New South Wales Press, 2000.

② Tonkin, Daryl, & Landon, Carolyn, *Jackson's Track: Memoir of a Dreamtime Place*, Melbourne: Penguin Books, 2000.

解澳大利亚历史的人们必读的一本书。这是一部社会史，也是一部家庭史，透过这部达里尔和尤菲的关系，我们可以了解和认识澳大利亚历史上的种族主义、被偷的一代、土著文化的破坏以及土著生活方式的消失。

四、国内学者对澳大利亚土著的研究

20世纪70年代之后，随着中澳交流的发展，中国澳大利亚研究逐渐兴起。多家澳大利亚研究中心在一些大学和研究机构陆续建立起来，有关澳大利亚语言文学、经济贸易、政治、历史与文化的著述不断涌现，有关澳大利亚土著问题的研究成果也陆续出现。

首先，一些国内学者翻译的有关澳大利亚的著述涉及澳大利亚土著问题，如《澳新内幕》（〔美〕约翰·根室著，上海译文出版社1979年版），《澳大利亚和大洋洲各族人民》（〔苏〕C. A. 托卡列夫等著，三联书店1980年版），《澳大利亚简史》（〔澳〕曼宁·克拉克著，广东人民出版社1973年版），《澳大利亚历史》（〔澳〕杰弗里·博尔顿著，北京出版社1992年版），《创造澳大利亚》（〔澳〕里查德·怀德著，云南人民出版社1999年版），《澳大利亚人——幸运之邦的国民》（〔澳〕唐纳德·霍恩著，上海译文出版社2000年版）以及作为"世界少数民族部落风情"系列之一的《澳大利亚的土著人》（〔澳〕澳巴特莱特著，中国水利水电出版社2005年版），等等。这些译著对土著由来、文化、习俗以及现状都有所介绍。

其次，20世纪90年代以来，国内澳大利亚研究发展很快，陆续出版了一些专著，其中一些或多或少地涉及澳大利亚土著问题。如骆介子的《澳大利亚建国史》（商务印书馆1991年版），郑寅达、费佩君的《澳大利亚史》（华东师范大学出版社1991年版），倪卫红、沈江帆编著的《澳大利亚历史1788—1942》（北京出版社1992年版），张天的《澳洲史》（社会科学文献出版社1996年版），刘丽君的《澳大利亚文化史稿》（汕头大学出版社1998年版），王宇博的《澳大利亚——在移植中再造》（四川人民出版社2000年版），姜天明的《澳大利亚联邦史》（辽宁大学出版社2000年），沈永兴、张秋生、高国荣的《列国志·澳大利亚》（社会科学文献出版社2003年版），阮西湖的《澳大利亚民族志》（民族出版社2004年版），周小平的《寻梦澳洲土著》（重庆出版社2006

年版）和石发林的《澳大利亚土著人研究》（四川大学出版社2010年）等。这些著作对澳大利亚土著历史、文化以及澳大利亚政府的土著政策都有所介绍，尤其是后三部最为重要。

《澳大利亚民族志》是我国学者对澳大利亚土著问题进行系统研究的开始。该书在第一编中对原住民的起源、体质特征、社会组织、亲属制度、等级婚姻、语言、宗教、艺术等问题做了详细考察，尤其是在原住民的氏族考察、亲属制和等级婚姻的研究上有了重大突破。① 作者的研究成果对于我们更好地了解人类社会的早期婚姻制度有着十分重要的意义，遗憾的是对澳大利亚土著与白人之间的关系只是简要地介绍，更没有涉及混血土著问题。

《寻梦澳洲土著》对了解当代澳大利亚土著有着特别的意义。周小平先生是一位旅澳华人艺术家，从20世纪90年代初开始，历时15年，九次深入荒漠丛林的土著社区。该书是他游历澳洲、感受土著文化的游记。作者用图文并茂的形式介绍了澳大利亚土著文化，从中可以了解当代澳大利亚土著的真实生活。该书虽属游记，但对了解和认识当代澳大利亚土著的状况有着重要的参考价值。

石发林的《澳大利亚土著人研究》是我国学者研究澳大利亚土著的最新专著，对澳大利亚土著的历史与现状、宗教与神话、社会组织、艺术、语言、文学及近年来澳大利亚土著政策的变化进行了全面的分析。② 该书是我们认识澳大利亚土著的重要参考。

再次，20世纪90年代以来，国内学者发表许多关于澳大利亚历史、文化、政治以及社会问题的论文。一些文章对澳大利亚土著的文化、社会习俗、起源、历史遭遇和现状等方面进行介绍。比如，张秋生的《艰难的里程——澳大利亚土著人的历史与现状》（《世界知识》1993年第13期），唐嘉燕的《澳大利亚土著的悲惨命运》（《国际展望》1992年第2期），刘晓燕的《澳大利亚土著人，历史变迁与发展》（《内蒙古大学学报》（人文社会科学版）1998年第5期），以及刘丽君的《澳大利亚土著文化及其滞后原因》（《汕头大学学报》（人文科学版）1997年第6期）。值得一提的是周学军的《澳大利亚对土著居民政策的演变》（《世界历史》1993年第6期）一文对澳大利亚土著政策的演变进行了梳理，并将其发展

---

① 李志荣、黎天丽：《〈澳大利亚民族志〉评介》，载《国外社会科学》2004年第5期。
② 汪诗明：《国内澳大利亚土著问题研究述评》，《世界历史》2013年第5期。

过程分为种族灭绝、种族隔离、种族同化和种族结合四个阶段。

近年来，以汪诗明为代表的一些学者对澳大利亚"被偷的一代"和20世纪后半期澳大利亚土著政策变化进行研究，成为我国澳大利亚研究的新动向。汪诗明先后发表《澳大利亚陆克文政府向土著居民致歉的原因探析》（《徐州师范大学学报》2009年第1期）、《陆克文政府支持〈土著人民权利宣言〉原因探析》（《太平洋学报》2009年第9期）、《论澳大利亚支持〈土著人民权利宣言〉的历史影响》（《学海》2010年第4期）、《澳大利亚政府的政治道歉与种族和解进程》（《华东师范大学学报》（哲学社会科学版）2011年第4期）、《多元文化政策前的澳大利亚土著政策》（《淮阴师范学院学报》2011年第5期）以及《1920—1960年代澳大利亚土著争取公民权的运动》（《史学月刊》2013年第10期）。此外，贺淑娟的《试析陆克文向土著人道歉的原因及其历史影响》（《黑龙江社会科学》2009年第4期）和李建勇的《论威特拉姆时期的原住民政策》（苏州科技学院人文学院世界史研究生硕士论文，2012年）都是这方面的力作。

通过以上学术梳理，我们看到，西方学术界对澳大利亚土著问题的研究正在不断深入发展，研究成果不断问世，呈现出从宏观研究向微观研究的发展趋势。研究的地域范围从整个澳大利亚越来越具体到某个州、某个地区、某个部落；研究的对象从土著种族越来越细化到土著的各种组织、个别人物和事件；研究的课题从整体上探讨土著与白人关系史越来越集中到土著政治、历史、法律、社会、文化、宗教以及经济生活等各个方面。在这个过程中，作为土著特殊群体的混血土著也越来越受到研究者的重视，不少论著零散地涉及混血土著问题。但是，其研究思路与方式不是进行系统的专题研究，要么把混血土著问题纳入保护制度之中进行分析，要么把混血土著问题纳入同化政策中进行叙述，影响了人们对澳大利亚混血土著问题的系统把握。在混血土著人口的由来、混血土著问题的产生、混血土著问题解决办法的探索历程、混血土著政策的内容、混血土著的处境以及第二次世界大战前后土著政策的转变等具体问题上都还缺乏系统全面的探讨。因此，从总体上看，混血土著问题的由来与变迁尚未得到充分揭示，不过，相关研究成果不断出现，相关文献资料逐步整理和出版，为进一步研究该课题提供了基础和条件。我国学术界对土著问题的探讨近年来取得不少成果，研究水平不断提高。虽然研究成果依然显得比较零碎，但是澳大利亚土著问题的探讨已经超越土著历史与现状的介绍，对澳大利亚土著问题的学术探讨的成果不断涌现。不过，总体上看，我国学术界尚未专门深入探究澳大利亚混血土著问题。

五、本书的任务

自 20 世纪 70 年代以来，土著问题一直是澳大利亚历史研究的一个热点，引起各国学者的关注。在对澳大利亚土著问题的研究中，以澳大利亚为主的各国相继出版了大量论著与文献，澳大利亚土著的苦难史受到普遍的重视。综观国内外学术界对澳大利亚土著问题的研究成果，不难看到，尽管对整个土著种族的遭遇的叙述和分析已相当深入，但土著内部不同群体各自的命运还有待进一步考察。全面、系统地探讨澳大利亚混血土著问题的论著尚未出现，就是在澳大利亚学术界，这一问题也依然属于前沿性的研究课题。

混血土著的产生由来已久。在英国殖民澳洲之初，由于性别的严重失调，白人男性以各种方式与土著妇女结合，混血土著就随之出现了。但是，混血土著成为澳大利亚政府严肃对待的社会问题却是在 19 世纪后期到第二次世界大战爆发。在这期间，在纯血统土著行将灭绝的观念影响下，各州政府专门针对混血土著这个特殊群体采取措施，形成了经济吸收与生物吸收两种政策模式。1937 年，联邦政府召集各州土著事务官员举行全国土著事务会议，以决议的形式对各州（领地）推行的不同形式的混血土著吸收政策进行认可。第二次世界大战后，政府不再提倡单纯的混血土著政策，也不再仅仅把混血土著作为关注对象，而是针对土著（包括纯血种土著和混血土著）。因此，本书在追述澳大利亚白人与土著关系以及澳大利亚人对土著的认识和政策的演变基础上，主要对 19 世纪后期到第二次世界大战澳大利亚混血土著问题进行系统的探讨。要系统地探讨澳大利亚混血土著问题，就必须回答以下问题：为什么澳大利亚社会要对纯血统土著与混血土著进行区分？纯血统土著是如何被当作注定灭绝的种族被赶进保留地的？历史上，白人男性与土著妇女之间有过怎样的交往？混血土著是怎么产生的？混血土著对澳大利亚社会构成了怎样的威胁？经济吸收模式是如何形成与实施的？生物吸收是如何形成与实施的？政府与社会各界对混血土著吸收政策的反应如何？混血土著的生存状态如何？他们有过怎样的抗争？混血土著吸收政策又是如何转向土著同化政策的？混血土著问题与澳大利亚现代化进程的发展有什么关联？

为了寻找以上问题的答案，也为了叙述的方便，本书分为以下六个部分，系统地探讨澳大利亚混血土著问题：一、从教化到保护；二、混血土著问题的由来；三、混血土著问题解决之道的探索；四、混血土著吸收政策的实施；五、混血土著的生存状态；六、混血土著吸收政策的终结。

第一章　从教化到保护

1788年，英国把澳洲东南部辟为罪犯流放地。在殖民者看来，澳大利亚土著居民如同不时骚扰的强盗，也如阻挡殖民扩张的澳洲野狗，欲灭之而后快。到19世纪末，长期的暴力冲突与疾病的侵袭导致土著人口急剧减少，土著传统生活方式难以为继。对于白人所导致的土著社会萎缩，殖民者先是归因于上帝的旨意，而后则归因于生存竞争。进化论不仅成为为剥夺土著寻求合理性的基础，而且"适者生存"的法则也使殖民者心安理得地得出关于土著命运的基本观念，即"注定灭绝"。让"自然法则"在土著身上发生作用，任土著居民自然消亡，成为解决土著问题的思路。19世纪后期，"在土著种族彻底灭绝之前为他们抚平枕头"成为民众、教会和殖民当局的共识。① 在这种观念的影响下，澳大利亚各殖民地（州、领地）通过立法，确立保护政策，建立土著保留地。人们认为，土著问题将随着土著在保留地上的逐渐消亡而自行消失。

第一节　土著社会的萎缩

1788年，英国在澳大利亚建立罪犯流放地。从此，澳大利亚不再宁静，白人与土著的暴力冲突就不断发生，殖民者以各种方式驱逐和屠杀土著居民。同时，与殖民者一同前往澳大利亚的天花也一次次地爆发。随着殖民进程的加速，澳大利亚土著人口急剧减少，他们的生活方式遭到严重破坏。

---

① Thomas, David Piers, *Reading Doctors' Writing: Race, Politics and Power in Indigenous Health Research, 1870–1969*, Canberra: Aboriginal Studies Press, 2004, p.24.

一、澳大利亚土著的早期状况

关于澳大利亚土著的来源,学术界历来有两种观点:一是认为澳大利亚土著就是澳大利亚的原住民,在澳大利亚土生土长;二是认为澳大利亚土著是从亚洲迁徙过去的。多数人认为,澳大利亚土著来自亚洲。① 数万年前,巴布亚新几内亚与澳洲大陆连成一体,澳洲与印度尼西亚南部岛屿的最近距离为50公里左右,土著人的祖先可能就是从海路到达澳洲的。原始的澳大利亚土著居民可能与印度的原始居民和其他边沿民族有联系。②

至于土著是什么时候来到澳洲大陆的,人们也有争论。有的认为,澳大利亚土著大约在距今2.4万到6万年间到达澳洲。③ 有的认为,土著在4万多年前进入澳大利亚。④ 有的学者认为在欧洲人到来之前,土著居民至少在澳大利亚生活了5万年。⑤ 有的学者认为,土著居民进入澳洲至少在6万年以前。⑥ 一般认为,土著居民是在距今4万到6万年间到达澳大利亚的。⑦

人类学家拉德克利夫-布朗认为,1788年英国人殖民澳洲之时,土著人口为30万人左右。⑧ 也有人估计,当时土著人口在25万到75万之间,由500个不同语言和习惯的部落构成。⑨ 尽管对土著人口的估计存在不同看法,但人们对澳大利亚土著文化多样性的认识是一致的。他们

---

① 阮西湖:《澳大利亚民族志》,北京:民族出版社,2004年,第18页。
② Price, A. Grenfell, "Australian Native Policy: A Review", *Geographical Review*, Vol. 34, No. 3, Jul. 1944, p. 477.
③ Tatz, Colin, "Genocide in Australia", *Journal of Genocide Research*, Vol. 1. No. 3, 1999, p. . 318.
④ Dafler, Jeffery R., "Social Darwinism and the Language of Racial Oppression: Australia's Stolen Generation", *ETC*, April 2005. p. 144.
⑤ Dixon, John, & Scheurell, Robert P., *Social Welfare with Indigenous Peoples*, New York: Routledge, 1995, p. 206.
⑥ 阮西湖:《澳大利亚民族志》,北京:民族出版社,2004年,第21页。
⑦ Broome, Richard, *Aboriginal Australians: A History Since 1788*, Allen & Unwin, 2010, p. 5.
⑧ Moses, A. Dirk, *Genocide and Settler Society: Frontier Violence and Stolen Indigenous Children in Australian History*, New York: Berghahn Books, 2004, p. 312.
⑨ Tatz, Colin, "Genocide in Australia", *Journal of Genocide Research*, Vol. 1, Lss. 3, 1999, p. 318.

在语言、图腾、饮食、习惯等方面存在很大差别。① 直到19世纪末,澳大利亚土著还在使用的语言和方言就有数百种。②

虽然澳大利亚土著在文化上存在巨大的差异,但生活方式却存在很大的共同性。在干旱少雨而又荒凉的澳洲大陆,他们四处寻找食物和水源,以狩猎和采集为主要食物来源,过着游牧或半游牧的生活。③ 部落是生活与生产的基本单位,为了寻求食物,他们随季节变化在自己的领地内不断迁移。

在一两万年前,澳大利亚土著并不比其他大陆的古代人类落后。他们使用和制作石器的技术在古代世界比较先进,有着多种石器、标枪、树皮船,还有举世无双的回旋镖(Boomerangs)。他们的社会组织非常复杂,宗教深奥而神秘,艺术和神话丰富多样,婚姻与法律制度严密。他们通过宗教和图腾纽带联系在一起,以集体的身份控制着土地。在各种各样的社会单元中,血缘关系意味着相互的义务和责任。④ 澳大利亚土著就像"活化石"一样,展示了人类原始社会的细节。

1788年英国殖民者到来之时,澳大利亚土著并不是一个统一的共同体,他们分属不同部落,互不统属;他们的经济形态极其原始,社会生产力极其低下,生产工具以石器为主,没有铁制工具,不能有效地开发利用土地和资源;他们的谋生手段非常有限,生存完全依靠自然;他们的社会发展程度很低,社会组织水平不高。这些特征预示着他们没有足够的能力应对外来挑战。

二、白人与土著人的暴力冲突

从1788年白人殖民者踏上澳洲大陆开始,双方之间的暴力冲突就开始了。1788年,土著杀害第一个白人后,殖民者组织了报复性的远征。随着时间推移,双方的愤怒与仇视情绪日积月累。殖民者主要抱怨土著

---

① Short, Damiet, "Reconciliation, Assimlation, and the Indigenous Peoples of Australia", *International Political Science Review*, Vol. 24, No. 4, 2003, p. 492.

② Dafler, Jeffery R., "Social Darwinism and the Language of Racial Oppression: Australia's Stolen Generation", *ETC: A Review of General Semantics*, Vol. 62, Iss. 2, Apr. 2005, p. 144.

③ Dafler, Jeffery R., "Social Darwinism and the Language of Racial Oppression: Australia's Stolen Generation", *ETC: A Review of General Semantics*, Vol. 62, Iss. 2, Apr. 2005, p. 144.

④ Tatz, Colin, "Genocide in Australia", *Journal of Genocide Research*, Vol. 1, Iss. 3, 1999, pp. 318-319.

居民捕杀他们的牛羊，而土著居民则主要抱怨白人侵占他们的狩猎地和骚扰土著妇女。难以管束的罪犯常常骚扰驻地附近的土著。以采集狩猎为生的土著居民则视白人种植的庄稼和饲养的牲畜为自己的食物来源。土著居民常常拿走白人的粮食，捕杀白人的牛羊，践踏白人种植的庄稼。反抗与报复、摩擦与纠纷不断发生。1790年12月，土著居民杀害了一名骚扰土著妇女的白人罪犯。此举激怒了白人殖民者。新南威尔士总督菲利普命令追捕涉案的6名土著居民。坦奇船长率队追击，但是由于行动迟缓，坦奇等人出动两次都没有完成任务。1797年，士兵与土著发生混战。冲突中白人士兵杀害了5名土著。1800年，在豪克斯伯里河岸发生了土著居民与白人的冲突。土著居民焚烧了白人的房屋，作为报复，白人用拴狗的绳索把土著绑在树上枪杀。殖民当局偶尔也维护土著居民的利益，但是多数情况下任由殖民者屠杀土著。① 为了对付土著的骚扰，19世纪初，在发生纠纷时，殖民当局派军队"驱逐"土著逐渐成为惯例。②

随着殖民政策的推进，白人殖民者与土著居民的冲突越来越频繁。白人对土著居民的屠杀事件也越来越多，白人与土著接触的边界成为土著的坟场。内地由于远离殖民当局的管辖视线，在与土著发生冲突时，白人殖民者往往以无法等待官方处理为由对土著居民进行报复性的追杀。为了保护殖民者的利益，殖民政府允许殖民者以他们认为可行且必要的方式及时处理当地的土著问题，只要当时的情况不容等待官方前来处理。③

殖民当局不仅允许移民屠杀土著，而且有时还亲自组织屠杀。在塔斯马尼亚，1830年10—11月间，政府召集士兵和志愿人员，组建三千人左右的搜捕队。四千多塔斯马尼亚土著遭到集体捕杀。此番屠杀之后，仅有二百多名塔斯马尼亚人幸存下来。殖民当局把他们押送到位于巴斯海峡的佛林德斯岛（Flinders Island），实施隔离看管。佛林德斯岛自然条件恶劣，塔斯马尼亚土著难以适应，很多人相继死去。1847年，佛林德斯岛的塔斯马尼亚土著仅存活40人。1876年，纯血统土著妇女特鲁卡尼

---

① Stonham, John, ed., *Official Year Book of the Commonwealth of Australia No. 17, 1924*, Australia Commonwealth Bureau of Census and Statistics, p. 955.
② 倪卫红、沈江帆：《澳大利亚历史1788—1942》，北京：北京出版社，1992年，第191页。
③ Elkin, Adolphus Peter, *The Australian Aborigines*, Garden City, N.Y.: Doubleday & Company, Inc., 1964, p. 341.

尼离开人世。随着最后一位塔斯马尼亚土著的逝世，塔斯马尼亚人作为一个种族在地球上消失了。① 1861 年 10 月，在昆士兰的科海特河附近，当地土著居民举行和平示威，要求改善处境。当地驻军对游行示威的土著居民进行镇压，枪杀了 60 多名土著居民。②

1838 年新南威尔士麦艾尔溪（Myall Creek）发生种族大屠杀。当年 6 月 10 日，在麦艾尔溪附近，12 名白人袭击当地土著部落，造成 30 名土著居民死亡的惨剧。在麦艾尔溪惨案中，白人殖民者的残忍表现得淋漓尽致，他们对妇女儿童痛下杀手，还焚烧土著居民的尸体。依据澳大利亚法律，12 名白人罪犯受到审判，其中 7 人被判绞刑。在审理过程中，一位白人为自己辩护道："我们并没有意识到射杀土著违背法律，因为以前人们经常这样做。"③ 19 世纪 40 年代，在新南威尔士北部地区，白人与土著经常发生冲突。当时，土著居民经常杀害牧羊人，偷盗羊群。作为报复，白人攻击土著部落，把他们逼到绝壁，不分男人、女人和儿童，全部屠杀。④

白人还在土著的饮水中投毒，给他们吃混有砒霜的食物。1838 年，在麦艾尔溪惨案审理过程中，很多人为白人打抱不平。面对 7 名白人被处死，一位殖民者在与悉尼一位绅士的谈话中为这些被处死的白人感到惋惜。他认为，对付土著更为高明的招数是下毒。与武力屠杀比较，悄悄投毒、杀害土著于无声无息之中更为轻松和安全。⑤

殖民者还以猎杀土著为乐，他们把土著人当作猎物，用步枪射击。四处"猎取土巴佬"成为周末的一种快活游戏。⑥ 猎捕土著黑人成为殖民者喜爱的运动。他们往往择定日期，邀请邻居参加野餐。餐后，这些绅士们就带着枪和狗以及从流放犯中挑选出的两三个仆人，到森林中去寻找土著。

---

① 张建新：《谁应为塔斯马尼亚土著的灭绝负责》，载《世界民族》1999 年第 3 期。
② 郑寅达、费佩君：《澳大利亚史》，上海：华东师范大学出版社，1991 年，第 69 页。
③ Rorabacher, Louise E., *Aliens in Their Land, the Aborigine in the Australian Short Story*, Melbourne: F. W. Cheshire Publishing Pty Ltd., 1968, p. 6.
④ Moran, Anthony, "Imagining the Australian Nation: Settler-Nationalism and Aboriginality, The Department of Political Science", Faculty of Arts, University of Melbourne, 1999, p. 74.
⑤ 倪卫红、沈江帆：《澳大利亚历史 1788—1942》，北京：北京出版社，1992 年，第 193 页。
⑥ 〔美〕约翰·根室：《澳新内幕》，符良琼译，上海：上海译文出版社，1979 年，第 102 页。

在屠杀土著人的过程中，澳大利亚殖民当局使用的最恐怖的方式莫过于组建土著警察部队（Native Police Force）来对付土著人的反抗。为了分化瓦解土著人和弥补白人警力的不足，1837年殖民当局在维多利亚组建了"土著警察"，用收买、拉拢和欺骗的手段唆使青年土著屠杀与他们对立的土著部落。1839年维多利亚土著警察解散，但在1842年又重新组建起来，并一直存在到1853年。1848年，新南威尔士土著警察部队成立。同年，昆士兰地区开始组建土著警察部队，1859年得到官方正式承认。昆士兰土著警察部队一直保持在250人左右的规模，曾经导致大量的土著死亡。① 这是一项最残酷的政策，不仅意味着对土著的暴力成为合法与制度化，而且鼓励土著人为了白人的殖民扩张去屠杀其他的土著人。② 昆士兰的警察部队存在到19世纪90年代。③ 至于土著为什么要参加土著警察部队帮助破坏土著社会，原因在于他们是从远离其服务的地区招募的。传统的部落之间的仇杀鼓励这些年轻人像欧洲人那样去追逐土著人，把他们视为自己的敌人，予以消灭。由于他们经常遭到残酷的对待，对他们来说屠杀其他人就显得很容易。这些年轻人为自己的传统社会的崩溃而沮丧，传统的道德丧失，而采取参加土著警察部队的方式来寻求生存，哪怕这种工作是屠杀自己的同胞。具有讽刺意味的是，土著警察部队的生活非常艰苦，疾病与酗酒往往使他们很少能长命。④

对于白人屠杀土著的情况，美国著名记者约翰·根室曾指出："其残酷可怕，使澳大利亚历史学家至今认为这个题目还是一笔带过为妙。"⑤ 据估计，1788—1884年间，在白人与土著的暴力冲突中死亡的土著人总

---

① Chesterman, John, & Galligan, Brian, *Citizens Without Rights, Aborigines and Australian Citizenship*, Melbourne: Cambridge University Press, 1997, p. 33.

② Broome, Richard, *Aboriginal Australians, Black Response to White Dominance 1788 – 1980*, Sydney, London, Boston: George Allen & Unwin 1982, p. 45.

③ Broome, Richard, *Aboriginal Australians, Black Response to White Dominance 1788 – 1980*, Sydney, London, Boston: George Allen & Unwin 1982, p. 45.

④ Broome, Richard, *Aboriginal Australians, Black Response to White Dominance 1788 – 1980*, Sydney, London, Boston: George Allen & Unwin 1982, p. 46.

⑤ 〔美〕约翰·根室：《澳新内幕》，符良琼译，上海：上海译文出版社，1979年，第102页。

数估计有2万人。① 昆士兰北部地区，1861年白人进入，到20世纪30年代，大约70年间，在冲突中被屠杀的土著居民就达到1万人之多。②

三、疾病和瘟疫的侵袭

美国学者艾尔弗雷德·W.克罗斯比指出，近代历史上，在殖民主义给新大陆的土著居民带来伤害中，外来疾病与种族屠杀的影响一样重要。与火药比较，在白人海外扩张过程中天花所发挥的作用或许更为重要。③ 与英国殖民者伴随而来的瘟疫对澳大利亚土著居民造成了严重的伤害。

澳大利亚与其他大陆长期隔绝，土著没有接触过其他大陆的疾病，对来自西欧大陆的疾病缺乏免疫力。随着英国殖民者的到来，当时在英国流行的疾病诸如麻疹、天花、白喉、水痘、疟疾、霍乱、鼠疫、百日咳、伤寒热、登革热、黄热病、猩红热、流行性感冒、阿米巴性痢疾以及几种蠕虫感染症也随之来到澳大利亚。土著居民缺乏对抗这些疾病的抗体，一旦这些疾病传到土著居民之中，往往很快流行开来。所以，在英国殖民澳大利亚的初期，哪怕一次感冒的流行也会导致大量土著死亡。

伤害澳大利亚土著居民最深的疾病是天花。天花被称为人类历史上最为恐怖的流行病。天花随着殖民者的到来，最初传入澳大利亚东部，后来扩散到内陆各地。1788年1月26日，第一舰队在新南威尔士上岸。1789年4月，也就是英国到来之后的第15个月，天花疫情在土著居民中第一次爆发。④ 当月，英国殖民者不断在植物湾附近的海滩和山地上发现土著居民尸体。最初，人们对其死因不甚了解，直到发现天花病情才明白。1790年2月，人们遇到一个康复的土著天花病人。从他口中，人们得知，悉尼周围的土著居民大约一半在这次天花流行中失去生命，有

---

① Short, Damiet, "Reconciliation, Assimilation, and the Indigenous Peoples of Australia", *International Political Science Review*, Vol. 24, No. 4, 2003, p. 492.

② Reynolds, Henry, *The Other Side of the Frontier: Aboriginal Resistance to the European Invasion of Australia*, Sydney: University of New South Wales Press, 2006, p. 202.

③ 〔美〕艾尔弗雷德·W.克罗斯比:《生态扩张主义，欧洲900～1900年的生态扩张》，许学征译，沈阳：辽宁教育出版社，2001年，第204页。

④ Tatz, Colin, "Genocide in Australia", *Journal of Genocide Research*, Vol. 1, Iss. 3, 1999, p. 322.

的人则带着天花逃往他处去了。依然留在原地的土著天花病人只得苟延残喘，最终饥渴而死。约翰·亨特曾在文中描述过深受天花折磨的土著居民惨状。他写道，一些天花病人蜷缩在地上，脑袋夹在两腿中间；一些则依靠着山边，脑袋耷拉在岩石上。一位土著妇女被天花折磨得奄奄一息，坐在沙地上，膝盖贴近肩膀，脑袋埋在两脚之间。① 根据记载，1790 年天花疫情蔓延到维多利亚中西部，居住在那里的库林人（Kulin）也开始流行天花。② 天花在澳大利亚土著居民中发生的第一次大规模流行导致大量土著居民的死亡，直接威胁到土著居民的种族生存。爱德华·M. 科尔指出，天花的第一次流行大约导致三分之一的土著居民死亡，扩散范围达到澳洲大陆的四分之三，仅仅澳洲大陆西北地区的土著部落躲过此劫。从 1845 年开始，澳洲大陆西北的土著部落受到天花的侵袭，人口大量死亡。在以后的岁月里，土著居民每每谈及天花，都会非常恐惧。这一反应说明了一种"真正的恐惧，因为没有任何其他灾难能使他们改变与生俱来的不动声色的态度"③。

从此以后，天花不断侵袭土著部落，从东南沿海地区一直向澳洲内陆和西北不断地肆虐蔓延。从 19 世纪 30 年代开始，澳洲内陆土著部落爆发大规模天花疫情，延续十年之久。在白人殖民者尚未到来之前，天花已经跨过布鲁山脉蔓延到内陆墨累河沿岸，当地土著居民纷纷因天花而死去。随后，天花疫情沿着河流蔓延到海边。这次天花疫情导致墨累河（Murray River）两岸 1600 公里的地区人烟稀少。这次流行甚至可能波及澳洲大陆东北部和西部海岸。多年以后，人们在维多利亚、南澳大利亚以及新南威尔士的内陆地区不断发现一些劫后余生的土著老人，他们的脸上留下了天花带来的印记。④ 1839 年，戴维·托马斯（David Thomas）亲眼目睹了天花留在土著居民脸上的疤痕。19 世纪 40 年代，墨累河牧场主彼特·贝弗里奇（Peter Beveridge）见到一

---

① 〔美〕艾尔弗雷德·W. 克罗斯比：《生态扩张主义，欧洲 900~1900 年的生态扩张》，许学征译，沈阳：辽宁教育出版社，2001 年，第 209—210 页。
② Brooome, Richard, *Aboriginal Victorians, A History Since 1800*, Allen & Unwin, 2005, pp. 6–7.
③ 〔美〕艾尔弗雷德·W. 克罗斯比：《生态扩张主义，欧洲 900~1900 年的生态扩张》，许学征译，沈阳：辽宁教育出版社，2001 年，第 210 页。
④ 〔美〕艾尔弗雷德·W. 克罗斯比：《生态扩张主义，欧洲 900~1900 年的生态扩张》，许学征译，沈阳：辽宁教育出版社，2001 年，第 210 页。

位麻脸的土著老人。这位老人在交谈中把天花称为邪恶巫师带来的瘟疫。他说道,天花在墨累河流域扩散,土著居民大量死亡,以至于后来根本无人安葬死者,幸存的纷纷惶恐逃离。1843 年,在墨尔本,人们看到了土著居民警告瘟神的宗教仪式,对天花的极度恐惧表露无遗。①

1881 年 3 月 25 日,悉尼地区又一次发生天花疫情。此后 9 个月里,悉尼地区隔离天花病人 178 人,死亡 40 余人。当年 7 月 18 日,殖民当局在悉尼设立"疗养院",专门收治天花病人,试图控制疫情蔓延。这个专门收治天花病人的机构发展成为海岸医院,也就是后来的亨利王子医院。②

1893 年 4 月,西澳地区发生天花疫情,大批土著居民因此而死去。③

天花流行给澳大利亚土著带来了严重的影响。历史学家坎贝尔（Campbell）曾经指出,天花是殖民者的帮凶,是导致土著人口急剧减少的最重要原因。1789 年,天花的第一次大规模爆发导致土著人口大约减少一半；1824 年到 1831 年间第二次大规模流行中,幸存土著又有大约一半死去。④ 经济史家诺勒·巴特林（Nonel Butlin）曾经专门研究过天花对澳大利亚东南部人口变化的影响。他在研究中发现,1788 年澳大利亚东南部土著人口大约 25 万人（维多利亚大约 6 万人）。1790 年天花疫情爆发期间,东南部土著人口减少了一半,仅存 12.5 万人左右。19 世纪 30 年代,天花疫情再次爆发,幸存人口又减少一半,仅存 6.25 万人左右。⑤

四、土著社会遭遇的破坏

1788 年之后人口锐减是澳大利亚土著苦难历史最好的佐证。与殖民扩张伴随而来的疾病流行和种族暴力导致土著居民大量死亡,土著居民

---

① Brooome, Richard, *Aboriginal Victorians*, *A History Since 1800*, Crows Nest, N. S. W. Allen & Unwin, 2005, p. 8.

② Barker, Anthony, *What Happened When: A Chronology of Australia from 1788*. St. Leonards, N. S. W. : Allen & Unwin, 2000, p. 143.

③ Barker, Anthony, *What Happened When: A Chronology of Australia from 1788*. St. Leonards, N. S. W. : Allen & Unwin, 2000, p. 164.

④ Robert Murray, "Disease: the Real Invader", *Quadrant Magazine History*, Volume XLVII Number 10, 2003.

⑤ Brooome, Richard, *Aboriginal Victorians*, *A History Since 1800*, Allen & Unwin, 2005, pp. 8 - 9.

生育率严重下降，人口数量快速减少。1788年之后的50多年里，悉尼湾的土著居民由最初的大约3000人减少为300人左右。① 1804—1834年的30年间，塔斯马尼亚土著人口由最初的大约5000人锐减为200人。1788年，维多利亚土著居民估计为50000—60000人，1836年减少到大约6000到7000人，1863年减少到1908人，1877年再减少到1067人，到1891年就只有565人了。② 1829年，西澳西南部地区的土著居民大约13000人，1901年减少到1419人。③ 1788年，昆士兰土著居民大约10万人，到1897年仅幸存三分之一左右，1901年减少到26670人。④ 1881年，南澳土著人口为6346人，1901年为3386人，1921年为1609人。⑤ 总体上看，殖民者到来之时澳大利亚土著居民大约30万人，1840年减少为20万左右，1891年下降至11万。1890年到1930年间澳大利亚土著人口减少了四分之三。⑥ 到1930年，澳大利亚纯血统土著仅有6万人左右。⑦

表1-1　新南威尔士土著人口变化（1871—1921年）

年份	1871	1881	1891	1901	1911	1921
人口数	12983	11643	5097	3778	2012	1597

注：不包括混血土著人口。

资料来源：Stonham, John, ed., *Official Year Book of the Commonwealth of Australia No. 17, 1924*, Australia Commonwealth Bureau of Census and Statistics, p. 952.

对于澳大利亚土著与白人之间的差异，土著活动家盖里·佛黎曾经说过："原住民社会与欧洲人社会截然相反。欧洲社会，一言以蔽之，根

---

① 〔澳〕澳巴特莱特：《澳大利亚的土著人》，陈静译，北京：中国水利水电出版社，2005年，第15页。
② Chesterman, John, & Galligan, Brian, *Citizens Without Rights*, *Aborigines and Australian Citizenship*, Melbourne: Cambridge University Press, 1997, pp. 12-13.
③ Commonwealth of Australia, *Aboriginal Welfare: Initial Conference of Commonwealth and State Aboriginal Authorities*, Canberra, 21st to 23rd April, 1937, p. 11.
④ Chesterman, John, & Galligan, Brian, *Citizens Without Rights*, *Aborigines and Australian Citizenship*, Melbourne: Cambridge University Press, 1997, pp. 31-33.
⑤ Stonham, John, ed., *Official Year Book of the Commonwealth of Australia No. 17, 1924*, Australia Commonwealth Bureau of Census and Statistics, p. 954.
⑥ Bell, Martin, & Taylor, John, *Population Mobility and Indigenous Peoples in Australasia and North America*, New York: Routledge, 2004, p. 15.
⑦ Moses, A. Dirk, *Genocide and Settler Society: Frontier Violence and Stolen Indigenous Children in Australian History*, New York: Berghahn Books, 2004, p. 226.

本乃一竞争的社会。这是说它如同一个自由企业体。它将物质主义和个人主义当作伟大之事业来追求。它的基本单位是核心家庭。原住民社会与此全然不同。原住民拒绝个体性和物质主义概念。我们的社会乃是一个非竞争性的社会；说得好听一点吧，这是一个社会主义的社会。我们社会的基本单位是家族性的大家庭。我们竭其所愿地生于斯长于斯，彼此和谐无间，与自然万物融为一体。"① 数千年来，土著人形成了与自然和谐相处的独特生活方式。土著人的信仰和制度鼓励和促进他们保持人口与自然资源平衡发展。他们不会将作为食物来源的动物全部杀掉。② 在这种生活方式中，土地具有举足轻重的地位。尽管土著没有定居生活，各个部落却有着自己的领土范围。所有的土著人共同拥有和使用领地的土地维持生活，土著珍视土地，土地是其宗教与文化的根本特征。澳大利亚土著认为，他们属于土地，土地不仅是他们神话的有机部分，而且还是生活的家园、寻找食物的狩猎地和采集场、追逐嬉戏的游乐园、宗教活动和审判仪式的举办地、死者及其灵魂的最后归宿地。③ 因此，在土著居民看来，失去土地就等于失去了一切。④

1788年以后，英国殖民者不断扩大殖民范围，逐渐向内地推进，夺占土著的土地与资源。土地的丧失意味着土著生活方式的破坏：土著人为采集食物以及社会和宗教目的的自由迁徙受到限制，维持生活的来源枯竭。⑤ 土地是澳大利亚土著居民赖以生存的家园，不仅为他们提供食物来源，而且为他们提供灵魂的依托。土著相信，每一个人的灵魂都在他的家园里，或附于树上，或附于石上，或附于某个动物身上，他自己不过是灵魂的"肉化"。因此，土著离不开自己的家园，万一离开了，他们会惶惶不可终日。白人占据了他们的家园，土著因此失魂落魄，魂

---

① 许国润：《法律、理性与历史：澳大利亚的理念、制度和实践》（上），北京：中国法制出版社，2000年，第26页。

② Jacbs, Wilbur R., "The Fatal Confrontation: Early Native-white Relations on the Frontiers of Australia, New Guinea, and America: A Comparative Study", *The Pacific Historical Review*, Vol. 40, No. 3, Aug., 1971, p. 284.

③ Short, Damiet, "Reconciliation, Assimilation, and the Indigenous Peoples of Australia", *International Political Science Review*, Vol. 24, No. 4, 2003, p. 492.

④ Armitage, Andrew, *Comparing the Policy of Aboriginal Assimilation: Australia, Canada, and New Zealand*, University of British Columbia Press, 1995, p. 16.

⑤ Elkin, Adolphus Peter, *The Australian Aborigines*, Garden City, N. Y.: Doubleday & Company, Inc. 1964, p. 340.

无所依。土著居民的传统部落领地逐渐丧失,他们的文化传统也随之遭到摧残。失去土地,土著居民宗教仪式难以开展,传统风俗习惯也随之消失,尤其很多部落传统的婚礼与葬礼不复存在。① 所以,失去土地不仅意味着土著居民的生产方式难以维持,也意味着土著居民的精神、文化和法律体系基础的丧失。

人口的急剧减少与生活方式的难以为继给澳大利亚土著带来严重的威胁。土著居民人口快速下降,塔斯马尼亚土著甚至遭到灭顶之灾,幸存下来的土著居民也因为传统生活方式不复存在,同时难以适应新的生活方式,他们的命运也不容乐观。土著种族的萎缩与土著社会的破坏被白人认为是土著种族注定灭绝的最好证据,并由此形成了土著注定灭绝的观念,长期影响白人社会对土著的态度和政府的土著政策。

第二节 教化土著的最初努力

1788年,英国在澳大利亚建立罪犯流放地。从此,殖民当局和教会都试图促使澳大利亚土著放弃自己的文化和传统,放弃传统的生活方式,养成文明的生活方式,皈依基督教。基督教化成为处理土著问题的重要方式。

一、土著教化的缘起

英国政府给总督阿瑟·菲利普(Arthur Phillip)的指示要求,无论是无主土地还是已被占有,无论澳大利亚是否存在国家,都应努力开创与当地居民的友好关系,赢得他们的好感,治下民众与当地"土著居民建立友善和平的关系"②。训示要求菲利普上校"竭尽所能与土著居民保持友好关系。在占领过程中任何对土著居民的伤害,或给他们带来不愉快的干扰,都应该根据伤害的程度对此种行为进行处罚"③。

英国政府的训令对前几任总督都产生了重要的影响,建立与土著居

---

① 倪卫红、沈江帆:《澳大利亚历史 1788—1942》,北京:北京出版社,1992年,第192页。
② 黄源深、陈弘:《当代澳大利亚社会》,上海:华东师范大学出版社,1991年,第109页。
③ Stonham, John, ed., *Official Year Book of the Commonwealth of Australia No. 17, 1924*, Australia Commonwealth Bureau of Census and Statistics, p. 955.

民的友好关系、教化土著居民成为他们对待土著的重要方式。阿瑟·菲利普曾经对"土著居民表示亲善和友好……把现代社会的珍贵礼物送给土著居民……希望他们领会文明的好处,抛弃野蛮人的生活,成为欧洲社会阶梯底层的劳动者"①。拉克伦·麦夸里(Lachlan Macquarie)总督认为:"只要受到教育和鼓励,土著就会放弃他们游牧的生活方式和非定居的习惯,在安定、友好和社会化的状态下生活。"②1835 年,南澳总督乔治·高勒(George Gawler)在阿德莱德对土著发表演讲中说:"我的黑人兄弟们,我们希望你们幸福。但是,除非学习白人、修建房屋、穿上衣服,成为对社会有用之人……除非你们热爱上帝、热爱白人、学习英语,否则你们就不会幸福。"③

人口稀少是英国殖民澳大利亚过程中面临的最大问题。一些人坚信,经过训练,土著儿童在家内服务方面将非常有用。当土著对白人扩张的威胁慢慢减退之后,当人们对土著的认识和了解增加之后,人们开始思考如何利用土著居民为劳动力严重缺乏的白人社会服务的问题。如果能够控制土著人,土著人将给殖民者和土著自己都带来益处。政府和传教士致力于把土著儿童与他们的家庭分离。他们这样做的动机就是:"在童年时代向土著儿童传授欧洲的价值观念和工作习惯,以便使他们随后为欧洲殖民者服务。"④ 人们还普遍认识到使用年轻土著做仆人的最大好处,就是他们便宜,他们的食物和衣物花费较少。因此,在白人与土著交界的地区或者临近地区,无论白人是否富有,都可以获得或者保留一个土著的仆人。⑤

19 世纪 30 年代开始,一些白人开始认识到土著适应文明的能力,主张人道地对待土著居民。1830 年,惠灵顿的传教士詹姆斯·冈瑟(James Gunther)说:土著的智力绝不像人们想象的那样低下,他们有思想,有高深独特的文化。对此,我有许多重要的证据……至少年轻男人

---

① Clark, Manning, *A Short History of Australia*, Melbourne: The Macmillan Company of Australia Pty Ltd, 1982, p. 17.
② Partington, Geoffery, "Saying 'Sorry!' about Aboriginal Children, the Fundamental Problem", *Australia & World Affairs*, Winter 98, Issue 37, pp. 14 – 23.
③ Broome, Richard, *Aboriginal Australians, Black Response to White Dominance 1788 – 1980*, Sydney, London, Boston: George Allen & Unwin 1982, p27.
④ Mason, Jan, *Child Welfare Policy*, Sydney: Hale and Iremonger, 1993, p. 31.
⑤ Reynolds, Henry, *With the White People: the Crucial Role of Aborigines in the Exploration and Development of Australia*, Ringwood: Penguin Books, 1990, p. 169.

和男童学习（掌握）英语语言又正确又流利。① 白人社会应该给土著提供教育、工作和基督教，这些可以给土著带来"知识、美德和幸福"。土著居民不仅智力水平不低，而且有着独特的宗教情结。坦奇船长充满同情地研究悉尼附近的土著人，与他们友好相处，富有感情地描写他们的生活方式，并开始理解到宗教生活是土著文化的基础。坦奇认识到他们相信"超自然力量"，当土著与他参加教会活动的时候，他们总是保持着深刻的沉默和庄重，仿佛意识到他们自己的某种宗教仪式在举行一样。② 在坦奇看来，存在着对土著居民实施文明教化的基础。

二、麦夸里的努力

19世纪初年，殖民地文明教化土著的努力就已经开始了。1814年，麦夸里总督提出两个计划，来促进土著的文明化。

根据传教士威廉·谢利（William Shelley）的建议，为给土著儿童提供教育和职业培训，传播基督教，在帕拉马纳（Parramatta）建立了一所土著学校（Native Institution）。最初，只有3个男孩和3个女孩离开他们的父母，安置在一间宿舍里。在三年里，土著儿童的人数增加到17人，听说其中很多人能够阅读《圣经》，并参加周末学校。1819年，一个土著女孩在一次考试中获得了一等奖，超过了100名白人儿童。麦夸里总督非常高兴，他在给上司的信中写到，土著学生成绩优秀，说明"他们有着良好的理解能力，有着学习白人设计的一切课程内容的天赋"。《悉尼公报》（*Sydney Gazette*）曾经称赞该学校为使成千上万的土著人文明化和拯救的工具。但是，一旦他们完成了学习，除了少数人外，其他都回到他们的家庭和社会中生活，学校所学与他们的生活完全不相关，所学内容很快就忘记了。③ 土著女孩在帕拉马纳接受教育后重新回到丛林中，过着与未受任何教育的人一样的生活。④

---

① Broome, Richard, *Aboriginal Australians*, *Black Response to White Dominance 1788 – 1980*, Sydney, London, Boston: George Allen & Unwin, 1982, p. 30.
② Broome, Richard, *Aboriginal Australians*, *A History since 1788*, Sydney: Allen & Unwin, 2010, p. 29.
③ Broome, Richard, *Aboriginal Australians*, *Black Response to White Dominance 1788 – 1980*, Sydney: George Allen & Unwin, 1982, pp. 31 – 32.
④ Partington, Geoffery, "Saying 'Sorry !' about Aboriginal Children, the Fundamental Problem", *Australia & World Affairs*, Issue 37, 1998, p. 19.

麦夸里总督开办的土著学校试图教化土著,但是土著父母则往往把土著学校作为他们按照传统方式迁徙过程中可以临时托付孩子的地方。学校课堂教学的内容也不适合土著儿童,完全不能与土著儿童从他们的父母那里接受的教育相提并论。1823 年,教化土著的愿望消退,学校随即关闭,剩下的几个土著儿童被送往布莱克镇(Blacktown)定居点。①

除教育而外,麦夸里还试图帮助土著居民确立起文明的生活方式。麦夸里总督认为,给予土著土地,可以帮助土著学会通过自己的劳动和工作获得有效益的生产方式,从而放弃不稳定的落后的采集和狩猎经济。但是,麦夸里没有考虑到,土著乐意继续充当猎人和采集者,而且在土著人看来,采集与狩猎同样是需要智慧的行业。1815 年,16 个土著家庭被安置在杰克逊港的一片熟耕地上。麦夸里为他们准备种子、衣服、工具,还有一条船。最初,土著也曾经在白人的监督下,从事耕作,成功地种植过谷物。然而,这种努力很快也失败了。不是因为他们没有能力从事耕作,而是土著所处的梦幻时代(Dreamtime)决定了他们必须是猎人和采集者,而不是农民。所以,在强大的传统力量的引导下,土著卖掉了他们的土地,花光了钱,回到丛林之中。不能希望土著在一代人的时间内完成转变。②

三、教会的介入

从 19 世纪 20 年代开始,传教士开始承担起基督教化土著的任务。许多传教士是虔诚的基督教徒,他们把土著人视为兄弟,尽管他们相信土著人是未开化的异教徒。传教士保护他们,使他们免受虐待,为他们治疗疾病。他们努力学习土著的语言和土著的文化,尽管进一步的目标是破坏土著的文化与语言。与麦夸里总督一样,传教士试图把土著转变成为欧洲人。③

最早在土著居民中进行传教的是威廉·沃克(William Walker)。

---

① Broome, Richard, *Aboriginal Australians*, *Black Response to White Dominance 1788–1980*, Sydney: George Allen & Unwin, 1982, p. 31.

② Broome, Richard, *Aboriginal Australians*, *Black Response to White Dominance 1788–1980*, Sydney: George Allen & Unwin, 1982, p. 32.

③ Broome, Richard, *Aboriginal Australians*, *Black Response to White Dominance 1788–1980*, Sydney: George Allen & Unwin, 1982, p. 32.

1821年，他来到新南威尔士，受到了伦敦殖民部和新南威尔士总督的欢迎。他宣称，他来到澳大利亚的主要目的就是促使土著皈依基督教，希望上帝的恩惠能弥补白人对土著造成的伤害。①

尽管传教士更多地强调基督教化，而不是文明化，传教士的方法与早期殖民政府的方式并无二致。兰斯洛特·爱德华·思雷尔克德（Lancelot Edward Threlkeld）神父如此总结传教士教化土著的方法："首先掌握语言，然后传播基督教义，再后是促使他们在基督教义感召下变得勤勉和刻苦。"但是，传教士从来没有想过，对于执著于自己原有宗教信仰的土著来说阅读《圣经》是没有任何意义的。②

传教士很快发现成年人对基督教没有丝毫兴趣，所以就把注意力集中在儿童身上。土著儿童被传教士隔离开来，与他们的父母分开安置在集体宿舍里，传教士在上帝、罪、善意和拯救的基础上给他们传授新的世界观。许多传教士从内心为从事这种工作而感动。③ 他们说，土著喜欢音乐和歌唱，土著儿童对周末学校组织队列训练、拍手和活动很感兴趣。存在于19世纪30年代的惠灵顿布道团（Wellington Mission）的传教士宣称，土著儿童对阅读感到兴奋。这个布道团还任命了一个农业监督专门教授"工作、秩序和服从的习惯"，当时很多年轻土著男性生活在布道团所在地区，这样可以帮助他们受雇成为农业劳动力。但是，总体上看，麦夸里湖（Lake Macquarie）、惠灵顿（Willington）、菲利普港（Port Phillip）和摩顿湾（Moreton Bay）附近的四五个传道区，都存在到19世纪40年代左右，但是每个传道区都仅吸引了很少土著儿童。传教士们希望土著有统一的组织与领导机制。这样，如果首领被转变了，那么整个土著社会也容易转变。但是，传教士面对土著，觉得每个人都是一场新的挑战，传教士用尽全力，而土著却丝毫没有转变。1834年，惠灵顿的传教士詹姆斯·根室指出："我们给予土著的教导就像在流沙上写字一样，或许最初有印象，但是

---

① Woolmington, J., "'Writing in the Sand': The First Missions to the Aborigines in Eastern Australia", in T. Swaine and D. B. Rose, eds., *Aboriginal Australians and Christian Missions*, Adelaide, 1988, p. 78.

② Broome, Richard, *Aboriginal Australians*, *Black Response to White Dominance 1788 – 1980*, Sydney: George Allen & Unwin, 1982, p. 32.

③ Broome, Richard, *Aboriginal Australians*, *Black Response to White Dominance 1788 – 1980*, Sydney: George Allen & Unwin, 1982, p. 32.

风吹过后一切都消失了。"兰斯洛特·爱德华·思雷尔克德却有着不同的问题,19世纪40年代初,他在麦夸里湖传教的对象土著部落阿瓦巴克人(Awabakal)的人口正在快速消亡。土著到传道区来主要是由于食物和毛毯的引诱,尤其城镇和牧场的烟酒对土著的诱惑非常大。对于他们来说,阅读《圣经》没有任何意义。① 澳大利亚东南部的教会布道所在1850年左右都关闭了。

四、早期教化的失败

麦夸里建立了第一个土著儿童学校,训练土著儿童。但是没有几年,土著儿童学校就引起土著人的敌视,当白人试图把土著儿童与他们的家庭和社会隔离的企图越来越明显的时候,遭到土著的反对。1820年,因为土著反对,土著学校被迫关闭。早期教会的活动同样没有得到土著人的支持,没有实现教会帮助土著人走向定居的农业生活方式、研读《圣经》、皈依基督教的目标。在19世纪30年代,英国传教士和人道主义者开始组成土著保护协会,招募人员试图以基督教的方式对土著人实施文明教化。结果,多数殖民地建立了小的保留地、保护官、传教团和教会学校。然而,由于不理解土著的文化和生活方式,产生了一些灾难性的后果。②

第一,土著社会的强烈抵制。19世纪40年代,南澳土著保护官马修·莫尔豪斯(Mattew Moorthouse)在从事土著工作17年后写到,已经不能再指望教育土著年轻人了,因为如果他们接受了白人的方式,就会受到老一代土著以魔法方式进行的威胁。

第二,早期教会的形象恶劣。从殖民开始,各教派的牧师可以随意出入收容罪犯的场所,强迫罪犯做礼拜,因此参加宗教仪式被许多人认为是刑罚的一部分,牧师的传教活动很少有收到实效的时候。英国国教的少数牧师多年来只不过是充当政府的官员罢了,无心宗教活动,至于对下层社会传播教义的使命,一向是漠不关心的。在移民初期,由于牧师从事民俗事务,他们布道的效果也就大打折扣。许多牧师成

---

① Broome, Richard, *Aboriginal Australians*, *Black Response to White Dominance 1788 – 1980*, Sydney: George Allen & Unwin, 1982, p. 32.
② Price, A. Grenfell, "Australian Native Policy: A Review", *Geographical Review*, Vol. 34, No. 3, 1944, p. 477.

了能干而富庶的农民、牧场主和地方长官。在新南威尔士，委派牧师充任地方长官的做法直到达林将军任总督时才停止。

除了少数的例外，牧师的道德向来并不高尚。J. D. 兰格牧师提供的证据称：在很多地方，人们常控诉牧师抢了农民的羊毛，但是在我的见闻里，只有新南威尔士皇家委员会公然准许牧师连羊皮也拿走，或者剥去一群活羊的皮。① 可见，早期教会的牧师的形象并不好，连白人都不信任他们，还能指望土著人信任他们、把自己的子女交给他们教化？早期教会教化土著的失败与教会本身有着重要的关系。

第三，传教士粗暴的传教方式。惠灵顿传道区的传教士曾以绑架的方式增加传道区的土著儿童数量。当地的土著在看到牧师到来的时候，都把儿童藏匿起来。另外一个使土著感到痛苦的是传教士试图全面管制土著人的生活。传教士们把基督教信仰简化为规范与规则，希望土著遵循这些简化规范而成为基督教徒。传教士们不断向土著说——不要赤身裸体到处走动；不要不讲究卫生；不要在星期天工作；不要喝酒；不要抽烟；不要乱交。传教士给土著儿童穿上统一的制服，土著儿童必须按照严格的时间安排表工作、玩游戏、受教育和祈祷。无疑，土著对这些很反感，他们宁愿享受自由、嬉戏、喝酒以及从事城镇附近可以获得的工作。正如一个土著人质问一个传教士："你们到底为什么老是谈论上帝、罪恶和死亡？没有其他的白人、其他的主人以这种方式说话。"② 如此强制性的、使人抑郁且不为其他白人遵循的方式怎会对土著有吸引力呢？

罗纳德如此总结传教士活动的影响："传教士热心于把上帝的福音传给异教徒，拯救土著居民的灵魂。他们坚信，土著应该文明化和基督教化或者至少应该从根本上改变传统的地方文化。传教士与边界上的白人牧民比较，他们更加咄咄逼人、更多干扰土著的生活。"③

许多传教士对土著文化缺乏真正的理解，这些试图破坏土著文化的传教士也低估了文化的力量。传教士所传授的基督教道德理想与土著在

---

① 〔澳〕戈登·格林伍德：《澳大利亚政治社会史》，北京编译社译，北京：商务印书馆，1960 年，第 49 页。
② Broome, Richard, *Aboriginal Australians*, *Black Response to White Dominance 1788 – 1980*, Sydney: George Allen & Unwin, 1982, p. 33.
③ Reynolds, H., *This Whispering in Our Hearts*, Sydney: Allen & Unwin, 1998, p. 102.

白人社会中所见到的态度和行为形成强烈的反差。此外，当传教士捍卫土著利益、抗议屠杀和暴力的时候，他们遭到来自殖民者的强烈抵制。传教士的工作也存在财政和资金困难。

教化土著努力的失败留下了深远的影响。白人关于土著有能力掌握现代生活本领、可以获得社会与政治平等的积极愿望逐步消失了。一种消极的想法在各地逐步流行开来，即认为土著是一个正在消亡的种族，最好的政策是尽可能保护他们免受无耻贪婪的白人的剥削，保护土著妇女免受白人男性的侵犯和虐待。①

第三节 "注定灭绝"论

随着殖民扩张的不断推进，土著人口急剧减少，土著社会不断萎缩，白人的土著观也逐步改变。早期探险家要么把澳大利亚土著看作"野蛮人"，要么把他们视为"高贵的野蛮人"。19世纪上半期，殖民者则把他们视为扩张的障碍开始期待他们的灭绝。随着早期土著教化的失败和土著社会的萎缩，在社会达尔文主义影响下，澳大利亚土著逐渐被认为是一个"注定灭绝"的种族。

一、英国人对澳大利亚土著的早期认识

在与非洲人的接触中，英国殖民者开始把黑色种族的原始人群视为"野蛮人"（Savage）。他们认为，肤色的黑白本身就标志种族的优劣。"White"是纯洁和高尚的标志，而"Black"则等同于邪恶与肮脏。非洲的黑人不信奉基督教，他们不仅不能节制自己的欲望，而且生性残暴，缺乏道德操守，毫无忠诚信义。殖民者甚至不把他们视为真正的人，而把他们等同于商品，可以任意处置。② 随着英国的殖民扩张，英国人不仅视非洲黑人为野蛮人，而且把这种观念运用到其他原始人群。在此基础上，英国人进而宣称，不列颠人是文明的优秀种族，而那些皮肤黝黑的原始种族则是劣等种族，生来就是优秀种族的统治对象。

---

① Partington, Geoffery, "Saying 'Sorry!' about Aboriginal Children, the Fundamental Problem", *Australia & World Affairs*, Issue 37, 1998, p. 16.

② Broome, Richard, *Aboriginal Australians*, *Black Response to White Dominance 1788 – 1980*, Sydney, London, Boston: George Allen & Unwin, 1982, p. 25.

这种观念深刻地影响了来到澳大利亚的英国早期探险家对澳大利亚土著的认识。威廉·丹皮尔（William Dampier）是最早与澳大利亚土著接触的英国人。1688 年，他来到澳大利亚西海岸。1697 年，丹皮尔出版《新荷兰航行记》一书，描述了他在澳大利亚西海岸的见闻。① 在书中，丹皮尔称澳大利亚土著"除具有人形外和野兽并无差别"，他们是"世界上最不幸的人"。② "他们个子很高，窄扁身材，较单薄，四肢又小又长。他们的脑袋很大，额头圆，眉毛粗浓。……他们长着一张长脸，叫人看了不舒服；脸上的五官无一样生得得体。"③ 在丹皮尔笔下，澳大利亚土著模样怪异，极其丑陋，鼻子像瓶子，嘴唇特别厚，下巴特别宽。在他看来，澳大利亚土著极为野蛮原始，远远落后于当时世人所知的其他野蛮民族。

启蒙运动思想家让·雅克·卢梭对原始人群的观念却不同于丹皮尔。在他看来，人类天性本善，原始社会最完美，知识的进步有害于人类幸福，自然状态下人的本质最好。与当时西方充满邪恶、贪欲和竞争的社会比较，原始民族那种简朴的、田园式的生活更让人向往。卢梭把那些生活在未被开发的自然环境的人称为"高贵的野蛮人"（Noble Savage）。他们远离城市的喧嚣，免受现代生活方式的压力，与同伴和自然和谐相处，身心更加健康。在卢梭看来，采集狩猎之民就是"高贵的野蛮人"的典型。④

1770 年 4 月，英国航海家詹姆斯·库克船长（James Cook）率领"努力号"全体船员在澳大利亚东海岸的植物湾（今悉尼附近）登陆。库克船长宣布该地属于英王乔治三世，并命名为新南威尔士。当地的澳大利亚土著居民给库克留下了深刻印象。他后来写道："在某些人看来，他们是世界上最不幸的民族，可实际上他们远比我们欧洲人幸福。他们完全不懂欧洲人迫切追求的奢侈乃至必需的商品，他们也乐于不知道它们的用途。他们不受不平等条件的干扰，生活于宁静状态中；陆地和海

---

① 新荷兰是早期荷兰探险家对澳大利亚的称呼。
② Clark, Manning, *A Short History of Australia*, Melbourne: The Macmillan Company of Australia Pty Ltd, 1982, p. 13.
③ 〔澳〕里查德·怀特：《创造澳大利亚》，杨岸青译，昆明：云南人民出版社，1999 年，第 3 页。
④ Broome, Richard, *Aboriginal Australians*, *Black Response to White Dominance 1788 – 1980*, Sydney, London, Boston: George Allen & Unwin, 1982, p. 25.

洋自动供应了他们生活上必需的一切；他们不羡慕高楼大厦、家具等等。他们生活于温暖良好的气候中，享受非常新鲜的空气……"① 在库克船长看来，澳大利亚土著在自然状态下和谐相处，他们就是启蒙思想家理想中的"高贵的野蛮人"，无欲无求，身体健康，内心宁静。

跟随库克的足迹，在18世纪后期，探险家们纷纷来到南太平洋海域。在他们看来，太平洋岛屿简直就是人类的天堂。澳大利亚土著以及其他太平洋岛民高贵、优雅和健壮，犹如希腊神话中的英雄。② 1796年，乔治·巴林顿见到一位优雅的澳大利亚土著女性，被她的美深深吸引。他对这位土著女性如此赞美道："她的体型可以为最细致的雕塑充当理想的模特儿；她的脸孔是完美的椭圆形，或可称为希腊式，五官端正漂亮，一双眼睛完美得怎么想象都不过分……"③ 澳大利亚土著居民简朴自然的生活方式令那些厌倦现代文明的人心生向往，他们几乎完美的身材也使人们充满对古典时代的追忆。在"高贵的野蛮人"观念的影响下，人们竟然从这些曾被丹皮尔称为"世界上最不幸的人"身上发现了人类幸福的奥秘。④

"野蛮人"和"高贵的野蛮人"这两种观念都深刻地影响了澳大利亚的早期殖民者。丹皮尔和库克的航海日志在当时社会上非常流行，受到文化阶层的推崇。丹皮尔和库克对澳大利亚土著的认识随着第一舰队传到澳大利亚。⑤ 1788年，英国政府正式对澳大利亚开展殖民活动，在新南威尔士建立海外监狱，流放罪犯。因此，最初到澳大利亚的英国人以罪犯和管理罪犯的军官、士兵为主。少数接受过教育的英国人往往把澳大利亚土著视为"高贵的野蛮人"，而那些没有受过教育的多数人则更多地把他们视为"野蛮人"。于是，在早期殖民者中形成两种极端的

---

① Clark, Manning, *A Short History of Australia*, Melbourne: The Macmillan Company of Australia Pty Ltd, 1982, p. 15.

② Broome, Richard, *Aboriginal Australians*, *Black Response to White Dominance 1788 - 1980*, Sydney, London, Boston: George Allen & Unwin, 1982, p. 26.

③ 〔澳〕里查德·怀特：《创造澳大利亚》，杨岸青译，昆明：云南人民出版社，1999年，第15页。

④ Clark, Manning, *A Short History of Australia*, Melbourne: The Macmillan Company of Australia Pty Ltd, 1982, p. 14.

⑤ Broome, Richard, *Aboriginal Australians*, *Black Response to White Dominance 1788 - 1980*, Sydney, London, Boston: George Allen & Unwin, 1982, pp. 25 - 26.

观念：澳大利亚土著要么是天使，要么是魔鬼。①

无论把土著视为天使还是魔鬼，都是不把澳大利亚土著当作人看待。两种观念都不可能帮助殖民者正确地认识澳大利亚土著，因此殖民者难以与澳大利亚土著形成良好健康的关系。

二、"注定灭绝"论的由来

19世纪上半期，随着殖民扩张以及暴力冲突的不断发生，澳大利亚土著越来越成为英国殖民者抢占土地和掠夺资源的障碍。在这种情况下，人们自然更多地认可澳大利亚土著居民是"野蛮人"的观念，并以此作为剥夺和屠杀土著的思想基础。他们极力宣扬澳大利亚土著的原始和野蛮，极力否定他们的人性，把他们贬为低等生物②，由此寻求虐待和驱逐土著的合理性。

白人殖民者没有意识到土著人有着自己复杂的语言和发达的社会生活，他们也不知道土著人与特定土地的密切联系。当时的人种理论将澳大利亚土著居民归为最低等级，认为他们简单、原始，类似动物，处在从类人猿到人类的过渡阶段。③ 动物学家乔治·肖声称，澳大利亚土著仅比低等动物进化程度高，是已知世界原始人群中最不开化的生物。而艺术家奥古斯都·厄尔则把澳大利亚土著称为猿猴进化到人类的复杂生物链中的最后环节。彼得·埃宁安指出，如果加上一根尾巴，有的老年土著妇女就跟猴子没有差别。④ 澳大利亚土著被视为"猴子和人类之间的链环"，"与野兽只隔一级"，是原始人类的另类，甚至不属于人类，而是与野兽同类的低等动物。既然澳大利亚土著与野兽无异，那么驱逐和屠杀他们也就如同狩猎一般，是再正当不过的事情。1835年，面对政府调查人员，W. 耶特（W. Yate）神父指出："我经常听到人们说，土著

---

① Broome, Richard, *Aboriginal Australians, Black Response to White Dominance 1788 – 1980*, Sydney, London, Boston: George Allen & Unwin, 1982, p. 26.
② 〔澳〕里查德·怀特：《创造澳大利亚》，杨岸青译，昆明：云南人民出版社，1999年，第18页。
③ 〔澳〕戈登·福斯：《当代澳大利亚社会》，赵曙明主译，南京：南京大学出版社，1993年，第10页。
④ 〔澳〕里查德·怀特：《创造澳大利亚》，杨岸青译，昆明：云南人民出版社，1999年，第10—11页。

不如狗，射杀土著就像屠杀狗一样，没有什么不妥！"①

在麦艾尔溪大屠杀案件审理期间，新南威尔士很多殖民者，尤其是那些经营大片土地的牧场主，对殖民当局审判和处死杀害土著的白人愤愤不平。他们指出："土著居民一直对我们采取敌视的态度。他们无视我们的法律，对我们的劝导嗤之以鼻。他们是和我们公开对抗的野蛮人，除了以牙还牙，别无选择。这些黑人就是一群猴子，越早从地球上消失越好。我们永远不能容忍白人因为伤害黑人而受处罚。"② 殖民者不承认澳大利亚土著是"人"，否认他们拥有人的基本权利和尊严。在否认澳大利亚土著人性的基础上，迎合白人殖民者剥夺土著的需要，19 世纪上半期，人们开始预测和期待澳大利亚土著的灭绝。

1821 年，威廉·沃克（William Waker）神父在给伦敦友人威廉·沃特森（William Watson）神父的信中写道："由于寒冷、赤身裸体以及饥荒，那些可怜的生物（土著）正在消亡中。"③ 1823 年，巴伦·菲尔德（Barron Field）指出："澳大利亚土著将从地球上永远消失。"④ 1849 年，一位负责菲利普港地区土著事务的官员指出："对于土著居民而言，除了逐渐灭绝外，人们很难想象还会有比这更好的结局。"⑤ 随着畜牧业的快速发展，希望占有更多土地的牧地租用人（squatter）坚信，土著居民天生低劣，他们的消亡不可避免。牧地租用人希望"澳大利亚土著的消亡为牧业的发展铺平道路"⑥。

19 世纪上半期，随着殖民者与土著居民之间的暴力冲突的日益频繁，如何为屠杀和掠夺土著居民寻求理论支撑引起殖民地社会各界的广泛关注。在殖民者看来，"注定灭绝"是澳大利亚土著的最好结局。但

---

① Broome, Richard, *Aboriginal Australians Black Response to White Dominance 1788 – 1980*, Sydney: George Allen & Unwin, 1982, p. 30.

② 倪卫红、沈江帆：《澳大利亚历史 1788—1942》，北京：北京出版社，1992 年，第 192 页。

③ Woolmington, James, *Aborigines in Colonial Society: 1788 – 1850: From "Noble Savage" to "Rural Pest"*, Cassell Australia, North Melbourne, 1973, p. 86.

④ Norris, Rae, *The More Things Changing, Continuity in Australian Indigenous Employment Disadvantage 1788 – 1967*, Department of Politics and Public Policy, Griffith University, 2006, p. 128.

⑤ Woolmington, James, *Aborigines in Colonial Society: 1788 – 1850: From "Noble Savage" to "Rural Pest"*, Cassell Australia, North Melbourne, 1973, p. 62.

⑥ Broome, Richard, *Aboriginal Australians, Black Response to White Dominance 1788 – 1980*, Sydney, London, Boston: George Allen & Unwin, 1982, p. 47.

是,他们对于澳大利亚土著"注定灭绝"的原因,还没有令人信服的解释,只是在观察的基础上做出推测而已。曾任英国殖民部高级官员的牛津大学教授赫尔曼·梅里维尔(Herman Merival)在1846年指出:"澳大利亚土著与欧洲人的接触,其后果是致命的。这种接触正在以某种不可知的方式促使土著走向灭绝。"① 基督教会则认为,澳大利亚土著的"注定灭绝"是"上帝的旨意"。在传教士眼里,澳大利亚土著不信上帝,是邪恶的异教徒。他们赤身裸体,性关系混乱;他们同类相食,还有杀婴的习俗,与文明人类完全不同。1845年,比德·波尔丁(Bede Polding)神父给英国土著问题特别委员会去信写道:"澳大利亚土著将在我们面前消亡。这是上帝的旨意。对于双方而言,这个消亡的过程越快越好。"②

三、"注定灭绝"论的形成

19世纪中期以后,人类在科学上取得一系列新进展,影响了人们对澳大利亚土著命运的思考。进化论逐步被人们视为澳大利亚土著"注定灭绝"的理论基础和科学依据。

1859年,达尔文的《物种起源》出版。在书中,他认为:"自然选择"和"适者生存"是不同物种的进化法则。受到这一法则支配,优秀的物种在生存竞争中保存下来并进化为新的物种,而低劣的物种则会消失。达尔文担心他的理论运用到人类社会,而他的信徒、社会哲学家赫伯特·斯宾塞(Herbert Spencer)很快运用"适者生存"的法则来分析社会问题,演化出"社会达尔文主义"。赫伯特·斯宾塞认为,人类分为优秀种族和劣等种族。优秀种族拥有更大的精神与物质能量,控制和淘汰劣等种族。黑色种族就是劣等种族,在与白人种族的竞争中将会灭绝。③ 社会达尔文主义在英国非常流行。社会达尔文主义的狂热信徒约翰·鲁布克指出:"种族的文化发展和生物性发展同步进行,都是自然选择的结果。人类的全部历史表明,强者和优秀种族淘汰弱者和低等种族,在数量上不断增长。作为自然选择的结果,现代欧洲人已经居于世界的

---

① Moses, A. Dirk, *Genocide and Settler Society: Frontier Violence and Stolen Indigenous Children in Australian History*, New York: Routledge, 2004, p. 226.

② Woolmington, James, *Aborigines in Colonial Society 1788 – 1850: From "Noble Savage" to "Rural Pest"*, Cassell Australia, North Melbourne, 1973, p. 63.

③ Beresford, Quentin, & Omaji, Paul, *Our State of Mind: Racial Planning and the Stolen Generations*, Fremantle: Fremantle Arts Centre Press, 1998, p. 33.

领先和支配地位，非欧洲种族的毁灭将不可避免。"① 英国殖民者更是宣称，英语民族将会在非洲和澳大利亚，甚至整个新世界，占绝对的优势地位。不可否认，英国的政体、语言和思想将主导整个人类政治、社会和学术。世界的首席地位属于英语民族。被征服的民族必将与盎格鲁-撒克逊融为一体，或者屈服于他们优越而强大的生命力，否则就必定自取灭亡。②

自 1788 年以来，白人殖民对澳大利亚土著的影响在一定程度上恰好印证了社会达尔文主义的理论。到 19 世纪后半期，伴随着疾病流行、暴力冲突和土地的丧失，澳大利亚土著人口急剧减少，生活方式难以为继，土著社会严重萎缩。这些都被人们认为是进化论发生作用的最好例证。塔斯马尼亚最后一个纯血统土著特鲁卡尼尼于 1876 年死去。这被认为是澳大利亚土著正在走向灭绝的有力证据。③ 殖民者坚信，进化论的法则在人类社会进化中发挥作用就是澳大利亚土著在欧洲人面前消亡的根源。④ 土著种族的生物基因天生低劣，漆黑的皮肤标志着他们属于人类一个特别分支。土著种族是不可救药的劣等生物，他们的命运就是"注定灭绝"⑤。1836 年，正在探索进化论的达尔文来到澳大利亚，亲眼目睹白人的技术、风俗和疾病给土著人带来的巨大破坏力。他意识到，"某种更为神秘的力量在起作用……各个人种互相作用的方式似乎和不同种的动物是一样的——强者消灭弱者"⑥。在这里，种族冲突归结为自然选择和适者生存，归结为种族竞争。与之前将土著的灭绝视为"上帝的旨意"比较，进化论为土著灭绝的缘由赋予些许科学的意味。

---

① 〔英〕彼得·狄肯斯：《社会达尔文主义 将进化思想和社会理论联系起来》，涂骏译，长春：吉林人民出版社，2005 年，第 12 页。
② 倪卫红、沈江帆：《澳大利亚历史 1788—1942》，北京：北京出版社，1992 年，第 196 页。
③ Mercer, David, "Citizen Minus? Indigenous Australians and the Citizenship Question", *Citizenship Studies*, Vol. 7, No. 4, 2003, p. 429.
④ Broome, Richard, *Aboriginal Australians Black Response to White Dominance 1788 – 1980*, Sydney: George Allen & Unwin, 1982, p92.
⑤ Dafler, Jeffery R., "Social Darwinism and the Language of Racial Oppression: Australia's Stolen Generation", *ETC*, April 2005, p. 144.
⑥ 〔澳〕里查德·怀特：《创造澳大利亚》，杨岸青译，昆明：云南人民出版社，1999 年，第 87 页。

进化论为澳大利亚土著的灭绝提供了一个令人欣慰、貌似科学的解释，并且很快被社会各界普遍接受和宣扬。学者、作家、艺术家纷纷把土著描绘成原始人，认定土著的消亡是不可避免的历史必然。1881 年，墨尔本的《百眼巨人》（Argus）杂志刊文指出，澳大利亚土著正在消亡之中，随着时间的推移，土著居民将在维多利亚完全从人们的视线中消失，就像土著居民在塔斯马尼亚岛消失一样。① 1888 年，巴顿（G. B. Barton），即后来的澳大利亚联邦总理，称白人与土著的关系为"一场种族战争"，其结果不言而喻。② 同年，维多利亚历史学家亚历山大·萨瑟兰（Alexander Sutherland）出版《维多利亚及其首府》（Victoria and Its Metropolis）一书。在该书中，亚历山大·萨瑟兰认为，澳大利亚土著正在快速消亡。追溯历史可以发现，欧洲人并非澳大利亚土著社会萎缩的主要原因。英国人殖民澳大利亚是人类的重大进步，而人类进步总是要付出代价的，那就是一些低劣种族的消亡。伴随着殖民扩张的暴力冲突只是澳大利亚土著消亡的次要因素，对土著历史命运起决定作用的因素是"适者生存"的种族竞争法则。③ 1888 年 1 月，墨尔本《时代》杂志刊文谈论澳大利亚土著的急剧减少，该文评论如下："这也许就是自然法则。两个不同文明程度的种族相遇，落后者、弱者注定会萎缩并最终消失。尽管这一过程的残酷有违人类的天生悲悯，但它却是不可改变的自然法则，并且通过确保'适者生存'而明显地有利于整个人类的进步。因此，我们没有必要为土著种族的消失而悲伤。"④ 1890 年，塔斯马尼亚皇家委员会副主席说："根据进化理论和适者生存的法规，低劣的种族必然被优秀的种族取代。"⑤ 1896 年，墨尔本《时代》杂志刊文指出，澳大利亚是一个幸运之邦，不存在任何种族问题。土著居民天生低劣，智

---

① Attwood, Bain, *Rights for Aborigines*, Crows Nest NSW: Allen & Unwin, 2003, p. 22.
② Yarwood, A. T., & Knowling, M. J., *Race Relations in Australia, A History*, Sydney: Methuen Australiian Pty Ltd, 1982, p. 163.
③ Craven, Rhonda, *Teaching Aboriginal Studies*, St Leonards, N. S. W.: Allen & Unwin, 1999, p. 112.
④ Broome, Richard, *Aboriginal Australians Black Response to White Dominance 1788 – 1980*, Sydney: George Allen & Unwin, 1982, p. 92.
⑤ Moses, A. Dirk, *Genocide and Settler Society: Frontier Violence and Stolen Indigenous Children in Australian History*, New York: Berghahn Books, 2004, p. 226.

力低下，人口规模小，他们的存在根本不值一提，土著种族正在逐渐消亡。①

19世纪后期，进化论为1788年以来土著居民人口萎缩和社会残破提供了解释。由此，白人殖民者得出如下结论：澳大利亚土著是一个"注定灭绝的种族"（doomed or destined race）②。澳大利亚土著属于劣等种族，无法应对来自优秀的白人种族的挑战，没有能力适应现代社会。他们是一个没有任何希望的种族，他们的命运注定是走向灭绝。

四、"注定灭绝"论的流传

1901年，澳大利亚由六个殖民地联合组建成立澳大利亚联邦。一个新的国家在南半球产生了。20世纪上半期，澳大利亚土著"注定灭绝"论广泛流传，学术界进行论证，新闻媒体不断宣扬，社会大众深信不疑，而政府则以此作为政策的理论基石。

澳大利亚学术界不仅坚持澳大利亚土著注定灭绝的观点，而且以所谓的科研研究来证明这种观点的正确。1912年，南澳著名医生和人类学家J. B. 克莱兰（J. B. Cleland）写道："澳大利亚土著正在快速消失。在澳洲大陆南部的某些地区，纯血统土著几乎见不到了，在一些地区已经灭绝。"③ 1914年9月，华盛顿卡耐基研究院（Carnegie Institution of Washington）的人类学家查尔斯·B. 达文波特（Charles B. Daveport）对新南威尔士的土著保留地土著居民进行了为期6天的人类学调查。他指出，土著居民是一个正在快速消亡的种族。④ 1926年，阿德莱德大学一位解剖学教授指出，澳大利亚土著在人类进化的序列中位置太低，甚至连学习盎格鲁-撒克逊主导的优秀文明的

---

① Bennett, David, *Multicultural States: Rethinking Difference and Identity*, Routledge, 1998, p. 150.

② McGregor, Russell, "The Idea of Racial l Degeneration: Baldwin Spencer and the Aborigines of the Northern Territory", in Mcleod, R., &Denoon, D., eds., *Health and Healing in Tropical Australia and Papua New Guinea*, James Cook University, 1991, p. 23.

③ Thomas, David Piers, *Reading Doctors' Writing: Race, Politics and Power in Indigenous Health Research, 1870–1969*, Canberra: Aboriginal Studies Press, 2004, p. 24.

④ Daveport, Charles B., "Notes on Physical Anthropology of Australian Aborigines and Black-white Hybrids", *American Journal of Physical Anthropology*, Volume 8, Issue 1, 1925, p. 73.

能力和资格都不具备。① 1929 年，人类学家 A. P. 埃尔金写道："一些种族比另外一些种族更为优秀。澳大利亚土著和非洲黑人虽属人类，但他们远不及白人优秀，甚至连黄种人都不如。"② 1938 年，曾经在阿拉姆地（Arnhem Land）东北部地区土著人中调查和生活过的人类学家唐纳德·汤姆逊（Donald Thomson）在给联邦政府的一份报告中指出，澳大利亚土著与白人属于不同层次的种族，文明程度悬殊甚大。他们之间有着长达数千年之久的文明与社会演化差距，有着无法逾越的鸿沟。即便那些心存善念的人们也不否认，澳大利亚土著种族正在消亡中。③

两次世界大战之间，澳大利亚各种媒体的大肆宣传更使得"注定灭绝"论深入人心。白人普遍相信，根据自然法则，劣等种族在优秀种族面前必然消亡。1921 年，黛西·贝茨（Daisy Bates）在《悉尼先驱晨报》（Sydney Morning Herald）发表文章指出："事实非常明了，文明人与原始人的交往，必然导致后者的灭绝。不可否认，澳大利亚土著正在消亡之中，唯一能做的事情就是帮助他们灭绝得容易一些、安详一些。"④ 1937 年，黛西·贝茨出版《土著的消失》（The Passing of Aborigines）一书，认为"最后一个塔斯马尼亚人"的死亡就是澳大利亚土著消亡的标志。⑤ 1938 年，墨尔本《阿尔格斯》（Argus）杂志刊文指出，澳大利亚土著是一个落后而低劣的种族，其命运是"注定灭绝"。在同情、愧疚和拯救等复杂感情的影响下，多数澳大利亚白人认为，在现代文明面前澳大利亚土著不能幸存下来，澳大利亚土著必将灭绝。他们为此寻找的证据是土著人口从最初的 30 万到 1930 年仅仅只有 6 万幸存下来。⑥

---

① Markus, Andrew, "After the Outward Appearance: Scientists, Administrators and Politicians", in Gammage, Bill, & Markus, Andrew, eds., *All that Dirt: An Australian 1938 Monograph*, Canberra: History Project Incorporated, 1982, p. 86.

② Elkin, Adolphus Peter, "The practical Value of Anthropology III", *Morpeth Review*, 1929, Vol. 9, p. 34.

③ Gammage, Bill, & Peter, Spearritt, *Australians: 1938*, New South Wales: Fairfax, Syme & Weldon Associates, 1987, p. 77.

④ Jacobs, Patricia, "Science and Veiled Assumptions: Miscegenation in W. A. 1930 – 1937", *Australian Aboriginal Studies*, No. 2, 1986, p. 16.

⑤ Gammage, Bill, & Peter Spearritt, *Australians: 1938*, New South Wales: Fairfax, Syme & Weldon Associates, 1987, p. 47.

⑥ Broome, Richard, *Aboriginal Australians Black Response to White Dominance 1788 – 1980*, Sydney: George Allen & Unwin, 1982, p. 160.

澳大利亚土著"注定灭绝"论的广泛流传影响了政府的土著政策，政府以此作为处理土著问题的理论依据。1901年，文森特·塞斯尼（Vincent Cesina）在昆士兰议会指出："进化论发展告诉我们，澳大利亚土著将在我们的进步面前消失，他们根本没有任何希望！"① 1902年，新西兰劳工部长威廉·彭伯·里夫斯（William Pember Reeves）说："澳大利亚黑人，他们既无力抵抗白人的侵扰，也不能整合进白人社会。在他们尚未反抗之前就已经开始消亡，或者逃往荒漠之中，在沙漠之中他们的数量逐渐萎缩。"② 澳大利亚土著在白人侵略者面前消失了，就像狼在一个日渐文明、人口日渐稠密的国度里绝迹一样。③ 就这样，"土著问题是个会自行解决的问题——也就是说，他们总会自行灭绝的，这种令人厌恶的假设一直支配着官方的政策，直到1939年。甚至像同一年在墨尔本出版的《现代参考百科全书》这种严肃的著作，竟也轻描淡写地说：'那些分成许多部落的、习惯于原始生活的、智力低下的土著人正在消亡之中'"④。

土著"注定灭绝"论深刻地影响了澳大利亚社会对待土著居民的态度，深刻地影响了澳大利亚政府处理土著问题的政策。在人们的观念里，对澳大利亚土著不可避免的灭绝命运的任何努力都是白费，唯一可以做的就是在灭绝之前减轻他们的痛苦，"在这个正在灭绝的种族彻底消亡之前为他们抚平枕头"⑤。

第四节　土著保护政策

19世纪30年代以后，文明教化土著的失败和殖民者伤害土著事件的增加，引起英国社会对澳大利亚土著问题的关注。在对土著问题进行

---

① Broome, Richard, *Aboriginal Australians Black Response to White Dominance 1788 – 1980*, Sydney: George Allen & Unwin, 1982, p. 92.
② Jamrozik, Adam, Boland, Cathy, & Urquhart, Robert, *Social Change and Cultural Transformation in Australia*, Cambridge University Press, 1995, p. 38.
③ 〔美〕斯塔夫里阿诺斯：《全球通史，1500年以后的世界》，吴象婴译，上海：上海社会科学院出版社，2000年，第518页。
④ 〔美〕约翰·根室：《澳新内幕》，符良琼译，上海：上海译文出版社，1979年，第103页。
⑤ Thomas, David Piers, *Reading Doctors' Writing: Race, Politics and Power in Indigenus Health Research, 1870 – 1969*, Canberra: Aboriginal Studies Press, 2004, p. 24.

调查的基础上,英国政府开始在澳大利亚殖民地开展土著保护试验。不过,当时殖民过程正在快速推进,殖民地民众与政府并不关心保护土著,保护试验无果而终。直到19世纪60年代殖民过程完成之后,随着"注定灭绝"论的流行,土著保护才真正提上议事日程。随后,各殖民地对土著保护进行立法,在土著居民区设立保留地,组建相关机构落实土著保护职责。土著保护制度以救济和控制为基本内容,这种制度名为保护,实际上却是确保土著自行灭绝的一种手段。

一、保护政策的由来

19世纪初,澳大利亚不断发生的种族暴力逐步引起英国政府的关注。伦敦的人道主义者游说政府,要求改善澳大利亚土著居民的状况,改善英国控制的所有殖民地土著居民的状况。1833年,英国政府宣布在所有大英帝国的土地上废除奴隶制度。1835年,负责对帝国境内土著居民状况展开调查的议会下院特别委员会成立。该委员会的职责是"研究应该采取何种措施处理殖民地土著问题,如何确保他们得到适当的关注,如何确保他们的权益得到基本的保护。促进基督教在土著人口中的传播,引导土著人和平地自愿地接受基督教信仰"①。

1837年,特别委员会提交了关于帝国境内土著状况的报告。在报告中,委员会认为,土著居民与英国国内的贫民一样都应视为处于社会边沿的群体,是社会动乱的潜在根源。要建立一个管理有序的社会,英国政府应该在国内和帝国海外殖民地加强对社会边沿人口的控制。委员会主张,把贫困人口和殖民地的土著居民纳入英国现有的社会秩序(尤其是经济体系)之中,成为英国经济体系中最低层、靠工资生活、处于依赖状态的劳工。② 对于殖民地土著居民,委员会主张给予他们类似英国国内贫苦人口一样的保护。具体建议包括任命土著保护官(Protector)。保护官应该在职责与能力所及的范围内为传教士教育年轻人提供一切帮助。保护官职责包括提出土著政策建议、草拟土著管理制度以及制订土著管理法规。土著保护官的目标就是提升土著居民的知识水平和文明程

---

① Armitage, Andrew, *Comparing the Policy of Aboriginal Assimilation: Australia, Canada, and New Zealand*, Vancouver: University of British Columbia Press, 1995, p. 243.

② Armitage, Andrew, *Comparing the Policy of Aboriginal Assimilation: Australia, Canada, and New Zealand*, Vancouver: University of British Columbia Press, 1995, p. 16.

度，直到为土著居民实施特别法律显得多余。每个保护官都应该纳入当地市镇政府管理体系之中。保护官必须定期给当地政府提交关于土著人口状况的报告，及时制止殖民者对土著居民的伤害。① 基督教在促使土著成为公民的过程中有着重要作用。委员会认为，儿童特别容易被改造和教育。因此委员会特别注重土著儿童教化，主张教育年轻人是传教士的首要职责。② 1837 年特别委员会关于土著问题的报告强调，教育与保护土著是土著保护官的重要职责。

随着殖民扩张和种族冲突的加剧，澳大利亚一些富有同情心的白人经常听到边界上白人对土著犯下的暴行，经常看到残存的土著与处在城镇周边的混血土著令人可怜的困境。他们深受震动，主张仁慈地保护与对待土著居民。1838 年，W. 考珀（W. Cowper）神父向新南威尔士土著问题委员会提出："英国政府和殖民地当局应当全力保护土著居民，确保这个不幸的种族免于灭绝，确保他们的生存状态有所改善，至少不比 1788 年的处境更为糟糕。"③ 1843 年，一位作家在《新南威尔士杂志》（*New South Wales Magazine*）上写道：希望政府采取措施，改善土著的处境，即使我们凄惨的黑人兄弟们即将消亡，也要保证他们平静地走向坟墓。④ 在澳大利亚北部地区，一些人道主义者以及殖民政府也开始思考改善土著的状况。他们认为，拯救土著的唯一方法是把他们限制在一个远离白人的保留地。保护制度也许正适合白人的需要。因为白人一方面剥夺了土著的土地；另一方面也不愿看到土著灭绝，他们希望在特殊情况下（比如农忙季节）获得土著劳动力的协助。

英国政府对殖民地土著的关注以及殖民地民众的同情促进了 19 世纪 30—40 年代澳大利亚殖民地土著保护制度的试验。1838 年，不顾牧地租用人控制的新南威尔士立法理事会的反对，英国政府强制在菲利普港地区（后来的维多利亚殖民地）推行土著保护政策。遵照英国政府的指

---

① Armitage, Andrew, *Comparing the Policy of Aboriginal Assimilation: Australia, Canada, and New Zealand*, Vancouver: University of British Columbia Press, 1995, p. 243.

② Armitage, Andrew, *Comparing the Policy of Aboriginal Assimilation: Australia, Canada, and New Zealand*, Vancouver: University of British Columbia Press, 1995, p. 16.

③ Woolmington, James, *Aborigines in Colonial Society: 1788–1850: From "Noble Savage" to "Rural Pest"*, Cassell Australia, North Melbourne, 1973, p. 80.

④ Elkin, Adolphus Peter, *The Australian Aborigines*, Garden City, N.Y.: Doubleday, 1964, p. 343.

令，新南威尔士总督吉普斯把菲利普港地区划为4个区域，每个区域任命一位传教士充任保护官，制止白人殖民者肆意妄为。① 他们负责引导当地土著居民学习与采纳定居的生活方式，保护土著居民的权益。② 保护官与土著居民一起四处迁徙，学习土著语言，努力保护他们的财产，制止殖民者的暴力伤害。那些有家庭的保护官，则带上家眷，在保留地上建立居民点、农场和学校，帮助土著居民尽快地适应定居的农业生活方式。在菲利普港地区实施保护政策的最初4年，新南威尔士政府提供了20000英镑的财政支持。③

1834年，南澳殖民地建立。作为一个自由殖民地，南澳殖民政府宣布，保护土著居民的权益，对土著居民实施文明教化，给予他们平等的不列颠臣民地位。1836年，南澳殖民地当局为土著建立保留地，任命土著保护官，推行保护政策。但是当时南澳殖民地尚在初步建设阶段，相对于土著居民，白人人口数量不多。对这些保护官来说，与其说是保护土著居民，还不如说是关注白人殖民者的利益。南澳土著保护官与白人殖民者紧密地勾结在一起，共同对付当地的土著居民。1844年，南澳殖民地《土著孤儿条例》规定，保护官为混血土著以及父母死亡或父母无法确认的土著儿童的法定监护人。征得父母的同意后，保护官可以安排适龄土著儿童跟随白人师傅学习技艺。根据该条例，保护官往往把土著男孩集中到阿德莱德，安排他们在殖民地工程局等机构充当学徒，学习制革、制作砖瓦等劳动技能，或者为总督当信使。土著女孩则被安排到白人家庭学习家内服务。然而，保护官的这种努力并不能改变土著儿童的命运。在大多数情况下，土著儿童一旦完成学习过程，离开师傅之后，就回到原来的土著社区，依然沿袭父辈的生活方式。1839年，专门教育土著儿童的土著地方学校建立。19世纪40年代，更多的这类学校建立起来。为了最大限度地控制土著儿童，土著学校都实行寄宿制度。土著

---

① 郑寅达、费佩君：《澳大利亚史》，上海：华东师范大学出版社，1991年，第69—70页。
② Jacbs, Wilbur R., "The Fatal Confrontation: Early Native-White Relations on the Frontiers of Australia, New Guinea, and America: A Comparative Study", *The Pacific Historical Review*, Vol. 40, No. 3, 1971, p. 299.
③ Broome, Richard, *Aboriginal Australians, Black Response to White Dominance 1788 – 1980*, Sydney, London, Boston: George Allen & Unwin, 1982, p. 49.

儿童之所以来到土著学校，其原因是多方面的。"有些人到学校是因为他们在这里可以得到正常的食物供应，而在土著居住区食物供应是不规律的，尤其是在冬季；有的孩子则由他们的父母送来，因为政府答应他们只要孩子上学3个月，他们就可以得到一条毛毯；有的则是在城镇里乞讨，警察发现后把他们送到学校来的。"①

出于保护土著居民的意图，英国政府要求在澳大利亚殖民地开展土著保护试验，然而这种尝试并不顺利。1849年，菲利普港地区土著保护试验终止。19世纪50年代，南澳也相继撤销土著保护机构。早期土著保护试验的失败可以归因于以下几个方面：首先，来自英格兰的保护官对土著居民缺乏基本的了解，更没有处理土著事务的经验；其次，保护制度的实验受到财政困难的制约。1842年后，干旱导致殖民地减产，经济衰退使得政府投入土著保护事业的财政资金捉襟见肘；其三，土著居民不愿放弃传统的生活方式，拒绝接受基督教、农业生产和西化教育。一位年长的土著男人曾经愤怒地指出："白人殖民者先是抢占我们的家园。而今，他们正在有计划地抢夺我们的下一代。他们试图把土著儿童集中起来居住在房屋里读书习字，教育土著儿童从事劳作，学习白人的生活方式。"② 显然，在短时间内要求半游牧的土著人开始定居的生活方式是不可能实现的。

最后，也是最重要的原因在于保护土著与白人殖民扩张的过程相互对立。保护制度试验的19世纪30—50年代，澳大利亚畜牧业快速发展，养羊业逐步成为经济支柱。在这种情况下，保护土著居民无疑限制了白人殖民者对土地的渴望，所以依靠大片廉价土地发展的牧地租用人对保护政策极为不满。保护官与英国政府曾经试图调和牧地租用人与保护制度的矛盾。1839—1849年间，乔治·奥古斯塔斯·鲁滨逊（George Augustus Robinson）一直担任菲利普港地区的土著首席保护官。他曾经向帝国殖民国务秘书厄尔·格雷（Earl Grey）呼吁建立保留地，实施牧地许可制度（Squatting License），以管束牧地租用人的行为。规定牧地租用人

---

① Mattingley, Christobel, & Hampton, Ken, *Survival in Our Own Land: Aboriginal Experiences in South Australia Since 1836*, Sydney: Hodder & Stoughton, 1992, p. 100.
② Broome, Richard, *Aboriginal Australians, Black Response to White Dominance 1788–1980*, Sydney, London, Boston: George Allen & Unwin, 1982, p. 50.

只拥有对牧草的权利,允许土著继续以传统方式生活在自己的土地上,试图使殖民者与土著共同使用土地。1850年底,帝国政府下定决心,在澳大利亚殖民地发放的所有牧场租用许可必须包含一个条件,即保留土著居民对土地的权利。① 但这并没有阻止牧地租用人的扩张,无法挽回土著保护制度失败的结局。就是因为抢占当地土著居民世世代代生息繁衍的土地,19世纪40年代菲利普港地区的白人殖民者与土著居民的冲突前所未有地激烈。显然,保护制度的普遍确立还有待于澳大利亚殖民过程的最终完成。

二、保护政策的确立

19世纪中期新南威尔士、塔斯马尼亚、西澳、南澳、维多利亚和昆士兰六个殖民地相继建立后,英国殖民者最终确立了对整个澳洲大陆的全面控制。澳大利亚的殖民过程基本完成。澳大利亚绝大多数有价值的土地均纳入白人殖民者手中。而另一方面,由于长期的疾病侵袭、种族暴力以及土著生活方式的破坏,导致土著人口快速减少,土著社会严重萎缩。在达尔文进化论的影响下,人们把英国殖民澳大利亚的过程理解为澳大利亚土著与英国人之间的种族竞争,体现了"适者生存"的法则。"文明人与原始人交锋,后者必然灭绝。"②

19世纪末,"注定灭绝"论开始流行开来,成为澳大利亚民众对澳大利亚土著命运的基本判断,成为殖民当局思考和处理土著问题的理论基础。既然澳大利亚土著是一个正在消亡的种族,既然他们已成为少数人,不再对白人构成威胁,与其以不人道的手段对待他们而受到谴责,还不如将他们隔离在保留地任其"平静地走向坟墓"③。如此,既不会招致人道主义者的谴责,也不会妨碍白澳理想的实现。19世纪后期,保护政策成为澳大利亚各殖民当局处理土著问题的最好选择。

---

① Shuker, Rhonda, & Gistitin, Carol, *An Introductory Aboriginal and Islander History*, Central Queensland University, 2000, pp. 7 - 8.

② Jacobs, Patricia, "Science and Veiled Assumptions: Miscegenation in W. A. 1930 - 1937", *Australian Aboriginal Studies*, Vol. 2 1986 Number 2, 1986, pp. 15 - 23.

③ Elkin, Adolphus Peter, *The Australian Aborigines*, Garden City, N. Y.: Doubleday, 1964, p. 343.

在一定程度上,社会大众与学术界也需要对土著居民实施保护。大量土著居民被迫离开自己的家园,流落到白人聚居地附近。深受营养不良和疾病之苦的土著居民生活在自己的周遭,也令澳大利亚社会感到不安和难堪。澳大利亚民众不愿见到土著居民出现在自己的视线里,希望政府把他们隔离在保留地上。另一方面,随着人类学家对澳大利亚土著的关注,出于研究的需要,主张保护土著居民。①

就是在这种情况下,1837年英国议会下院特别委员会关于保护土著的建议在澳大利亚殖民地最终得以落实。19世纪60年代以后,澳大利亚各殖民地(州、领地)陆续制订土著法律,确立土著保护政策。

在澳大利亚殖民地中,维多利亚最早确立了保护政策。19世纪中期淘金潮导致大量自由移民涌入,而种族暴力与疾病传播又使得土著大批死亡。当地土著居民已经成为少数人,不再威胁白人殖民者的利益,于是,土著居民的保护再次提到议事日程上来。1858年,维多利亚议会特别委员会建议,建立土著保留地,集中散居各地的土著居民聚居在保留地,防止白人殖民者对他们的伤害;殖民当局任命政府官员,或指派教会组织管理保留地。② 根据以上建议,1860年维多利亚议会宣布,建立土著保留地,组建土著保护委员会(Board for the Protection of Aborigines)。土著保护委员会负责管理土著居民,为土著提供衣服与食物等生活必需品。土著保护委员会禁止保留地的土著居民沿袭传统习俗和宗教仪式,强制推行基督教化。当地警察、地方官员、牧师和白人土地所有者均有义务参与保留地土著居民的管理和控制。几年的试验之后,1869年维多利亚议会正式颁布《土著保护法》(Aboriginal Protection Act)。依据该法,维多利亚土著保护委员会为土著保护法的实施者,拥有广泛权力,管理土著居民的生老病死、衣食住行、婚丧嫁娶和生产劳动。③ 维多利亚土著保护委员会对土著居民的工作地点和种类、居住和活动区域以及结婚交友等均有明确的规定和要求。未经

---

① Elkin, Adolphus Peter, *The Australian Aborigines*, Garden City, N. Y.: Doubleday, 1964, p. 343.
② 〔澳〕戈登·福斯:《当代澳大利亚社会》,赵曙明译,南京:南京大学出版社,1993年,第12页。
③ Broome, Richard, *Aboriginal Victorians: A History Since 1800*, Allen & Unwin, 2005, p. 146.

保护委员会的批准，土著居民不可离开保留地，不许结婚。未经允许，保留地之外的亲友不得与保留地的土著居民联系。为了控制土著儿童，保护委员会可以安排保留地的土著儿童到白人家庭劳动。① 1869 年维多利亚《土著保护法》的实施成为澳大利亚各殖民地通过立法全面管理土著事务的开始。

19 世纪 70 年代，出于对土著居民处境的同情，新南威尔士的传教士纷纷游说政府，要求政府建立保留地，对土著居民进行教化、安置和照顾。1883 年，传教士们的努力终于推动新南威尔士政府成立了土著保护委员会（Aborigines Protection Board）。按照政府的安排，土著保护委员负责救济土著居民，向土著分发私人捐助和政府的救济物品。不过，土著保护委员会的职责与权力一直没有得到法律的确认。1909 年，新南威尔士议会最终通过《土著保护法》。该法赋予土著保护委员会控制保留地及土著居民的广泛权力。土著保护委员会是土著儿童的法定监护者，有权监护土著儿童到 18 岁，有权将土著儿童与其家庭隔离，安排他们学艺、控制他们的收入等。为了更好地控制土著儿童，土著保护委员会将保留地的土著儿童隔离出来，安置在养育院进行收容和培训。②

1859 年，昆士兰从新南威尔士分离出来，成为一个独立的殖民地。19 世纪 70 年代以后，昆士兰的矿业和海洋业快速发展，廉价劳动力稀缺。为此，绑架、控制和奴役土著居民成为获取劳动力的重要方式。土著居民的处境受到昆士兰立法会议成员阿奇博尔德·梅斯顿（Archibald Meston）的重视。1896 年，他向昆士兰政府提出建议，为土著居民建立不受外界干扰的保留地，严禁白人入内骚扰。③ 在梅斯顿的推动下，昆士兰殖民地于 1897 年颁布《土著保护与鸦片贸易限制法》（*Aboriginals Protection and Restriction of the Sale of Opium Act*）。该法的副标题是"一项关于更好地保护和照顾土著和混血土著及限制鸦片贸易的法律"。该法有两个主要目的：一是保护土著居民，防止白人侵害土著居民。为此，政

---

① Chesterman, John, & Galligan, Brian, *Citizens Without Rights*, *Aborigines and Australian Citizenship*, Melbourne: Cambridge University Press, 1997, p. 16.

② Stonham, John, ed., *Official Year Book of the Commonwealth of Australia*, No. 17, 1924, Australia Commonwealth Bureau of Census and Statistics, 1924, p. 956.

③ Chesterman, John, & Galligan, Brian, *Citizens Without Rights*, *Aborigines and Australian Citizenship*, Melbourne: Cambridge University Press, 1997, p. 38.

府支持建立保留地或教会布道所，专门安置土著居民集中生活在一起。二是禁止向土著居民出售酒及鸦片，打击鸦片贸易。该法规定，无论土著居民是否需要保护，也不管他们是否愿意接受保护，都得接受政府的保护。土著居民只能生活在保留地上，不得离开；土著居民不得饮酒；土著居民没有选举权；禁止土著居民与白人之间的性关系。① 1897 年土著法的实施标志着昆士兰土著保护政策的确立。

以 1897 年昆士兰《土著保护与鸦片贸易限制法》为蓝本，西澳颁布了《1905 年土著法》。西澳土著法宣扬以"保护和照顾土著"为宗旨，赋予政府严格划定土著保留地和限制土著居民活动区域的权力；明确首席土著保护官是 16 岁以下的混血土著以及所有纯血统土著的法定监护人；首席土著保护官有权对土著孤儿以及贫困土著儿童进行隔离教养；地方警察有义务和责任为首席保护官管理土著居民提供协助。②

以西澳和昆士兰的土著法为蓝本，南澳议会先后制订《1910 年南澳土著法》和《1911 年北领地土著法》。就内容而言，《1910 年南澳土著法》与 1897 年昆士兰土著法非常接近。《1910 年南澳土著法》规定，任命首席保护官负责处理土著事务。首席保护官是混血土著儿童以及 21 岁以下纯血统土著的法定监护人；首席保护官有权控制土著居民的迁徙自由，既可以把土著圈禁在保留地；也可以把那些不听管教的土著居民驱逐出保留地；既可以追捕那些逃出保留地的土著居民，也有权对拒绝迁往保留地集中居住的土著居民实施强制措施；同时该法规定，首席保护官有权强制要求混血土著的父亲为其混血后代承担抚养义务。③

1911 年，联邦政府从南澳政府手中接管北领地。同年，《1911 年北领地土著法》生效。该法规定，首席土著保护官是所有土著儿童的合法监护人；首席土著保护官有权把土著居民限制在保留地；首席土著保护

---

① Broome, Richard, *Aboriginal Australians, Black Response to White Dominance 1788–1980*, Sydney: George Allen & Unwin, 1982, p. 98.

② Broome, Richard, *Aboriginal Australians, Black Response to White Dominance 1788–1980*, Sydney: George Allen & Unwin, 1982, p. 98.

③ Ellinghaus, Katherineus, *Taking Assimilation to Heart, Marriages of White Women and Indigenous Men in the United States and Australia, 1887–1937*, Lincoln & London: University of Nebraska Press, 2006, p. 250.

官控制土著居民的婚姻，未经许可，土著妇女不得与非土著男人结婚；首席土著保护官控制土著的就业，未经许可，任何人不得雇佣土著居民。1918 年，联邦政府制订《北领地土著事务条例》，对《1911 年北领地土著法》进行细化。该条例强调对土著居民的救济和控制，主要内容包括：一是加强对土著保留地的监督，增加对贫困和患病土著居民的食物、衣服、毛毯和药品等救济物品的发放；二是禁止烈性酒和鸦片在土著居民的传播和出售，禁止雇主对土著劳工的过分剥削；三是限制土著居民的活动场所，禁止土著居民与亚洲人交往。①

截至 1911 年，除塔斯马尼亚被认为其土著居民已经灭绝不需要专门政策处理而外，新南威尔士、维多利亚、昆士兰、西澳、南澳以及北领地均制订了土著保护法，全面确立了土著保护政策。

三、保护政策的实施

1901 年之前，澳大利亚由六个殖民地构成，彼此各自为政，互不统属。澳大利亚联邦成立之后，实行联邦政府与各州政府分权管理，土著事务不属于联邦政府的管辖范围，由各州自行处理。联邦政府接触土著事务始于 1911 年从南澳手里接管北领地。不过，联邦政府仅负责北领地土著事务，对各州土著事务依然无权过问。自英国殖民开始到 20 世纪上半期的较长时间内，在土著政策上澳大利亚全国并不整齐划一。就保护政策而言，各殖民地以及后来各州（领地）实施的时间也有先后之别。不过，各地土著保护政策的内容以及实施的方式基本一致。

第一，建立保留地（Reserves）或者布道所（Missions）。

保留地由各地政府建立，布道所则由教会组织建立。保护政策推行之后，政府要么直接接管布道所，要么对布道所实施监督。另一方面，在政府的保留地上，教会组织也往往会参与管理，尤其在对土著实施基督教化的过程中发挥作用。

为了在土著居民中传播基督教，教会在新南威尔士建立布道所的时间较早。1820 年，英格兰教会创建帕拉马塔土著布道所（Parramatta Aboriginal Mission），1828 年关闭。1824 年，伦敦传道会（London Missionary

---

① Stonham, John, ed., *Official Year Book of the Commonwealth of Australia*, No. 17, 1924, Australia Commonwealth Bureau of Census and Statistics, 1924, p. 959.

Society）创办麦夸里湖土著布道所（Lake Macquarie Aboriginal Mission），后由公理会世界传教会（Congregational Council for World Mission，即今 Council for World Mission）管理，直到 1841 年关闭。1832 年，伦敦传道会开办惠灵顿山谷土著布道所（Wellington Valley Aboriginal Mission），1842 年关闭。① 19 世纪 70 年代，教会先后建立马拉加布道所（Maloga Mission）和马兰格斯达布道所（Marangesda Mission）。马拉加布道所位于墨累河，存在时间为 1874—1894 年。马兰格斯达布道所位于马兰比吉河（Murrumbidgee River），存在时间为 1879—1920 年。新南威尔士前后开办 10 座教会布道所。②

1881 年，新南威尔士殖民地建立保留地，开始将周边土著集中迁入其中。1883 年，新南威尔士成立土著保护委员会，从教会手中接管马拉加布道所和马兰格斯达布道所。保护委员直接管理的土著居民有九千人左右。到 1939 年，新南威尔士先后建立一百八十多个土著保留地。新南威尔士的土著保留地分为"直管保留地"（Managed Reservations）和"托管保留地"（Unmanaged Reservations）。直管保留地或称"安置区"（Stations），政府任命教师兼管理员进行管理。其主要职责是为保留地的土著居民提供住房，发放救济物品，以及开展必要的教育活动。托管保留地则是政府委托当地警察进行管理。警察托管的保留地不为土著居民提供住房和教育，但是建立救济站，为土著居民提供救济（口粮）。20 世纪 30—40 年代以及 1954—1964 年间，新南威尔士政府两次大规模撤销保留地，以便攫取更多土地用于开发，而在城市周边新建保留地，将残存的土著居民赶入其中。③

1874 年，维多利亚土著保护委员会控制 6 个保留地：希斯维尔（Healesville）的考兰德尔克（Coranderrk）、瓦兰布尔（Warrnambool）附近的弗拉林汉（Framlingham）、波特兰（Portland）北部的康达湖（Lake

---

① Thinee, Kristy, & Bradford, Tracy, *Connecting Kin-Guide to Records: A Guide to Help People Separated From Their Families Search for Their Records*, New South Wales Department of Community Services, 1998, p. 339.

② Thinee, Kristy, & Bradford, Tracy, *Connecting Kin-Guide to Records: A Guide to Help People Separated From Their Families Search for Their Records*, New South Wales Department of Community Services, 1998, pp. 339 – 340.

③ Thinee, Kristy, & Bradford, Tracy, *Connecting Kin-Guide to Records: A Guide to Help People Separated from Their Families Search for Their Records*, New South Wales Department of Community Services, 1998, p. 341.

Condah)、维么拉（Wimmera）的德马什湖（Lake Hindmarsh）、吉普斯兰德（Gippsland）的泰尔斯湖（Lake Tyers）和惠灵顿湖（Lake Wellington）。维多利亚土著人口的一半——大约500名土著居民生活在这些保留地。① 20世纪20年代初，维多利亚的土著保留地主要有：泰尔斯湖、考兰德尔克、弗拉林汉、康达湖、科拉克（Colac）和穆德迈尔湖（Lake Moodemere）。土著保护委员会在保留地建立定居点，向土著居民提供救济和教育。泰尔斯湖保留地和康达湖保留地建有土著学校，对土著儿童开展教育。其他保留地的土著儿童则被政府安置到附近的州立学校就读。1924年，维多利亚政府关闭弗拉林汉和康达湖两个保留地，把所有的土著和混血土著集中到泰尔斯湖。②

昆士兰最重要的保留地在弗雷泽岛（Fraser Island）。从1897年开始，昆士兰政府组织当地警察把那些聚集在城镇周边的土著居民集中起来，统一安置到弗雷泽岛。1901年，昆士兰35个地区的土著居民都被集中安置到弗雷泽岛保留地。1909年，昆士兰建立了6座教会布道所和两处政府保留地。20世纪20年代，昆士兰在大陆设立了13个土著保留地，在岛屿设立了10个保留地。这些保留地要么是政府管理，要么是教会团体管理。政府控制的保留地有巴拉姆巴（Barambah）、塔鲁姆（Taroom）和棕榈岛（Palm Island）。布道所分属不同的教会团体管理。长老会派（Presbyterian Church）管理马蓬（Mapoon）、韦帕（Weipa）、奥鲁昆（Aurukun）、莫宁顿（Mornington）和普拉加（Purga）等；英国圣公会（Anglican）管理特鲁班曼（Trubannman，或称 Mitchell River Mission）和亚勒巴（Yarrabah）；基督复临安息日会（Seventh Day Adventists）管理莫纳莫纳（Monamona）；路德教会管理贝德福德角（Cape Bedford）。布道所由教会管理。布道所的管理人员分为两类：牧师和一般信徒。管理人员多为一般信徒，负责组织和指导土著居民开展生产劳动。牧师负责宗教事务和教育土著居民，专司教化。教会组织负责遴选布道所的管理人员，然后由政府批准。布道所所需经费由政府提供，接受政府的监督。布道所必须定期向首席保护官汇报工作情况，一般每月呈交工作报告一

---

① Chesterman, John, & Galligan, Brian, *Citizens Without Rights, Aborigines and Australian Citizenship*, Melbourne: Cambridge University Press, 1997, p. 17.
② Stonham, John, ed., *Official Year Book of the Commonwealth of Australia No. 17, 1924*, Australia Commonwealth Bureau of Census and Statistics, p. 956.

份，详细陈述土著居民生老病死、婚姻嫁娶、儿童成长以及救济物品发放等情况。①

西澳、南澳和1911年脱离南澳的北领地也为土著居民建立了保留地，支持教会管理布道所，为土著居民提供救济。1922年，北领地政府控制的保留地有12个，还有教会管理的7个布道所。②

第二，组建专门的土著事务管理机构。

有的殖民地（州）组建土著保护委员会负责实施土著保护法，管理土著事务；有的则任命首席保护官负责土著事务。

维多利亚和新南威尔士落实保护政策的机构为土著保护委员会（Aboriginal Protection Board）。1860年，维多利亚土著保护委员会成立。1869年，《土著保护法》正式赋予其管理土著事务的权力。在维多利亚，保护委员会由政府负责土著事务的部长担任主席。不过，主席很少直接参与委员会的事务。保护委员会最初两周召开一次例会，后来改为每月召开一次。保护委员会设置秘书和总巡视员职位，处理日常事务。通常情况下，秘书和总巡视员这两个职位往往由一位全职的公务员充任。保护委员会委派经理管理土著保留地，在未建立保留地的地方则由监护人看管当地土著居民。在这种机制下，秘书和总巡视员不仅是处理日常事务和监管保留地的管理人员，而且成为委员会的实际决策者。③ 1883年，新南威尔士土著保护委员会成立，1909年《土著保护法》颁布后获得管理土著事务的法定权力。

昆士兰、南澳和北领地任命首席保护官（Chief Protector）负责实施保护政策。1897年，昆士兰组建土著事务部，任命帕里·奥克登（Parry Okeden）为昆士兰首任首席保护官。同时昆士兰在南北各任命一名保护官协助首席保护官具体落实保护政策。梅斯顿任昆士兰南部地区土著保护官，负责监督昆士兰南部和中部保护政策的落实；沃特·罗斯（Water Roth）则担任昆士兰北部地区土著保护官。1907年，昆士兰土著部扩员。在首席保护官之下，土著事务部任命24名地方保护官分管各地土著

---

① Stonham, John, ed., *Official Year Book of the Commonwealth of Australia No. 17, 1924*, Melbourne: Australia Commonwealth Bureau of Census and Statistics, 1924, p. 957.
② Stonham, John, ed., *Official Year Book of the Commonwealth of Australia No. 17, 1924*, Melbourne: Australia Commonwealth Bureau of Census and Statistics, 1924, p. 957.
③ Chesterman, John, & Galligan, Brian, *Citizens Without Rights, Aborigines and Australian Citizenship*, Melbourne: Cambridge University Press, 1997, p. 17.

事务。此外，还任命1名女性保护官，专门负责保护土著妇女与儿童。1909年，地方土著保护官增加至28人。①

1881年，南澳政府任命传教士担任土著保护官。1910年，南澳政府组建土著部，任命首席保护官负责土著事务。② 1911年，南澳将北领地移交联邦政府管理。联邦政府内务部负责管理北领地。联邦政府任命的北领地首席保护官对联邦政府内政部负责。

在西澳的历史上，既出现过保护委员会，也出现过首席保护官。西澳土著保护委员会成立于1886年，1897年撤销。随即西澳土著部成立，成为管理实务的机构。西澳土著部的最高长官为首席保护官，《1905年土著法》赋予首席保护官全权处理土著事务。

第三，救济和控制土著居民。

在各殖民地（州、领地）通过的土著保护立法中包含促进土著文明化的条款。1869年维多利亚颁布的《土著保护法》规定，政府帮助土著居民习惯定居的生活方式，传授他们适应现代文明的生存技能，促进土著从"野蛮"走向"文明"。具体而言，该法规定，政府为土著居民提供基本的教育，传授他们农业耕作技术，培养他们文明的劳动习惯，引导他们信仰基督教。③ 但是在实际推行过程中，各地保护政策的核心却是救济与控制，而非文明教化。④

对土著居民实施救济开始于19世纪初。当时新南威尔士殖民地为那些失去生活来源的土著居民提供食物和毛毯等物品。随着保护政策的全面确立，土著救济成为制度化安排，也是保护政策的重要内容。保留地建有专门救济站，土著事务管理人员定期向土著居民发放食物、衣物，还有一些药品等救济物品，以维持他们的基本生活。据统计，1922年各地居住在保留地或布道所以救济为生的土著居民人数分别如下：新南威尔士1957人，维多利亚325人，昆士兰3437人，南澳764人，西澳490

---

① Bleakley, John Williamley, *The Aborigines of Australia: Their History, Their Habits, Their Assimilation*, Brisbane: Jacaranda Press, 1961, pp. 166-167.

② Ellinghaus, Katherineus, *Taking Assimilation to Heart, Marriages of White Women and Indigenous Men in the United States and Australia, 1887-1937*, Lincoln & London: University of Nebraska Press, 2006, p. 250.

③ Broome, Richard, *Aboriginal Victorians: A History since 1800*, Allen & Unwin, 2005, p. 146.

④ Moses, A. Dirk, *Genocide and Settler Society: Frontier Violence and Stolen Indigenous Children in Australian History*, New York: Berghahn Books, 2004, p. 272.

人，北领地300人。① 除此而外，还有更多的土著偶尔从政府救济站获得救济。有的殖民地甚至以给予口粮吸引土著进入保留地，以停发口粮来惩罚不驯服的土著居民。

在土著居民丧失土地、采集狩猎经济遭到破坏、传统生活方式难以维持的情况下，政府给予丧失生活来源的土著居民救济本是好事，至少在一定程度上有利于土著居民的生存。但各地在土著事务方面投入的经费普遍不足，政府提供给土著的救济并不能完全保障他们的生存。土著居民往往需要在保留地上借助狩猎和采集来增加食物的来源，方可勉强生存。实际上，保护政策之下的土著居民常常面临着饥饿的威胁。而且，救济的制度化把土著居民作为"依附者"和"寄生者"的地位固定下来，从而剥夺了土著居民实现自食其力的可能。救济的制度化表明，保护政策并非帮助土著居民改变生存方式，而是让土著在维持现状的情况下在保留地苟延残喘。

土著居民获得不能维持生计的救济却以失去自由与尊严为代价。视土著居民为需要管教的儿童是保护政策的基本思想前提。② 根据进化论，如果说西方人是人类壮年，那么土著则是人类的婴儿时代，管理低级种族则是优秀的白人种族的责任。在白人的眼里，土著居民就是一个可供利用或者虐待的低劣种族，最好的办法就是仁慈地把他们看作保留地上的附属物。③ 在土著管理者眼里，土著居民犹如未成年人，需要给予如同儿童般的监护。在土著居民人生的每个阶段、社会生活的每个环节，土著管理人员都应该充当家长的角色。正因为如此，土著保护法赋予首席保护官或土著保护委员会广泛的权力，规定他们为土著居民的法定监护人，负责监督土著儿童的成长，严格控制土著居民婚姻、交往以及经济生活；限制土著居民的行动自由，规定土著居民的活动范围和居住场所。土著保护委员会、首席保护官及其下属、教会组织以及地方警察联合起来，构成一张严密的网络，全面控制着土著居民。土著居民没有行动自由，不得随意迁徙；被剥夺财产所有权，收入由土著官员控制和

---

① Stonham, John, ed., *Official Year Book of the Commonwealth of Australia No. 17*, 1924, Melbourne: Australia Commonwealth Bureau of Census and Statistics, 1924, pp. 513–514.

② Broome, Richard, *Aboriginal Australians, Black Response to White Dominance 1788–1980*, Sydney: George Allen & Unwin, 1982, p. 98.

③ Elkin, Adolphus Peter, *The Australian Aborigines*, Garden City, N.Y.: Doubleday, 1964, pp. 344–345.

支配；被剥夺子女的监护权，子女由政府控制的养育院或教会布道所抚养；被剥夺自由交往的权力，与谁交往以及婚姻、性关系受到严格的限制。土著居民被严格限制在保留地内，就像精神病医院的病人和监狱的犯人一样。①

从19世纪后期开始，澳大利亚各殖民地（州、领地）就开始把土著居民赶进保留地或布道所，建立土著保护委员会或任命首席保护官对保留地和土著居民进行管理。"一方面给予土著以生活上的救济；另一方面又对他们实施严密的控制，给予他们一种完全不同于澳大利亚白人的法律待遇。"② 不可否认，在保护政策推行过程中，有一些政府官员和传教士真心希望帮助土著居民③，但总体上看，虽以"保护"为名，实际上实施的却是对土著居民的全面隔离和控制。"在保护的名义下，土著居民受到全面控制。"④

总体上看，"注定灭绝"论是保护政策的理论依据，其目的不是保护土著作为一个种族延续，而是把他们隔绝起来，自行灭绝。在当时的人们看来，澳大利亚土著就是低等生物，在现代文明中无法生存，是不可救药的。⑤ 作为正在消亡的种族，澳大利亚土著的命运不可挽回，他们既没有价值存在于澳大利亚社会，也无能力生存下去。⑥ 面对注定要灭绝的土著，政府和教会唯一能做的就是使他们"灭绝得安详一些"⑦。保护政策就是出于这种考虑的制度安排。在人们的观念里，只要把土著隔离在保留地，任其自生自灭，土著问题就会自然地解决。随着时间推

---

① Broome, Richard, *Aboriginal Australians, Black Response to White Dominance 1788–1980*, Sydney: George Allen & Unwin, 1982, p. 99.
② Beresford, Quentin, & Omaji, Paul, *Our State of Mind: Racial Planning and the Stolen Generations*, Fremantle, W. A.: Fremantle Arts Centre Press, 1998, p. 262.
③ Stonham, John, ed., *Official Year Book of the Commonwealth of Australia No. 17, 1924*, Canberra: Australia Commonwealth Bureau of Census and Statistics, 1924, p. 960.
④ Human Rights and Equal Opportunity Commission, *Bringing Them Home: Report of the National Inquiry Into the Separation of Aboriginal and Torres Strait Islander Children From Their Families*, Canberra: Commonwealth of Australia, 1997, p. 22.
⑤ Dafler, Jeffery R., "Social Darwinism and the Language of Racial Oppression: Australia's Stolen Generation", *ETC: A Review of General Semantics*, 2005, Vol. 62, No. 2, p. 144.
⑥ Elkin, Adolphus Peter, *The Australian Aborigines*, Garden City, N.Y.: Doubleday, 1964, p. 334.
⑦ Jacobs, Patricia, "Science and Veiled Assumptions: Miscegenation in W. A. 1930–1937", *Australian Aboriginal Studies*, Vol. 2, 1986, p. 16.

移，土著居民最终会全部消亡，总有一天保留地将不再需要。在人们的心里，保留地被视为土著居民的最后归宿地，是在灭绝之前为他们提供的慰藉场所。在一定程度上，保护政策源于对土著种族未来的悲观主义论调，同时也是确保土著消亡的手段。

第二章 混血土著问题的由来

混血土著源于白人男性与土著妇女的交往。从踏上澳洲开始，由于性别比例严重失调，白人男性普遍以各种方式追逐土著妇女。这不仅对土著社会造成了严重的破坏，而且也不可避免地导致一个特殊群体——混血土著——的产生。澳大利亚联邦建立前后，种族纯洁成为澳大利亚国家共同体的核心价值，"白澳"成为建国理想。根据"适者生存"的法则，人们认为，纯血统土著即将灭绝，不会对"白澳"构成威胁，而混血土著却在不断增长，并日益成为澳大利亚的心腹大患，引起人们普遍的恐惧。人们担心混血土著会成为邪恶的"第三种族"，威胁澳大利亚的种族纯洁，破坏白人社会的道德准则，成为社会的寄生者，加重政府的负担；人们害怕混血土著演变成像美国黑人一样的种族问题，危及社会安宁与稳定；在诸如北领地等白人稀少的地区，人们害怕的则是混血土著在人数上超过白人，直接挑战白人的主导地位。另一方面，混血土著作为白人男性的后代，他们身上与生俱来的白人血统也使人们深感歉疚与责任。

第一节 混血土著的由来

殖民时代，性别失调长期困扰澳大利亚社会。白人男性与土著妇女发生婚姻（性）关系非常普遍。在白人男性与土著妇女的交往过程中，除了白人男性追逐土著妇女外，土著妇女主动接近白人男性的情况也时有发生。这种关系的延续对土著社会带来巨大的危害。

一、性别比例的长期失调

1788年，英国在新南威尔士开辟罪犯流放地。此后很长时间内，澳大利亚就是英国的海外监狱，移居来的白人除了少量自由移民而外，主要是罪犯以及押解罪犯的军人。流放到澳大利亚的罪犯男性往往多于女性，而早期的自由移民大多为未婚男性。①

到 19 世纪 30 年代，澳大利亚白人主要由罪犯和释放犯组成，性别比例失调特别严重。1788 年到达澳大利亚的"第一船队"总人口大约 1030 人，其中罪犯为 736 人。在这批罪犯中，男性为 548 人，女性仅为 188 人。② 1788—1840 年，发配到新南威尔士和范迪门地（即塔斯马尼亚）的犯人总数达到 111500 人，其中女性 16000 人。③ 女性罪犯占罪犯总数的 14% 左右，男女罪犯比例大约 6∶1。从 1788 年 1 月到 1868 年 12 月最终废除罪犯流放制度，英国政府一共解送 160500 名罪犯到澳大利亚，其中女性 24700 人。④ 女性占罪犯总数的 15% 左右，男女罪犯比例大约接近 6∶1。个别时段，男女罪犯比例失调还要严重。1828 年，新南威尔士男性罪犯 16442 人，女性罪犯 1544 人。范迪门地男性罪犯 6724 人，女性罪犯 725 人。⑤ 男女罪犯比例大约 10∶1。此时，新南威尔士的牧业获得初步发展，从事牧业劳动的绝大多数是男性罪犯。很多地方在开发初期，白人男女比例失调更严重。1828 年，新南威尔士坎伯兰（Cumberland）地区白人人口 7670 人，其中 12 岁以上的男性为 6302 人。这些男性中，4252 人是罪犯，1204 人是被释罪犯。⑥

管理罪犯的军官一般带着家眷，但是士兵多为单身；自由移民大多是敢于冒险的单身男性。因此，早期移居澳大利亚的白人女性非

---

① 〔澳〕戈登·福斯：《当代澳大利亚社会》，赵曙明译，南京：南京大学出版社，1993 年，第 10 页。
② Barker, Anthony, *What Happened When: A Chronology of Australia from 1788*, St. Leonards, N.S.W.: Allen & Unwin, 2000, p. 2.
③ Barker, Anthony, *What Happened When: A Chronology of Australia from 1788*, St. Leonards, N.S.W.: Allen & Unwin, 2000, p. 75.
④ Barker, Anthony, *What Happened When: A Chronology of Australia from 1788*, St. Leonards, N.S.W.: Allen & Unwin, 2000, p. 121.
⑤ Clark, Manning, *A Short History of Australia*, Melbourne: The Macmillan Company of Australia Pty Ltd, 1982, p. 69.
⑥ Yarwood, A. T., Knowling, M. J., *Race Relations in Australia: A History*, North Ryde, N.S.W.: Methuen Australia, 1982, p. 101.

常少。在"第一船队"的 211 名海员和军官中，仅有 26 位携带女眷同行。① 畜牧业的发展和淘金潮的兴起在澳大利亚掀起两次开发高潮，促使殖民扩张推进到偏远荒芜地区。无论是畜牧业的发展，还是淘金潮的兴起，都主要依赖于男性劳动力。在条件艰苦的偏远地区初步开发期间，更是只有冒险的男性前去。正因为如此，在开发前线，白人女性非常稀少，白人男女性别比例失调特别突出。在澳大利亚许多先行开发地区，白人（英国人）男女比例通常为 8∶1 或 9∶1。②

1800 年以前，新南威尔士的男女人口比例悬殊。1821 年，男多于女的状况有所缓和，但是男性依然是女性的两倍多。③ 19 世纪 40 年代，畜牧业的发展吸引大量男性走向内地，导致那里的白人男女性别比例达到 38∶1。④ 1835—1847 年被称为"牧地租用人时代"，澳大利亚东部地区的白人 83.5% 为男性。在 14 岁以上的白人人群中，男女比例为 14∶1。⑤ 1831 年开始，为了改善男女比例失调带来的严重社会问题，英国政府出台政策，以给予资助和奖励的方式吸引 18—30 岁的单身女性移居澳大利亚。⑥ 1830—1850 年，来到澳大利亚的受资助移民中三分之二是女性。⑦ 虽然英国采取了一些措施，但是直到 19 世纪中期，澳大利亚殖民地白人的男女性别比例失调的严重情况并未得到明显改善（见表 2-1）。

---

① Barker, Anthony, *What Happened When: A Chronology of Australia from 1788*, St. Leonards, N. S. W. : Allen & Unwin, 2000, p. 2.

② 〔澳〕戈登·福斯：《当代澳大利亚社会》，赵曙明译，南京：南京大学出版社，1993 年，第 10 页。

③ 〔澳〕戈登·格林伍德：《澳大利亚政治社会史》，北京编译社译，北京：商务印书馆，1960 年，第 50 页。

④ Broome, Richard, *Aboriginal Australians, Black Response to White Dominance 1788 - 1980*, Sydney, London, Boston: George Allen & Unwin, 1982, p. 38.

⑤ A. T. Yarwood, M. J. Knowling, *Race Relations in Australia, A History*, North Ryde: Methuen Australia PTY LTD, 1982, p. 102.

⑥ Ann Curthoys, Markus, Andrew, *Who are Our Enemies? Racialism and the Australian Working Class*, Sydney: Hale and Iremonger, 1978, p. 1.

⑦ Lyons, Martyn, & Russell, Penny, *Australia's History, Themes and Debates*, Sydney: UNSW Press, 2005, p. 102.

表 2-1　澳大利亚殖民地早期人口的性别构成

年代	总人口	男性	女性	男女比例
1821 年	29783	21693	8090	100∶57
1833 年	60861	44688	16173	100∶36
1841 年	130856	87298	43558	100∶50

资料来源：Curthoys, Ann, & Markus, Andrew, *Who are Our Enemies? Racialism and the Australian Working Class*, Sydney: Hale and Iremonger, 1978, p. 2.

随着流放制度的废除，自由殖民地的相继建立，自由移民逐步取代罪犯成为白人的主体。随着淘金潮的兴起，自由移民大量进入澳大利亚，但是人口的增加并没有使性别失调有多大的改善。19 世纪中叶，白人男女比例大约为 7∶3。① 但是在金矿区，男女性别失调依然非常严重。就维多利亚金矿场而言，白人人口为 203966 人，男性高达 130535 人，女性仅为 73431 人。② 男女比例大约为 2∶1。19 世纪 70—80 年代，昆士兰西南部得到快速发展，大量白人进入该地，其中拥有伴侣的白人男性大约只有十分之一。③

表 2-2　澳大利亚人口的性别构成（1881—1933 年）

日期	男性	女性	总人口	男女比例
1881. 4. 3	1214913	1035281	2250194	117.35
1891. 4. 5	1704039	1470353	3174392	115.89
1901. 3. 31	1977928	1795873	3773801	110.14
1911. 4. 3	2313035	2141970	4455005	107.99
1921. 4. 4	2762870	2672864	5435734	103.36
1931. 3. 31	3317027	3197750	6514777	103.72
1933. 6. 30	3367815	3262785	6630600	103.22

注：1. 人口统计不包括纯血统土著；2. 男女比例为 100 名女性对应的男性人数；3. 除 1931 年 3 月 31 日数据是估计而外，其余都来自澳大利亚人口普查数据。

资料来源：Stonham, John, ed., *Official Year Book of the Commonwealth of Australia No. 26, 1933*, Australia Commonwealth Bureau of Census and Statistics, p. 754.

---

① 周学军：《澳大利亚对土著居民政策的演变》，载《世界历史》1993 年第 5 期。
② 〔澳〕曼宁·克拉克：《澳大利亚简史》，中山大学翻译组译，广州：广东人民出版社 1973 年，第 208 页。
③ Moses, A. Dirk, *Genocide and Settler Society: Frontier Violence and Stolen Indigenous Children in Australian History*, New York: Berghahn Books, 2004, p. 178.

19世纪20世纪之交，在澳大利亚中部和西北部地区开发过程中，由于气候恶劣，条件艰苦，很少白人女性前往。在这些地方，白人男女性别比例失调依然非常严重。在中部地区，土著居民人口是当地白人人口的10倍，而白人中女性又极为稀少。即使白人女性到了那里，也受不了那里的艰苦条件，往往居住一到两个季节便离去。① 在中部偏远地区，白人男女性别比例大约为8∶1。② 20世纪初，北领地非土著女性人口依然非常少，白人男性与土著妇女之间的性关系非常普遍。1912年，墨尔本大学教授W. B. 斯潘塞出任北领地土著保护官。在对土著社区进行考察后向联邦政府指出，北领地男女性别比例失调严重，除土著妇女而外，其他种族妇女人口非常少。这是北领地面临的社会问题。③ 如表2-3所示，1900—1925年间，北领地男女比例失调依然严重。

表2-3 澳大利亚人口性别比例（1800—1925年）

年份	新南威尔士	维多利亚	昆士兰	南澳	西澳	塔斯马尼亚	北领地	首都直辖区	澳大利亚
1800	44.91								44.91
1810	31.16								31.16
1820	41.81								41.81
1830	52.06				49.66	49.17			51.02
1840	34.25			13.08	24.10	39.31			33.72
1850	16.13			12.72	21.51	28.44			17.76
1860	13.53	22.74	19.88	2.47	25.07	10.56			16.72
1870	9.29	9.74	20.10	2.84	23.42	6.09			9.54
1880	9.28	4.95	17.53	6.69	14.92	5.53			7.95

---

① Anderson, Warwick, *The Cultivation of Whiteness*, *Science*, *Health*, *and Racial Destiny in Australia*, New York: Basic Books, 2003, p. 192.

② Moses, A. Dirk, *Genocide and Settler Society*: *Frontier Violence and Stolen Indigenous Children in Australian History*, New York: Berghahn Books, 2004, p. 191.

③ Spencer, W. Baldwin, "Preliminary Report on the Aboriginals of the Northern Territory", in Stone, Sharman N., ed., *Aborigines in White Australia*: *A Documentary History of the Attitudes Affecting Official Policy and the Australian Aborigines*, *1697 - 1973*, Melbourne: Heinman Educational Australia, 1974, p. 138.

（续表）

年份	新南威尔士	维多利亚	昆士兰	南澳	西澳	塔斯马尼亚	北领地	首都直辖区	澳大利亚
1890	8.28	5.06	13.87	4.12	18.98	5.61			7.43
1900	5.28	0.61	11.24	1.98	22.34	3.83	76.57		5.01
1910	4.41	-0.65	8.69	1.54	14.13	2.03	65.89		3.79
1921	1.92	-1.35	5.41	0.37	6.34	0.80	45.58	9.03	1.60
1922	1.95	-.0.82	5.49	0.34	6.74	0.03	43.06	12.87	1.77
1923	2.03	-0.76	5.60	1.13	7.08	0.01	42.17	7.32	1.93
1924	2.09	-0.53	5.43	1.65	7.29	-0.32	41.12	9.61	2.65
1925	1.95	-0.39	5.63	2.53	7.26	-0.43	39.50	13.31	2.15

注：性别比例表示的是每100名女性人口对应的男性超出人口数。
资料来源：Stonham, John, ed., *Official Year Book of the Commonwealth of Australia No. 19 – 1926*, Australia Commonwealth Bureau of Census and Statistics, p. 876.

总体上看，男女性别失调长期困扰澳大利亚社会。在很长时间内，澳大利亚是一个男人的国度：在殖民时期，城镇白人男女比例大约为100∶70，而在内地以及偏远地区这一比例则是100∶25。直到20世纪60年代，澳大利亚男女比例依然失调，男人依然比女人多。①

二、白人男性对土著妇女的追逐

白人性别比例失调严重影响白人劳工的招募，如何吸引白人男性劳动力就成为殖民政府关注的重要问题。为此，殖民政府曾经鼓励白人男性与土著妇女结合，以便把他们留在澳洲。在这方面，西澳殖民地最为突出。在西澳斯旺河地区开发早期，殖民政府支持和鼓励白人男性与土著妇女结合。如果土著妇女曾在教会布道所接受过教育，或者已经皈依基督教，那么就会容易受到白人男性的青睐。② 对于那些娶了土著妇女的白人男性，殖民政府则给予10英镑的土地基金。③

---

① 〔澳〕唐纳德·霍恩：《澳大利亚人——幸运之邦的国民》，徐维源译，上海：上海译文出版社，2000年，第70页。
② Tilbrook, Lois, *Nyungar Tradition, Glimpses of Aborigines of South-western Australia 1829 – 1924*, University of Western Australia Press, 1983, p. 34.
③ Euersley, Ruth, "Aboriginal Children and Their Families: History and Trends in Western Australia", *Youth Studies*, Vol. 9, Iss. 2, 1990, p. 34.

不过，白人男性追逐土著妇女更多的是本能驱使，而非政府的鼓励。在白人女性稀缺的澳洲开发前线，土著妇女就成为白人男性满足生理欲望的最好对象。白人男子引诱、强奸土著妇女的事件时常发生，白人男性对土著妇女先奸后杀也是常事。牧羊业兴起后，在白人女性罕至的偏远地区，牧地租用人常常掠夺土著妇女，不仅供其淫乐，还强迫她们从事劳动。① 在殖民者看来，土著妇女如同财产一般，可以买卖转让，可以任意处置。一旦土著妇女染上严重的疾病，则会被残忍地抛弃。② 编年史家尼尔·布莱克曾经写道，白人殖民者经常掠夺土著妇女，对土著妇女实施通宵达旦的凌辱。而一旦白人男性在土著妇女身上染上了梅毒，或认为土著妇女对自己不够恭敬，就可能杀害这个土著妇女。布莱克写道，这种事情并不少见。③ 1835年6月，一位传教士在惠灵顿山谷亲见一位牧地租用人（释放犯）竟然控制着20位土著妇女。④1837年，兰斯洛特·爱德华·思雷尔克德神父指出，成千上万的未婚男性罪犯游荡在土著社区周围，或进行暴力掠夺，或实施欺骗引诱，或贿赂购买，想方设法把土著妇女从土著社区弄出来。⑤ 也就是在这一年，新南威尔士总督理查德·伯克（Richard Bourke）多次收到来自各地的报告，专门投诉白人男性劫掠和凌辱土著妇女，要求殖民当局采取措施加以阻止。⑥ 对于白人男性的这种行径，警察非常熟悉。1898年，昆士兰乔治纳河（Georgina River）地区的警察 R. 索普（R. Thorpe）指出，白人牧场主掠夺土著妇女，把她们控制在牧场里，随时进行淫乐。有时为防止逃跑，还把她们捆绑看管。⑦

---

① Broome, Richard, *Aboriginal Australians*, *Black Response to White Dominance 1788 – 1980*, Sydney, London, Boston: George Allen & Unwin, 1982, p. 41.

② Broome, Richard, *Aboriginal Australians*, *Black Response to White Dominance 1788 – 1980*, Sydney, London, Boston: George Allen & Unwin, 1982, p. 56.

③ 〔美〕约翰·根室：《澳新内幕》，符良琼译，上海：上海译文出版社，1979年，第103页。

④ Yarwood, A. T., & Knowling, M. J., *Race Relations in Australia*, *A History*, North Ryde: Methuen Australia PTY LTD, 1982, p. 101.

⑤ Yarwood, A. T., & Knowling, M. J., *Race Relations in Australia*, *A History*, North Ryde: Methuen Australia PTY LTD, 1982, p. 102.

⑥ Broome, Richard, *Aboriginal Australians*, *Black Response to White Dominance 1788 – 1980*, Sydney, London, Boston: George Allen & Unwin, 1982, p. 56.

⑦ Moses, A. Dirk, *Genocide and Settler Society: Frontier Violence and Stolen Indigenous Children in Australian History*, New York: Berghahn Books, 2004, p. 179.

在艰苦而又生活单调的殖民时代，白人男性还把追逐和劫掠土著妇女视为寻求刺激的游戏。在北领地，很多白人男性声称，他们之所以来到那里，除了冒险和金钱的诱惑而外，土著女人对他们也有着莫大的吸引力。① 对此，北领地的土著居民再熟悉不过。土著居民讽刺白人为专门追逐土著女人的"性探测器"（Sex Explorers）②。混血土著马尼·肯尼迪（Marnie Kennedy）饱受白人男性欺辱。她以自己亲身经历哭诉，说白种男人控制她们，要求她们绝对服从，安排做什么就得做什么。白种男人通常把她们贬称为土著女人（Gins 或 Lubra），不过在需要性伙伴时，则会把她们称为"Black Velvet"③。在北领地上，追逐土著妇女是各个阶层的白种男人最主要的娱乐，即便是自诩为土著保护者的警察也不例外。④ 1904 年，应西澳政府请求，沃特·罗斯（Water Roth）带领一个皇家委员会对西澳北部地区土著社区进行详细调查。调查中罗斯发现，在该地区，白人男性经常与当地土著妇女发生性关系。各个阶层的白人男性都参与其中，既有畜牧业工人，也有保留地的官员和警察。1905 年，罗斯向西澳议会提交调查报告坦率地指出，难以遏制的白人男性与土著妇女的性关系是土著社区面临的重大社会问题。⑤

拐骗和虐待土著妇女是殖民时期白人与土著发生暴力冲突的主要原因之一。⑥ 1857 年秋天，两个殖民者从弗雷斯哈姆来到昆加里。乘当地土著部落的男人外出狩猎之机，他们对两个土著妇女实施强奸，激怒了该部落的土著男人。土著居民冲入弗雷泽哈姆，处死了一个参与强奸的白人殖民者，还杀死另外几个英国人。作为报复，殖民者们聚集起来，

---

① Broome, Richard, *Aboriginal Australians*, *Black Response to White Dominance 1788 – 1980*, Sydney, London, Boston: George Allen & Unwin, 1982, p. 133.
② Huggins, Jackie, "'Firing on in the Mind': Aboriginal Women Domestic Servants in the Inter-War Years", *Hecate*, Vol. 13, Iss. 2, 1987, p. 17.
③ Huggins, Jackie, "'Firing on in the Mind': Aboriginal Women Domestic Servants in the Inter-War Years", *Hecate*, Vol. 13, Iss. 2, 1987, p. 15.
④ Huggins, Jackie, "'Firing on in the Mind': Aboriginal Women Domestic Servants in the Inter-War Years", *Hecate*, Vol. 13, Iss. 2, 1987, p. 20.
⑤ Ellinghaus, Katherineus, *Taking Assimilation to Heart*, *Marriages of White Women and Indigenous Men in the United States and Australia*, *1887 – 1937*, Lincoln & London: University of Nebraska Press, 2006, p. 191.
⑥ Moses, A. Dirk, *Genocide and Settler Society: Frontier Violence and Stolen Indigenous Children in Australian History*, New York: Berghahn Books, 2004, p. 179.

对昆加里及其附近的土著居民实施屠杀——近两千名土著居民被杀害。昆加里及其附近的土著居民几乎被全部处死。该事件就是历史上有名的"弗雷泽惨案"。20世纪20年代,因白人男性侵犯土著妇女发生的种族冲突依然不断。1928年在北方地区的康尼斯顿农场,一位白人诱骗了一名土著妇女。这名妇女的丈夫杀死这名白人。作为报复,白人警察杀死了许多土著人。① 在北领地农村地区,绑架和诱骗土著女孩和妇女被认为是土著反抗白人暴力事件的原因。②

一些同情土著妇女处境的人士呼吁阻止白人男性对土著妇女的侵害。早在1837年,总督伯克就曾宣布,白人强制监禁土著妇女为非法。③ 1897年昆士兰《土著保护与鸦片贸易限制法》的目的之一就是阻止白人男性对土著妇女的虐待。为了限制白人男性与土著妇女的性关系,该法规定,任何人将土著或混血土著妇女作为财产都是违法。④ 尽管如此,19世纪90年代末白人男性对土著妇女的性侵犯依然非常普遍。1899年11月1日,新南威尔士一位名为亚历克斯·戈登(Alex Gordon)的土著保留地经理在给内政部长的信中指出,白人男性绑架土著妇女的现象依然时有发生。⑤

三、土著妇女对白人男性的接近

白人男性的追逐和强制占有是白人男性与土著妇女发生关系的重要原因,也有土著女性主动靠近白人男性、土著男人主动向殖民者提供土著妇女的情况。

土著男性之所以主动向白人男性提供土著妇女,原因有二。首先,在土著社会的传统看来,提供女人是确立友好互助关系和化解矛盾的方式。通过女人,不同部落建立亲属关系,就有互助的义务

---

① 〔澳〕澳巴特莱特:《澳大利亚的土著人》,陈静译,北京:中国水利水电出版社,2005年,第16页。

② Austin, Tony, "'A Chance to Be Decent': Northern Territory 'Half-Caste' Girls in Service in South Australia 1916–1939", *Labour History*, No. 60, 1991, p. 52.

③ Broome, Richard, *Aboriginal Australians, Black Response to White Dominance 1788–1980*, Sydney, London, Boston: George Allen & Unwin, 1982, p. 56.

④ Broome, Richard, *Aboriginal Australians, Black Response to White Dominance 1788–1980*, Sydney, London, Boston: George Allen & Unwin, 1982, p. 98.

⑤ Chesterman, John, & Galligan, Brian, *Citizens Without Rights, Aborigines and Australian Citizenship*, Melbourne: Cambridge University Press, 1997, p. 47.

和友好相处的基础。面对白人殖民者,土著居民也希望与白人建立联系,把他们纳入亲属体系之中,从而化解冲突,互利互助。① 在食物缺乏的情况下,土著居民试图以此寻求白人男性的帮助。其次,土著社会的性观念开放也是重要原因。土著居民中换妻很普遍,也有租妻的习俗。瓦尔特·鲍温·斯宾塞教授担任北领地土著保护官后,曾经向联邦政府提交报告指出,在性道德观念上,土著居民与白人差异很大。租妻在土著居民中习以为常。② 在土著居民看来,一个男人把另一个男人视为朋友,压制他的欲望就非常不应该。担任过北领地土著保护官的 W. E. 哈尼（W. E. Harney）与一位土著朋友曾有这样一段对话。③

哈尼的土著朋友说,如果他的兄弟与他一起生活,兄弟如果没有结婚,就可与他的妻子发生关系。他的妻子与他的兄弟在一起,大家都会感到愉悦,不会产生嫉妒和仇恨。哈尼进一步追问,如果不是兄弟,而是陌生人呢？哈尼的土著朋友回答,不管是陌生人,还是白人男性,只要大家聚在一起都应该视为兄弟。

实际上,在土著居民的观念里,与他人发生性关系就如同与他人一起吃饭饮酒一样,是再正常不过的事情。而且土著居民认为,禁绝或控制欲望的人极不正常。当见到牧民阉割公牛时,土著居民往往会联想到,男人安分与阉割有着莫大关联。④在这种性观念的影响下,在土地丧失、食物奇缺、难以生存的时候,以"出卖"女性同胞换取食物和其他物品也就非常自然。

殖民地白人女性稀少,白人殖民者既需要土著妇女的性服务,也需要土著妇女为他们从事家内服务。土著居民很快意识到这一点,并以此作为从白人那里换取食物、烟酒的最好方式。土著男人往往用妇女来向白人男性换取毛毯、食物、酒、马铃薯等物品。19 世纪 30 年代牧业发

---

① Broome, Richard, *Aboriginal Australians*, *Black Response to White Dominance 1788 – 1980*, Sydney: Allen & Unwin, 1982, p. 53.
② Spencer, W. Baldwin, "Preliminary Report on the Aboriginals of the Northern Territory", in Stone, Sharman E., ed., *Aborigines in White Australia: A Documentary History of the Attitudes Affecting Official Policy and the Australian Aborigines, 1697 – 1973*, Melbourne: Heinman Educational Australia, 1974, p. 138.
③ Harney, W. E., *Life among the Aborigines*, Adelaide: Rigby, 1957, p. 14.
④ Harney, W. E., *Life among the Aborigines*, Adelaide: Rigby, 1957, p. 15.

展之时，有数千土著妇女与白人男人生活在一起。① 土著妇女要么自己走近白人，要么是被丈夫送给白人。在土著居民看来，只要土著妇女与白人男性发生了关系，白人男性与土著妇女的家庭就建立了亲属关系。而一旦建立了亲属关系，那么双方应该相互援助。土著居民还试图让土著女人长久地与白人男性保持关系，以便从白人男性那里获得更多的粮食和其他物品。② 科林·麦克里德（Colin MacLeod）曾经写道，直到20世纪中期，北领地的土著男人以自己的女性同胞换酒的事情依然非常普遍。年轻漂亮的土著姑娘常常被视为游戏的筹码，被当作性奴，或被用作家仆。有的土著男人甚至把女性同胞当作货币（currency）从白人男性手中换取自己需要的物品。③

在生活艰难的情况下，也有一些土著妇女自愿为白人提供性服务和家政劳动。④ 有的土著妇女甚至也乐意与白人男性生活在一起。在她们看来，与白人男性在一起比在土著社区生活或许更好，她们至少可以从白人男性那里多少获得一些食物，有稳定的住所，有时还可以得到一些装饰品，从而享有白人社会的一些便利，以便在艰难的条件下更好地抚养子女。⑤

四、种族婚姻（性）关系的特征

北领地土著保护官 W. E. 哈尼在谈及白人男性与土著妇女的关系时指出，有的白人男性与土著妇女生活在一起，且在心理上能够接受她们；而大多数白人男性虽然与土著妇女一起生活，但是并不接受她们。⑥ 事实上，第一种情况的确存在，有的白人男性与土著妇女保持长期的关系，而且比较美满地生活在一起。他们生儿育女，共同承担生活中的风风雨

---

① Yarwood, A. T., Knowling, M. J., *Race Relations in Australia*, *A History*, North Ryde: Methuen Australia PTY LTD, 1982, p. 101.
② Broome, Richard, *Aboriginal Australians*, *Black Response to White Dominance 1788 - 1980*, Sydney, London, Boston: George Allen & Unwin, 1982, p. 55.
③ MacLeod, Colin, "What Really Happened in the Northern Territory", *Review-Institute of Public Affairs*, Vol. 50, No. 3, May 1998, p. 12.
④ Broome, Richard, *Aboriginal Australians*, *Black Response to White Dominance 1788 - 1980*, Sydney, London, Boston: George Allen & Unwin, 1982, p. 41.
⑤ Broome, Richard, *Aboriginal Australians*, *Black Response to White Dominance 1788 - 1980*, Sydney, London, Boston: George Allen & Unwin, 1982, p. 55.
⑥ Harney, W. E., *Life among the Aborigines*, London: The Trinity Press, 1957, p. 14.

雨。1845年,土著女孩沃伯特·伊丽莎（Wobart Eliza）与白人工匠约翰·斯托克斯（John Stokes）因爱成婚。伊丽莎曾上过学,有一定的文化。婚后,她教会斯托克斯读书识字。他们拥有一块土地,经济来源稳定。他们生儿育女,过着幸福的生活。1850年伊丽莎突然病逝,随后他们的两个孩子也相继病故。伊丽莎的早逝使得斯托克斯陷入悲伤之中,多年都未能摆脱丧妻的痛苦。①

不过,在大多数情况下,即便白种男人正式迎娶了土著妇女,这种关系也难以长久。白种男人大多不愿为土著妇女担负丈夫的责任。在经济困难的时候,白人男性抛弃土著妻子,遗弃所生子女的事情非常普遍。1882年,混血土著女孩露西（Lucy）与白人男子安德鲁（Anderson）结合,他们生育了几个子女。1899年,在经济窘迫的情况下,安德鲁离开妻儿一去不回。② 对于土著居民幻想的亲属关系和互助义务,白人男性更是很少认同。他们往往拒绝长期地向土著妇女的亲属提供食物和其他物品。一旦白人男性拒不履行互助义务,土著社会就会非常不满,从而攻击白人男性。对于这类白人男性,土著社区常常视之为淫贼,称为"Kringal Kop",意指白人的长鼻子,即讽刺白人拥有猎狗一样灵敏鼻子,到处打探土著女人的气息,然后跟随这种气息不断追逐土著妇女。③

对于白人男性与土著妇女的关系,人类学家W. E. H. 斯坦勒的评价再恰当不过:"土著妇女与白人男性的性关系非常普遍。但这些白人男性除了寻求生理刺激外,很少接受和承认他们与土著妇女的共同后代,很少担负相应的责任。"④ 不过,白人男性与土著妇女的关系最为严重的后果在于导致土著中性病流行,直接影响土著人口的繁衍。

经济史学家诺埃尔·巴特林指出,1788年之前土著居民没有性病发

---

① Tilbrook, Lois, *Nyungar Tradition*, *Glimpses of Aborigines of South-Western Australia 1829 – 1924*, University of Western Australia Press, 1983, pp. 34 – 35.
② Tilbrook, Lois, *Nyungar Tradition*, *Glimpses of Aborigines of South-Western Australia 1829 – 1924*, University of Western Australia Press, 1983, pp. 35 – 36.
③ Broome, Richard, *Aboriginal Australians*, *Black Response to White Dominance 1788 – 1980*, Sydney, London, Boston: George Allen & Unwin, 1982, p. 56.
④ Shoemaker, Adam, *Black Words White Page*, *Aboriginal Literature 1939 – 1988*, The Australian National University Press, 2004, p. 20.

生。白人男性与土著妇女的性交往导致性传播疾病的流行。① 早期殖民者很多人患有梅毒和淋病，尤其是犯人。白人拓荒者、牧羊人和农场工人多为单身男性。他们常常用土著妇女解决"性饥渴"。兰斯洛特·爱德华·思雷尔克德神父早在 1837 年就指出："白人男性罪犯通过暴力、欺骗或贿赂侵害土著妇女使得疾病流行。"② 白人男性把疾病传染给土著妇女，而土著妇女又把疾病传染给土著男人。于是，性病很快就在土著人中传播。根据编年史家尼尔·布莱克的记载，白人抢夺土著妇女，"通夜和土著妇女睡觉，如果这个女人给他染上了梅毒或者不知怎么得罪了他，那么也许等不到第二天中午就会被他用枪杀死，我听说这种事情决不是难得发生的"③。土著女性深受疾病的折磨，导致土著人口繁殖能力下降，直接影响土著种族的存在和延续。

20 世纪初，在性别比例依然严重失调的北领地，性病流行被认为是严重的社会问题。关于如何改善土著处境，1912 年，出任北领地首席保护官的赫伯特·巴斯道，仅仅从医学角度提出措施，并建议组织一支全职的医疗队开展疾病预防和调查。这反映出当时土著被性病、麻风病困扰的现实。④ 性病的流行引起社会的高度重视。1915 年初，北领地派恩克里克（Pine Creek）医疗官员称，北领地是澳大利亚最糟糕的地方，因为这里性病流行。针对造成这种局面的原因，即白人男性与土著女人之间无法控制的性关系，土著保护官贝克特（Becket）建议，通过立法限制白人男性的行为。他说，作为一位土著保护官，虽然他一直认为白人男性应该能够管好自己，但是达尔文的白人男性绝大多数无法约束自己的行为，经常与土著女人保持联系。⑤ 正是这种无法控制的关系引起性病流行，危害土著的生育能力，并导致生育率下降。

白人男性掠夺土著妇女的直接后果就是导致土著社会性别失调，许

---

① Austin, Tony, "'A Chance to Be Decent': Northern Territory 'Half-Caste' Girls in Service in South Australia 1916 - 1939", *Labour History*, No. 60, 1991, p. 52.
② Yarwood, A. T., & Knowling, M. J., *Race Relations in Australia, A History*, North Ryde: Methuen Australia PTY LTD, 1982, p. 102.
③ 〔美〕约翰·根室：《澳新内幕》，符良琼译，上海：上海译文出版社，1979 年，第 103 页。
④ Zgbaum, Heidi, "Herbert Basedow and the Removal of Aboriginal Children of Mixed Descent from Their Families", *Australian Historical studies*, Vol. 34, Iss. 121, 2003, p. 126.
⑤ McGregor, Russell, *Imagined Destinies: Aboriginal Australians and the Doomed Race Theory, 1880 - 1939*, Melbourne: Melbourne University Press, 1997, pp. 90 - 91.

多土著男人无法找到通婚对象,直接影响土著人口的繁衍。巴斯海峡土著就是典型。从 1798 年开始,由逃犯和开小差的海员组成的匪帮集团在巴斯海峡各岛屿猎取海豹皮,他们恣意妄为,抢劫、强奸和屠杀妇女,造成土著部落人口急剧减少,两性比例越来越失衡,以致部落相继灭绝。①

白人男性与土著妇女的交往不仅给土著社会带来灾难,而且导致混血土著人口的产生和增长。

第二节 混血土著的增长与分布

19 世纪末开始,白人男性与土著妇女长期交往造就的一个特殊群体——混血土著——逐步进入人们的视线。20 世纪初,混血土著人口呈现出普遍快速增长的趋势。从分布看,白人人口越是密集的地区,混血土著人口越多,白人开发时间越早的地方,混血土著占土著总人口的比重也就越大。相对于白人来说,混血土著人口的年龄结构相对年轻,而且具有更为旺盛的生育能力。

一、混血土著人口的增长

随着白人男性与土著妇女的交往,种族婚姻(性)关系的产物——混血土著——开始引起人们的注意,在殖民开发早的东南部地区尤其如此。在新南威尔士殖民地,19 世纪 50 年代以后,人们注意到,与土著生活在一起且认同于土著、具有一半土著血统和一半白人血统的混血土著人口正在不断增加。② 但是,当时白人殖民者在农村地区的组织机构尚未健全,人们难以控制生活在乡村的混血土著。1858 年,维多利亚殖民地已经有人主张区别对待混血土著和纯血统土著。当时,维多利亚土著保护委员会认为,对于混血土著,委员会有责任从小就介入他们的生活,以阻止他们在成长过程中带有野蛮的习惯。③ 19 世纪 70—80 年代,

---

① 张建新:《谁应为塔斯马尼亚土著的灭绝负责》,载《世界民族》1999 年第 3 期。
② Read, Peter, *A Rape of the Soul So Profound*, *the Return of the Stolen Generations*, St Leonards NSW: Allen & Unwin, 1999, p. 20.
③ Tatz, Colin, "Genocide in Australia", *Journal of genocide research*, Vol. 1, Iss. 3, 1999, p. 330.

混血土著开始被作为一种社会问题进行讨论。在新南威尔士，聚集在城镇周围的混血土著人口越来越多。这使人们开始意识到，尽管纯血统土著人口在萎缩，但是混血土著人口却在迅速增长。土著问题不是越来越小，而是越来越严重。① 19 世纪末 20 世纪初，就在人们坚信纯血统土著"注定灭绝"之时，混血土著人口的快速增长成为普遍趋势。

1901 年，澳大利亚混血土著人口为 7370 人，1911 年为 10113 人，1921 年为 12630 人。② 1927 年增长到 15000 多人③，1930 年达到 18000 人④，1936 年为 23000 人左右⑤，1937 年为 23950 人⑥，1938 年达到 24700 人⑦。1901 年以后，就人口增长率而言，混血土著远高于白人。⑧ 1901 年，澳大利亚联邦成立之时，全国混血土著人口不到 8000 人。⑨ 此后全国混血土著人口不断增长，到 1938 年接近 25000 人，三十多年的时间里，混血土著人口增加了 3 倍多。

在维多利亚，1877 年人口统计结果显示，该殖民地土著为 1067 人，其中纯血统土著 774 人，混血土著 293 人。⑩ 此后纯血统土著逐步减少，混血土著逐渐增加。1901 年，土著人口为 652 人，与 1877 年比较减少

---

① Read, Peter, *A Rape of the Soul So Profound, the Return of the Stolen Generations*, St Leonards NSW: Allen & Unwin, 1999, p. 21.

② "The Aborigines Half Caste Problem Startling Census", *Morning Bulletin*, 12th Feb., 1940, p. 12.

③ Anderson, Warwick, *The Cultivation of Whiteness, Science Health, and Racial Destiny in Australia*, New York: Basic Books, 2003, p. 192.

④ Stone, Sharman N., ed., *Aborigines in White Australia: A Documentary History of the Attitudes Affecting Official Policy and the Australian Aborigines, 1697 – 1973*, Melbourne: Heinman Educational Australia, 1974, p. 133.

⑤ Anderson, Warwick, *The Cultivation of Whiteness, Science, Health, and Racial Destiny in Australia*, New York: Basic Books, 2003, p. 235.

⑥ Partington, Geoffrey, *Hasluck versus Coombs, White Politics and Australia's Aborigines*, The Bennelong Society, 2005, p. 21.

⑦ Gammage, Bill, & Spearritt, Peter, *Australians: 1938*, New South Wales: Fairfax, Syme & Weldon Associates, 1987, p. 48.

⑧ "The Aborigines Half Caste Problem Startling Census", *Morning Bulletin*, 12 Feb., 1940, p. 12.

⑨ Moses, A. Dirk, *Genocide and Settler Society: Frontier Violence and Stolen Indigenous Children in Australian History*, New York: Berghahn Books, 2004, p. 226.

⑩ Broome, Richard, *Aboriginal Victorians: A History since 1800*, Crows Nest, N.S.W.: Allen & Unwin, 2005, p. 146.

39%，平均每年减少1.5%。其中纯血统土著271人，混血土著381人。1927年，土著人口为514人，1901年以来减少了27%。虽然比1877—1901年间减少39%有所减缓，但1927年登记的纯血统土著仅55人，而混血土著增加到459人。① 1911年人口普查区分纯血统和混血，在维多利亚，纯血统土著196人，其中男性103人，女性93人。1921年，纯血统土著144人，其中男性80人，女性64人。② 混血土著的增长与纯血统土著的减少形成鲜明的对比。

在新南威尔士，1880—1900年间，混血土著在土著人口中的比例从27%增加到55%。③ 悉尼大学教授格里菲斯·泰勒（Griffith Taylor）对新南威尔士种族混杂现象进行长期研究。在对1882—1922年新南威尔士土著人口状况进行调查中发现，混血土著越来越多，而纯血统土著越来越少。1882年，纯血统土著与混血土著的比例为3∶1。1895年，纯血统土著与混血土著人数相等。④ 1914年9月，华盛顿卡内基研究院的人类学家查尔斯·B.达文波特对新南威尔士土著保留地进行人类学调查后发现，该保留地居民绝大多数是土著与白人结合所生的混血儿，只是他们的混血程度不一而已。⑤ 1922年，新南威尔士混血土著已经是纯血统土著的6倍。如果根据塔斯马尼亚土著灭绝的情况来判断，新南威尔士的纯血统土著将在50年内消失。⑥ 1923年新南威尔士混血土著的情况如下：二分之一混血土著（Half-Caste）4783人，其中政府救济的1182人，没获得救济的3601人；四分之一混血土著（Quadroons）1021人，其中政府救济的90人，没获得救济的931人；八分之一混血土著（Octo-

---

① Broome, Richard, *Aboriginal Victorians: A History since 1800*, Crows Nest, N.S.W.: Allen & Unwin, 2005, p. 194.
② Stonham, John, ed., *Official Year Book of the Commonwealth of Australia No.17, 1924*, Australia Commonwealth Bureau of Census and Statistics, p. 953.
③ Cheater, Christine, "Stolen Girlhood, Australia's Assimilation Policies and Aboriginal Girls", in Helgren, Jennifer, & Vasconcellos, Aolleen A., eds., *Girlhood, A global history*, London: Rutgers University Press, 2010, p. 265.
④ Taylor, Griffith, "White and Black Races in Australia", *Pacific Affairs*, Vol.1, No.3, 1928.
⑤ Daveport, Charles B., "Notes on Physical Anthropology of Australian Aborigines and Black-White Hybrids", *American Journal of Physical Anthropology*, Volume 8, Issue 1, 1925, p. 73.
⑥ Taylor, Griffith, "White and Black Races in Australia", *Pacific Affairs*, Vol.1, No.3, 1928.

roons）304 人，其中政府救济的 10 人，没获得救济的 294 人。① 在 1937 年 4 月召开的土著福利会议上，新南威尔士的与会代表 B. S. 哈克尼斯（B. S. Harkness）指出，新南威尔士州纯血统土著 1000 人，人口数量正在萎缩；混血土著大约 10000 人，人口数量正在快速增长。②

表 2-4　新南威尔士土著人口的构成（1882—1922 年）

年代	纯血统土著	混血土著	比例
1882	6300	2300	3∶1
1892	4000	3000	4∶3
1902	2900	4000	3∶4
1912	1800	5000	1∶3
1922	1000	6000	1∶6

资料来源：Taylor, Griffith, "White and Black Races in Australia", *Pacific Affairs*, Vol. 1, No. 3, July 1928.

在西澳，自 1829 年殖民地建立开始，当局就引诱以土地鼓励白人男性娶土著妇女为妻。这一政策在白人女性长期缺乏的西澳延续数十年，导致越来越多的混血土著产生。1901 年西澳人口统计发现，该州纯血统土著总数为 5261 人，其中男性 2933 人，女性 2328 人；混血土著人口 951 人，其中男性 492 人，女性 459 人；纯血统土著和混血土著总数为 6212 人，其中男性 3425 人，女性 2787 人。1911 年，土著人口增加到 7844 人，其中纯血统土著 6369 人，混血土著 1475 人。与 1901 年比较，纯血统土著增长缓慢，而混血土著却大幅增加。1901—1911 年纯血统土著男性和女性的增长率分别为 17% 和 26%，混血土著男性与女性的增长率分别为 54% 和 56%。1921 年，混血土著男性比 1911 年增加了 341 人，从 760 人增加到 1101 人；混血土著女性从 1901 年的 459 人增加到 1921 年的 859 人，增加了 400 人。10 年间，混血土著男性增长率为 45%，混血土著女性的增长率为 20%。1936 年，战后出任联邦领地部长的哈斯勒克写道："1901 年，西澳的混血土著为 951 人，1935 年，混血土著人口增加至 4245 人。混血土著人口占西澳总人口的比例，1901 年是每 200 人

---

① Stonham, John, ed., *Official Year Book of the Commonwealth of Australia No. 17, 1924*, Australia Commonwealth Bureau of Census and Statistics, p. 961.

② Commonwealth of Australia, *Aboriginal Welfare: Initial Conference of Commonwealth and State Aboriginal Authorities*, Held at Canberra, 21st to 23rd April, 1937, p. 14.

中有一位混血土著，而 1935 年每 100 人中就有一位混血土著。"① 在大约一代人的时间里，西澳的混血土著增加了 4 倍多。

在北领地，1898—1910 年间，混血土著的数量从 50 人增加到 200 人，增加了 4 倍。② 1922 年 6 月 30 日，北领地的管理者在年度报告中指出："关于混血土著，一个不可忽视的事实摆在大家面前：北领地混血土著人口正在不断增长，而且未来很多年里也会不可避免地继续增长。"③ 1929 年，J. W. 布莱克利在关于北领地土著的调查报告中也指出，北领地土著人口大约 21000 人，其中混血土著大约 800 人。④ 北领地首席保护官塞西尔·库克（lecil cook）在 1937 年全国土著会议上指出："在北领地，白人人口在下降，而混血土著人口却以每年 1.8% 的速度在增长。"⑤

在南澳，19 世纪末 20 世纪初纯血统土著大约 4000 人，混血土著 820 人。1926 年，混血土著增加到 1452 人。1920 年代南澳首席保护官写道："管理和控制土著的最大难题在于保留地上 1/2 混血土著、1/4 混血土著以及 /1/8 混血土著人口的不断增长。"⑥ 根据 1896 年梅斯顿的报告，昆士兰土著人口大约为 26670 人，其中包括 2300 人混血土著。⑦ 1926 年，昆士兰混血土著增加到 4047 人。

总之，19 世纪末 20 世纪初，混血土著人口的快速增长，成为澳大利亚土著人口变化的重要特征。

---

① Hasluck, Paul, "Half-Caste Problem, Big Rise in Numbers, Camps Swarming with Children (No. 1)", *The West Australian*, 23rd July, 1936.

② Zgbaum, Heidi, "Herbert Basedow and the Removal of Aboriginal Children of Mixed Descent from Their Families", *Australian Historical Studies*, Vol. 34 Iss. 121, 2003, p. 127.

③ Stonham, John, ed., *Official Year Book of the Commonwealth of Australia No. 17*, 1924, Australia Commonwealth Bureau of Census and Statistics, p. 960.

④ Bleakley, J. W., "The Aborigines and Half-Castes of Central Australia and North Australia", in Stone, Sharman N., ed., *Aborigines in White Australia: A Documentary History of the Attitudes Affecting Official Policy and the Australian Aborigines, 1697 – 1973*, Melbourne: Heinman Educational Australia, 1974, p. 156.

⑤ Commonwealth of Australia, *Aboriginal Welfare: Initial Conference of Commonwealth and State Aboriginal Authorities*, Held at Canberra, 21st to 23rd April, 1937, p. 13.

⑥ Stonham, John, ed., *Official Year Book of the Commonwealth of Australia No. 17*, 1924, Australia Commonwealth Bureau of Census and Statistics, p. 961.

⑦ Haebich, Anna, *Broken Circles, Fragmenting Indigenous Families 1800 – 2000*, Fremantle Arts Center Press, 2000, p. 168.

二、混血土著人口的分布

表 2-5 反映的是 1926 年各州混血土著人口的分布情况，混血土著人口较多的是新南威尔士、昆士兰和西澳，其次是南澳、北领地和维多利亚。

表 2-5 澳大利亚土著人口的构成与分布（1926 年 6 月 30 日）

州、领地	纯血统土著	混血土著	总数
新南威尔士	1031	6035	7066
维多利亚	55	439	514
昆士兰	13604	4047	17651
南澳	2531	1452	3983
西澳	22222	2420	24642
北领地	19853	689	20542
澳大利亚	59296	15102	74398

资料来源：Partington, Geoffrey, *Hasluck versus Coombs*, *White Politics and Australia's Aborigines*, The Bennelong Society, 2005, p. 21.

混血土著人口占土著总人口的比例存在很大的地区差异：北领地为 6%，西澳为 27%，昆士兰为 36%，南澳为 45%，维多利亚为 90%，新南威尔士为 93%。[1] 在 1937 年全国土著会议上，维多利亚土著保护委员会主席 H. S. 贝利（H. S. Bailey）对维多利亚的土著状况进行了分析。他指出，维多利亚的土著问题不是很严重，只有少量的纯血统土著，混血土著的人数多一点，大约 500 人。[2] 1930 年，新南威尔士混血土著人口远远超过纯血统土著人口，其比例为 8∶1。而 50 年前，新南威尔士纯血统土著人口是混血土著人口的两倍。[3]

悉尼大学教授格里菲斯·泰勒（Griffith Taylor）发现，白人人口越是密集的地区，混血土著人口越多。白人开发时间越早的地方，白人与土著的交往就越密切，混血土著人口的比重就越大。悉尼附近混血土著

---

[1] Gammage, Bill, & Spearrit, Peter, *Australians: 1938*, New South Wales: Fairfax, Syme & Weldon Associates, 1987, p. 48.

[2] Commonwealth of Australia, *Aboriginal Welfare: Initial Conference of Commonwealth and State Aboriginal Authorities*, Held at Canberra, 21st to 23rd April, 1937, p. 5.

[3] Moses, A. Dirk, *Genocide and Settler Society: Frontier Violence and Stolen Indigenous Children in Australian History*, New York: Berghahn Books, 2004, p. 226.

人口与纯血统土著人口的比例是 10∶1，奥尔伯里（Albury）附近是 5∶1，北方海岸利斯莫尔（Lismore）是 4∶1，内地的比例是 2∶1，达林（Darling）地区白人稀少，为 1∶1。在该州 1000 名纯血统土著之中，四分之一分布在东北部密林之中。另外四分之一分布在卡米勒罗伊（Kamilaroi），其余的则分散在各地。由此，他认为，一个劣等种族被一个人数众多的高级种族包围，劣等种族不是灭绝，也不是消失，而是融合进高级种族之中。而融合的程度取决于高级种族人口的密度。①

从年龄结构上看，混血土著往往较为年轻，儿童的比例非常高。1886 年，维多利亚土著部落库里人（Koori）从最初的 60000 人减少为 800 多人，其中包括 233 名混血土著。在这 233 名混血土著中，儿童占 70%左右。② 1900 年左右，昆士兰的土著居民为 26670 人，其中大约有 2300 名混血土著。这些混血土著有 70%都在 16 岁以下。③ 根据 1935 年官方的报告，西澳南部的埃文地区，生活着 694 名混血土著成人和 713 名混血土著儿童。混血土著人口中超过 50%是儿童，而白人中儿童只占总人口的 27%。④

混血土著的年龄结构特征与白人男性和土著妇女的旺盛生育能力有关。R. 萨尔瓦多（R. Salvado）神父在西澳土著居民中生活四十多年，出版过关于土著生活和习俗的著作。他在 1888 年 10 月 17 日说："至于混血土著不育，我还没有听说过这样的情况。我所知道的混血土著，无论是丈夫还是妻子，他们通常都有 6 个、7 个甚至 8 个孩子，有的还会更多。我知道许多欧洲人与土著妇女结婚后，也生育了很多孩子。"⑤ 他提到一个曾两度结婚的混血土著妇女，她与 9 个孩子和 13 个孙子生活在一起。⑥ 1909 年，北领地混血土著估计达到 200 人，他们中有 1/3 属于育龄妇女。土著女人年龄很小就怀孕生子，在一

---

① Taylor, Griffith, "White and Black Races in Australia", *Pacific Affairs*, Vol. 1, No. 3, 1928.
② Haebich, Anna, *Broken Circles: Fragmenting Indigenous Families, 1800-2000*, Fremantle, W. A.: Fremantle Arts Centre Press, 2000, p. 164.
③ Haebich, Anna, *Broken Circles, Fragmenting Indigenous Families, 1800-2000*, Fremantle, W. A.: Fremantle Arts Centre Press, 2000, p. 168.
④ Hasluck, Paul, "Half-Caste Problem, Big Rise in Numbers, Camps Swarming with Children (No. 1)", *The West Australian*, 23rd July, 1936.
⑤ Westermarck, Edward, *History of Human Marriage Volume* 2, Nabu Press, 2012, p. 43.
⑥ Westermarck, Edward, *History of Human Marriage Volume* 2, Nabu Press, 2012, p. 44.

生中一般比非土著妇女生育的子女多得多。① 正如1937年布里斯班《电讯报》(Telegraph Newspaper) 的报道所说:"60年前,西澳大约有6万纯血统土著,今天仅有2万。总有一天,他们会消亡,也许需要一百年,也许更长。总之,纯血统土著正在消亡之中,他们的繁殖能力不强。而另一方面,混血土著繁殖能力却很强。"② 在西澳的南部地区,混血土著家庭拥有8—14个孩子的情况非常普遍。那里有个家庭竟然有20个孩子。在纳罗金(Narrogin),有位白人男性,据说65岁了,他宣称自己有120个后代生活在一个土著聚居区里。③ 哈斯勒克曾经见到一位年轻的混血土著母亲,在产下第一个小孩仅仅5年之后,就已经怀上了第六个孩子。这些儿童拥挤在小棚屋里,平时在土著居住地附近游荡。在那里经常看到混血土著妇女在给幼小的婴儿哺乳,而旁边一群年龄稍长的孩子在嬉戏。④ 1933年,安立甘教牧师博克索尔(Boxall)先生说道:"纯血统土著正在消亡,而混血土著却像兔子一样快速繁殖。"⑤ 1938年,人类学家 W. E. H. 斯坦勒认为北领地混血土著人口增长率为18/1000,而白人人口的增长率为0.3/1000。⑥ 相对而言,混血土著的增长要快得多。

随着混血土著人口的增加,混血土著成为澳大利亚土著管理部门和社会关注的重要问题。⑦ 在政府和白人公众看来,混血土著人口的存在和增长对白人社会构成了严重威胁。

---

① Human Rights and Equal Opportunity Commission, *Bringing Them Home*, *Report of the National Inquiry into the Separation of Aboriginal and Torres Strait Islander Children from Their Families*, Sydney: Sterling Press, 1997, p. 115.

② Human Rights and Equal Opportunity Commission, *Bringing Them Home*, *Report of the National Inquiry into the Separation of Aboriginal and Torres Strait Islander Children from Their Families*, Sydney: Sterling Press, 1997, p. 24.

③ Hasluck, Paul, "Half-Caste Problem, Big Rise in Numbers, Camps Swarming with Children (No. 1)", *The West Australian*, 23rd July, 1936.

④ Hasluck, Paul, "Half-Caste Problem, Big Rise in Numbers, Camps Swarming with Children (No. 1)", *The West Australian*, 23rd July, 1936.

⑤ Jacobs, Patricia, "Science and Veiled Assumptions: Miscegenation in W. A. 1930 – 1937", *Australian Aboriginal Studies*, No. 2, 1986, p. 18.

⑥ Shoemaker, Adam, *Black Words White Page*, *Aboriginal Literature 1939 – 1988*, The Australian National University E Press, 2004, p. 20.

⑦ Stone, Sharman N., *Aborigines in White Australia: A Documentary History of the Attitudes Affecting Official Policy and the Australian Aborigines, 1697 – 1973*, Melbourne: Heinman Educational Australia, 1974, p. 133.

第三节　混血土著对社会的威胁

就在混血土著普遍增长之时,以强调种族血统纯洁为核心价值的"白澳"思想成为澳大利亚建国的理想。混血土著与澳大利亚对种族血统纯洁的追求形成尖锐对立。不仅如此,他们还被视为邪恶群体、潜在的经济负担和社会动荡的根源,引起人们的普遍恐惧。不过,混血土著与生俱来的白人血统也或多或少地使白人意识到自己的责任。

一、混血土著对"白澳"的冲击

"白澳"既是一种思想,又是一种政策。它最初作为一种思想出现,在澳大利亚联邦建立时演变为基本国策。作为一种思想,"白澳"主张澳大利亚是白人的澳大利亚,主张建立一个种族纯洁与文化同质的澳大利亚;作为一种政策,"白澳"指贯彻和落实"白澳"思想的一系列措施,主要包括两个方面:一是严格限制有色人种移民的入境;二是确立对所有非白种人的社会文化排斥。19世纪和20世纪绝大多数时间里,"白澳"成为澳大利亚社会的普遍理想,成为澳大利亚实现统一和社会同质的思想基础。

在1901年作为国家政策实施之前,"白澳"已经以思想的方式存在很长时间了。"白澳"主张澳大利亚是白种人的澳大利亚,但是"白种人"并非所有的白种人,只是不列颠英国人及其后裔。在19世纪和20世纪的多数时间里,"白澳"主张建立一个纯粹英国移民的国家。最早对"白澳"思想进行表述的是英国殖民部副部长(Under-Secretary)詹姆士·斯蒂芬(James Stephen)。1841年,他宣布,要将澳大利亚变成一块"英国种族占据全境,且不与低级种族混杂的大陆"①。随着殖民地人口的变迁,在应对种族冲突的过程中,"白澳"思想逐渐形成。

从1788年到19世纪50年代左右,澳大利亚是英国的海外监狱。体面的英国人,尤其是英国社会的上层人士是不愿意来到这里的。早期前

---

① Moses, A. Dirk, *Genocide and Settler Society: Frontier Violence and Stolen Indigenous Children in Australian History*, New York: Berghahn Books, 2004, p. 103.

往北美的英国移民大多是为了追求幸福、自由和谋求生计的自由人士，而早期来到澳大利亚的大多是经济、社会地位低下的城市人口。"澳大利亚英国人"始终保持着强烈的"我是英国人"的意识，忠于英国和女王。美国人摒弃英国的传统和制度，而澳大利亚人认同英国的传统与制度，处处从英国移植现存的制度。① 此外，在澳大利亚殖民发展过程中，输入的有色人种劳工和土著居民在澳大利亚开发过程中都显得微不足道，而主要劳动者（强制劳动者）则主要是从英国流放来的罪犯。与美国的"黑奴"不同，澳大利亚这些劳动者在种族血统和文化上与自由人、与社会的上层是同宗同源的。这样的人口结构也成为"白澳"思想产生的基础。

白人与土著的关系是澳大利亚殖民地经历的第一场种族冲突。白人殖民者与土著之间的冲突呈现一边倒的趋势。组织分散、经济落后的土著居民在白人殖民者冲击面前不断萎缩，人口急剧减少，很快就成为澳大利亚社会的少数人，成为19世纪后期白人普遍认定的正在消亡的少数人。土著人口的急剧萎缩和不列颠英国人统治地位的确立，不仅有利于增强澳大利亚白人的优越感，而且排除了土著居民在未来澳大利亚社会中拥有地位的可能，进一步为澳大利亚人口同质性的形成提供了基础。

澳大利亚殖民地最为严重的种族冲突是19世纪后期的反华人浪潮。19世纪中期以后，殖民地经济发展不仅刺激了大批欧洲移民前来，而且一些非欧洲人也纷至沓来。1851年后，新南威尔士和维多利亚发现金矿，华人淘金者的大批涌入，立即引起澳大利亚白人的不满和恐慌。白人与华人之间的冲突在金矿场不断发生。各殖民地先后颁布法令限制有色人种入境，成立排华组织，进行排华宣传。1888年6月，澳大利亚第二次殖民地州际大会提出严厉限制华人入境的决议。② 在联邦成立前夕，各殖民地政府在保护澳大利亚种族纯洁和排外（排华）问题上达成空前的一致。排华浪潮不仅体现了澳大利亚白人对"种族混杂"的恐惧以及对华人可能破坏白人工作待遇的担忧，更使他们意识到异质文化与社会

---

① 王宇博：《澳大利亚：在移植中再造》，成都：四川人民出版社，2000年，第26页。
② 张秋生：《澳大利亚华侨华人史》，北京：外语教学与研究出版社，1998年，第134页。

统一及文化同质之间的对立。①

有鉴于美国和南非在国家创建过程中出现的种族与社会问题，反华人浪潮使澳大利亚更加重视种族纯洁对国家创建和社会统一的意义，也坚定了澳大利亚以社会立法创建一个"完美社会"的决心。有色人种被视为"白澳"的威胁而遭到公开敌视，1887年7月2日《公报》（Bulletin）发表社论："澳大利亚不要黑人、不要中国人，不要印度水手，不要夏威夷及南洋岛民，不要廉价的有色人种劳工。"②1901年，《新闻公报》表述了澳大利亚社会建国理想："成为欧洲以外唯一的纯粹白人的国家。澳大利亚打算让全世界自开天辟地以来第一次看到在一面旗帜、一个民族、一个政府下的一个完整大陆。"③1901年澳大利亚联邦成立后，白澳思想很快演变成为基本国策，即严格限制有色人种移民的入境，将有色人种全面排斥在澳大利亚社会生活之外。

就这样，在澳大利亚建国过程中，血统纯正和种族纯洁黏合为国家共同体的象征。以不列颠为基础的种族与血统成为澳大利亚人追求的共同身份，他们严格地排斥非不列颠种族与血统，顽固地坚守不列颠同质性以强调种族与血统纯洁为基本内涵的"白澳"成为澳大利亚联邦国家的核心价值。"白澳"是一种政策，但不仅仅是一种政策，它是澳大利亚民族认同的本质内涵。④ 正如1937年佩恩·弗莱彻（Payne Fletcher）所指出的那样："白澳是澳大利亚人坚持的极其神圣的信念。所有人都应该团结起来，以极大的热情捍卫种族的纯洁。"⑤ 种族纯洁对澳大利亚的重要性犹如海上霸权对大英帝国以及门罗主义对美国，不可缺少。⑥

---

① Kelly, Paul, *100 Years: the Australian Story*, St Crows Nest NSW: Allen & Unwin, 2001, p. 53.

② Kelly, Paul, *100 Years: the Australian Story*, St Crows Nest NSW: Allen & Unwin, 2001, p. 54.

③ Clark, Manning, *A Short History of Australia*, Melbourne: The Macmillan Company of Australia Pty Ltd, 1982, p. 176.

④ Kelly, Paul, *100 Years the Australian Story*, St Crows Nest NSW: Allen & Unwin, 2001, p. 52.

⑤ Craven, Rhonda, *Teaching Aboriginal Studies*, Sydney: Allen & Unwin, 1999, p. 69.

⑥ Yarwood, A. T., & Knowling, M. J., *Race Relations in Australia, A History*, Sydney: Methuen Australiian Pty Ltd, 1982, p. 225.

然而，是否存在对"种族与血统纯洁"的威胁呢？墨尔本《年代报》曾经指出："美国黑人的公民权已经被认为是不可解决的问题而放弃。幸运的是，我们没有这样的种族问题。土著居民智力低下，人数稀少，被人们认为是不值得考虑的事情。即使存在一些问题，也会由于土著种族的逐渐消亡而逐步排除。从我们所处的地理位置来看，我们必须担心的是成群结队而来的亚洲人。"① 《年代报》指出了对"白澳"理想构成威胁的因素：一是澳大利亚土著；二是以亚洲移民为代表的有色人种移民。随着移民限制的实施，亚洲人（有色人种移民）也不用担心了。19世纪澳大利亚土著被白人视为殖民扩张的障碍，20世纪初随着人口的急剧减少，土著成为被征服者，已经不再是白人掠夺资源和占领土地的障碍了。但是，随着联邦运动的开展，土著居民成为澳大利亚建国进程中最不能容忍其存在的族群，被视为存在于白种人澳大利亚国家内部的低贱的有色种族，是严重的种族威胁。② 在人们的观念里，纯血统土著的命运是注定灭绝，他们迟早会消失，不会对"白澳"理想构成威胁，但是，增长势头强劲的混血土著却是澳大利亚国家内部存在的种族威胁。

根据法国学者亚瑟·德·戈宾诺提出的种族理论，白人只有不与其他低劣的有色人种杂交，才可能保持其优越性。他说："如果白、黑、黄三大人种能够严格分开，优势无疑就会永远掌握在白人精英之手，而黄种人和黑种人将永远在白人中最卑贱者的脚下爬行。"③ 正是在这种观念的影响下，澳大利亚把建立一个"纯洁雪白"的国家作为"崇高理想"，"绝不允许任何人将劣等种族与优等种族混同起来"。④ 正如后来出任联邦总理的迪金所宣扬的那样："我们澳大利亚应该是一个民族，而且永远

---

① Moran, Anthony, *Imagining the Australian Nation: Settler-Nationalism and Aboriginality*, The Department of Political Science, Faculty of Arts, University of Melbourne, November, 1999, p. 62.

② Haebich, Anna, *Broken Circles, Fragmenting Indigenous Families 1800 – 2000*, Fremantle Arts Center Press, 2000, pp. 131 – 132.

③〔澳〕欧阳昱：《表现他者：澳大利亚小说中的中国人1888—1988》，北京：新华出版社，2000年，第103页。

④〔澳〕欧阳昱：《表现他者：澳大利亚小说中的中国人1888—1988》，北京：新华出版社，2000年，第83页。

应该是一个民族，绝不容许其他种族的掺杂。"① 保障白人"血统纯洁"成为澳大利亚人神圣的使命，随着混血土著人口的不断增加，人们越来越担心出现有色人种的"飞地"（Enclaves），危及种族与血统纯洁。② 1927年，语言学家詹斯·莱恩（Jens Lyny）根据观察得出结论，因为混血土著"飞地"的人口比白人繁殖得要快，"'白澳'理想将从内部遭到破坏"③。对混血土著人口的增长不采取措施加以限制，澳大利亚将会面临严峻的种族与社会问题，如同美国和南非那样。只有及时得当地处理好混血土著问题，澳大利亚联邦最重要的价值观——白澳理想才可能得以坚持。④ 因此，必须采取措施阻止混血土著人口的增加，因为他们存在本身就是威胁，就是对白澳理想的威胁。⑤

使问题变得更加严重的是土著居民与有色人种的结合产生的混血后代。民众与政府特别关注的是土著与有色人种的混血后代，即被称为"低劣的混血人"（Inferior Half-Caste）的群体。⑥ 1913年，墨尔本大学教授W. B. 斯潘塞在关于北领地土著问题的报告中指出，混血土著的增长是一个严重的问题。一旦土著妇女与亚洲人产生性关系，情况将极度恶化。⑦

总之，混血土著被人们普遍看作破坏白澳建国理想的内在因素，被看作种族纯洁的严重威胁。1901年《公报》鼓吹："要确保澳大利亚适合我们的子孙后代居住，就必须保持种族纯洁。除非混血土著问题得到

---

① Clark, Manning, *A Short History of Australia*, Melbourne: The Macmillan Company of Australia Pty Ltd, 1982, p. 163.

② Moran, Anthony, "White Australia, Settler Nationalism and Aboriginal Assimilation", *Australian Journal of Politics and History*, Vol. 51, No. 2, 2005, p. 174.

③ McGregor, Russell, "An Aboriginal Caucasian: Some Uses for Racial Kinship in Early Twentieth Century Australia", *Australian Aboriginal Studies*, No. 1, 1996, p. 15.

④ Moses, A. Dirk, *Genocide and Settler Society: Frontier Violence and Stolen Indigenous Children in Australian History*, New York: Berghahn Books, 2004, p. 227.

⑤ Austin, Tony, "'A Chance to Be Decent': Northern Territory 'Half-Caste' Girls in Service in South Australia 1916–1939", *Labour History*, No. 60, 1991, p. 52.

⑥ Moran, Anthony, "White Australia, Settler Nationalism and Aboriginal Assimilation", *Australian Journal of Politics and History*, Vol. 51, No. 2, 2005, p. 173.

⑦ Spencer, W. Baldwin, "Preliminary Report on the Aboriginals of the Northern Territory, in Stone, Sharman N., ed., *Aborigines in White Australia: A Documentary History of the Attitudes Affecting Official Policy and the Australian Aborigine, 1697–1973*, Melbourn: Heinman Educational Australia, 1974, pp. 140–141.

及时处理，否则，澳大利亚将会成为一个杂种的社会！"① 《布里斯班工人报》则警告道："如果澳大利亚成为一个杂种的国度，那将因种族纷争而动乱不安。"②

正是在这种情况下，澳大利亚学术界、各级政府以及民众对混血土著问题进行了广泛的讨论。③ 在讨论中，白人表现出既恐惧、又愧疚的复杂心态。恐惧源于对混血土著可能会带来的经济社会威胁的认识；愧疚则源于混血土著所具有的白人血统多少使白人意识到自己的责任。

二、社会对混血土著的恐惧

当时人们普遍认为，混血土著继承了父母双方种族的劣性，而很少遗传双方的优点，所以混血土著从本质上讲是低劣的杂种。④ 他们身上集合了两个种族最坏的基因⑤，遗传了白人与土著的邪恶天性⑥。1901年《公报》公开宣扬混血土著"兼有其父母的许多恶习，却鲜有其优点"⑦。更让人们担心的是这些继承父母双方恶习的混血土著正在形成一个特殊的"种族"，成为可怜（Pathetic）而邪恶（Sinister）的"第三种族"。⑧ 1927 年，《珀斯星期天时报》（*Perth Sunday Times*）警告世人，澳大利亚可能出现三个种族——"白人、黑皮肤的土著和既不属于白人、也不属于土著的混血土著"。⑨

---

① Craven, Rhonda, *Teaching Aboriginal Studies*, St Leonards, N. S. W.: Allen & Unwin, 1999, p. 113.

② Clark, Manning, *A Short History of Australia*, Melbourne: The Macmillan Company of Australia Pty Ltd, 1982, p. 176.

③ McGregor, Russell, *Imagined Destinies: Aboriginal Australians and the Doomed Race Theory, 1880 – 1939*, Melbourne: Melbourne University Press, 1997, p. 134.

④ McGregor, Russell, *Imagined Destinies: Aboriginal Australians and the Doomed Race Theory, 1880 – 1939*, Melbourne: Melbourne University Press, 1997, p. 139.

⑤ Dafler, Jeffery R., "Social Darwinism and the Language of Racial Oppression: Australia's Stolen Generation", *ETC: A Review of General Semantics*, Vol. 62, Iss. 2, 2005, p. 145.

⑥ Austin, Tony, *Never Trust a Government Man: Northern Territory Aboriginal Policy 1911 – 1939*, Darwin: Northern territory University Press, 1997, p. 8.

⑦ 〔澳〕欧阳昱：《表现他者：澳大利亚小说中的中国人 1888—1988》，北京：新华出版社，2000 年，第 103 页。

⑧ Austin, Tony, *Never Trust a Government Man: Northern Territory Aboriginal Policy 1911 – 1939*, Darwin: Northern territory University Press, 1997, p. 196.

⑨ Moses, A. Dirk, *Genocide and Settler Society: Frontier Violence and Stolen Indigenous Children in Australian History*, New York: Berghahn Books, 2004, p. 227.

长期以来，人们认为，混血土著是不受欢迎的杂种，他们承传了土著的狡诈与反复无常。① 西澳土著保护官 C. A. 布莱尼（C. A. Bailey）认为："混血土著承传了土著所有的劣根性。"② 正因为如此，人们对混血土著的印象特别坏。人们广泛认为，混血土著拥有文明人必须克服的一切恶习，诸如闲散、游荡、情绪化、缺乏纪律性和生产能力、性关系错乱、没有良好的个人卫生习惯，并且具有个人主义倾向。他们生活在极度肮脏与原始的环境里，形成了不洁的习惯，而且懒惰，不可信任，一旦有机会必然沉迷于赌博与酗酒。③ 而且，混血土著"完全受生理情欲支配，不受道德法则的约束，往往放纵肉体激情"④。如果听任他们自行成长，大多数女孩将成为妓女，大多数男孩将成为偷盗牛马的贼。⑤

　　人们认为，混血土著不仅恶习满身，而且智力低下，毫无用处。1913 年，土著兄弟联盟的秘书 W. E. 多尔顿（W. E. Dalton）认为："混血土著的母亲在 60 年前还是在丛林中生活的类似动物的土著妇女，而他们的父亲则是白人中最堕落的群体。这样的父母生下的孩子自然鲜有优秀特性。人们不能希望他们会适应正常的工业劳动，他们一般不能坚持一天八小时的工作。这些混血土著孩子缺乏耐心和毅力，不具备起码的是非观念。"⑥ 同年，斯宾塞在给联邦政府的报告也指出，混血土著的母亲是智力水平很低的纯血统土著，父亲则属于高级种族的下层人士。这样的结合产生的后代——混血土著——不会比聪明的土著人

---

① Austin, Tony, "'A Chance to Be Decent': Northern Territory 'Half-Caste' Girls in Service in South Australia *1916–1939*", *Labour History*, No. 60, 1991, p. 52.
② Hetherington, Penelope, *Settlers, Servants and Slaves: Aboriginal and European Children in Nineteenth-Century Western Australia*, University of Western Australia Press, 2009, p. 181.
③ Bateman, F. E. A., "Survery of Native Affairs", *Western Australia Votes & Proceeding*, Vol. 2, No. 19, 1948, p. 25.
④ Krieken, Robert van, "The 'Stolen Generations' and Cultural Genocide: the Forced Removal of Australian Indigenous Children from Their Families and Its Implications for the Sociology of Childhood", *Childhood*, Vol. 6, No. 3, 1999.
⑤ Chesterman, John, & Galligan, Brian, *Citizens Without Rights, Aborigines and Australian Citizenship*, Melbourne: Cambridge University Press, 1997, p. 47.
⑥ Stone, Sharman N., *Aborigines in White Australia: A Documentary History of the Attitudes Affecting Official Policy and the Australian Aborigines, 1697–1973*, Melbourne: Heinman Educational Australia, 1974, p. 135.

更优秀。① 在白人看来，混血土著总体上是对社会无益的群体。混血土著不仅不能被文明教化，而且他们的血统比父母双方的血统都要低劣。②

1899年，西澳首席保护官亨利·普林斯普（Henry Prinsep）在给议会的年度报告中警告道，种族交往正在导致混血土著人口的增长。许多混血土著进入教会布道所，但是更多的混血土著是在土著社会抚养成人的，他们没有接受任何教育，因而品行不端。在这样的环境中长大成人的每一个混血土著都将是社会道德和安全的威胁。③ 1900年，北领地（当时属南澳管辖）的土著医疗与保护官弗雷德里克·戈德史密斯（Frederick Goldsmith）博士写道，在达尔文与凯瑟琳（Katherine）之间有60多个不同年龄的混血土著。如果允许混血土著继续留在土著社会，他们将会成为社会危险的源泉。④ 而且，更让人恐惧的是，有的人认为，混血土著可能同时承传了土著的邪恶与白人的智慧。⑤ 由于具有白人血统，混血土著被人们认为比其他土著人口更有智慧，使他们在持续不断的白人与土著人的冲突中成为白人不得不重视的威胁。⑥

在白人稀少的北领地，人们对混血土著的威胁更加敏感。北领地首席保护官塞西尔·库克博士认为，在15—20年的时间内，快速增长的混血土著人口——他们懒惰、贫穷和失业——将成为社会动荡的重要因素，危及北领地的秩序与统治。⑦ 他还指出，北领地的混血土

---

① Spencer, W. Baldwin, "Preliminary Report on the Aboriginals of the Northern Territory", in Stone, Sharman N., ed., *Aborigines in White Australia: A Documentary History of the Attitudes Affecting Official Policy and the Australian Aborigines, 1697-1973*, Melbourne: Heinman Educational Australia, 1974, p. 141.

② McGregor, Russell, *Imagined Destinies: Aboriginal Australians and the Doomed Race Theory, 1880-1939*, Melbourne: Melbourne University Press, 1997, p. 139.

③ Moses, A. Dirk, *Genocide and Settler Society: Frontier Violence and Stolen Indigenous Children in Australian History*, New York: Berghahn Books, 2004, p. 220.

④ Moses, A. Dirk, *Genocide and Settler Society: Frontier Violence and Stolen Indigenous Children in Australian History*, New York: Berghahn Books, 2004, pp. 220-221.

⑤ Austin, Tony, *Never Trust a Government Man: Northern Territory Aboriginal Policy 1911-1939*, Darwin: Northern territory University Press, 1997, p. 8.

⑥ Austin, Tony, "'A Chance to Be Decent': Northern Territory 'Half-Caste' Girls in Service in South Australia 1916-1939", *Labour History*, No. 60, 1991, pp. 52-53.

⑦ Austin, Tony, *Never Trust a Government Man: Northern Territory Aboriginal Policy 1911-1939*, Darwin: Northern territory University Press, 1997, p. 196.

著人口迅速增长，他们在人数上会超过白人，加之处在被压迫的状态下，容易成为"革命"的源头，从而对社会稳定与种族纯洁构成无法估量的损失。① 人数众多而又备受剥削与压迫的混血土著人口本身就是白人统治的威胁，政府害怕日益增加的混血土著人口会淹没规模小的白人人口。②

在白人占绝对多数的东南部，人们更担心的是混血土著成为政府的经济负担。混血土著无人看管，处于贫困之中，将不可避免地成为福利负担。不仅政府和议会持这样的观点，那些关心土著事务的一般民众也这样认为。③

三、白人对混血土著的愧疚

混血土著的存在和增长激起白人的羞耻心和犯罪感，因为混血土著的产生与白人有着密切的联系。④ 混血土著的产生是白人男性行为的直接后果，他们是白人男性的后代，身上拥有白人的血统。人们对此深感歉疚，那些像野蛮人一样生活的混血土著身上竟然拥有高贵的白人血统，竟然拥有自甘堕落、与人们鄙弃的土著妇女交往的白人父亲。⑤ 1915 年，西澳儿童救济委员会的年度报告就表达了白人对混血土著问题的反思。报告指出，许多混血土著儿童的皮肤是那么的白，如果不是在丛林之中与土著生活在一起，人们很容易把他们当成正常的白人。"看起来像白人"的混血土著儿童却生活在土著居住区，这实在让人觉得不是滋味。⑥ 澳大利亚人对拥有白人血统的混血土著儿童竟然生活在野蛮的丛林之中

---

① Long, Jeremy P. M., "The Administration and the Part-Aboriginals of the Northern Territory", *Oceania*, Vol. 37, No. 3, 1966, p. 190.

② Commonwealth of Australia, *Aboriginal Welfare: Initial Conference of Commonwealth and State Bboriginal Authorities*, Held at Canberra, 21st to 23rd April, 1937, p. 3.

③ Moran, Anthony, "White Australia, Settler Nationalism and Aboriginal Assimilation", *Australian Journal of Politics and History*, Vol. 51, No. 2, 2005, pp. 173 – 174.

④ Moran, Anthony, "White Australia, Settler Nationalism and Aboriginal Assimilation", *Australian Journal of Politics and History*, Vol. 51, No. 2, 2005, p. 174.

⑤ Austin, Tony, *Never Trust a Government Man: Northern Territory Aboriginal Policy 1911 – 1939*, Darwin: Northern territory University Press, 1997, p. 8.

⑥ Krieken, Robert van, "The 'Stolen Generations' and Cultural Genocide: the Forced Removal of Australian Indigenous Children from Their Families and Its Implications for the Sociology of Childhood", *Childhood*, Vol. 6, No. 3, 1999.

或城市贫困之中而感到羞愧。①

歉疚的心理促使白人对混血土著的观念发生变化，越来越多的人认为，尽管混血土著承传了白人与土著两个种族的邪恶天性，但是他们身上拥有的白人血统可以弥补其天生的不足。混血土著优于纯血统土著，因为他们身上注入健康的欧洲人血统。混血土著所拥有的白人血统不时被用作要求将他们作为白人对待的一个原因。当人道主义者、土著的同情者、基督教会和妇女协会要求提高混血土著地位和改善混血土著待遇的时候，白人血统就是重要理由。纯血统土著不如混血土著健康。通常情况下，两个混血土著结合所生的孩子比纯血统土著父母的孩子以及纯血统土著与混血土著结合所生的孩子更为健康。当一个混血土著男性和混血土著女性结婚后，他们通常会拥有一个很大且充满活力的家庭。② 人们认为，混血土著处于土著与白人的中介地位，可以通过教育和培训，把他们变成可靠的廉价劳动力，具有劳工阶级的价值。③ 牧师 J. 约翰斯顿（J. Johnston）写道："在珀斯有一所混血土著儿童学校。那些混血土著儿童还很聪明伶俐。长大后，他们走出校门去做服务工作，有的年轻人被雇佣为邮政和电报投递员。"④

与生俱来的白人血统要求混血土著应该获得纯血统土著无法获得的机会。⑤ 诸如 Half Caste（或 Part-Aboriginal）、Quadroon（或 Quarter Caste）和 Octoroon 等生物学意义上的术语被白人广泛地用来指代混血土著，标示他们不是纯血统土著，他们身上拥有白人血统。混血土著与白人混合的程度越高，他们就越接近白人，也就越少保持土著血统的特性。⑥ 1929 年，J. W. 布莱克利在关于北领地土著的调查报告中就指出，土著血统的多少决定他们的土著的特性和前途。混血土著肤色越浅，文

---

① Austin, Tony, "'A Chance to Be Decent': Northern Territory 'Half-Caste' Girls in Service in South Australia 1916–1939", *Labour History*, No. 60, 1991, p. 52.
② Westermarck, Edward, *History of Human Marriage Volume* 2, Nabu Press, 2012, p. 44.
③ Austin, Tony, "'A Chance to Be Decent': Northern Territory 'Half-Caste' Girls in Service in South Australia 1916–1939", *Labour History*, No. 60, 1991, pp. 52–53.
④ Westermarck, Edward, *History of Human Marriage Volume* 2, Nabu Press, 2012, p. 43.
⑤ Moran, Anthony, "White Australia, Settler Nationalism and Aboriginal Assimilation", *Australian Journal of Politics and History*, Vol. 51, No. 2, 2005, p. 174.
⑥ Neville, A. O., *Australia's Coloured Minority: Its Place in the Community*, Sydney: Currawong Publishing, 1947, p. 63.

明程度和智力水平越高,也就越能够被白人吸收。① 混血土著拥有欧洲人血统,这就意味着他们在非土著社会里应该拥有一席之地,尽管这种地位可能很低下。不管怎样,政府有责任确保混血土著不会在土著社会中流浪。②

白人血统还被作为要求给予混血土著教育的理由,即白人血统的存在使混血土著比纯血统土著更加聪明,更有能力接受教育。③ 南澳的 J. H. 塞克斯顿(J. H. Sexton)牧师曾经指出:"在智力上,混血土著比纯血统土著优秀。因为只要拥有机会,他们就会成为自食其力的人,成为牧人、牲口贩子,有时甚至成为监督。如果把混血土著与纯血统土著隔离开来,给予教育和培训,他们将会更适应白人社会。"④ 这种观念也符合白人经济发展对廉价劳动力的需要。鉴于城市和牧场劳动人手缺乏,将混血土著儿童训练成为温顺服从的劳动力,就成为各州(领地)处理混血土著问题的根本出发点。⑤

无论如何,混血土著身上与生俱来的白人血统,使得澳大利亚人感到羞愧,也意味着必须给予他们机会融入高级的白人文明之中。⑥

---

① Broome, Richard, *Aboriginal Australians*, *Black Response to White Dominance 1788 – 1980*, Sydney, London, Boston: George Allen & Unwin, 1982, p. 160.
② Moses, A. Dirk, *Genocide and Settler Society: Frontier Violence and Stolen Indigenous Children in Australian History*, New York: Berghahn Books, 2004, p. 276.
③ Moses, A. Dirk, *Genocide and Settler Society: Frontier Violence and Stolen Indigenous Children in Australian History*, New York: Berghahn Books, 2004, p. 227.
④ Moran, Anthony, *Imagining the Australian Nation: Settler-Nationalism and Aboriginality*, The Department of Political Science, Faculty of Arts, University of Melbourne, November, 1999, p. 94.
⑤ Zgbaum, Heidi, "Herbert Basedow and the Removal of Aboriginal Children of Mixed Descent from Their Families", *Australian Historical Studies*, Vol. 34 Iss. 121, 2003, p. 127.
⑥ Austin, Tony, "'A Chance to Be Decent': Northern Territory 'Half-Caste' Girls in Service in South Australia 1916 – 1939", *Labour History*, No. 60, 1991, p. 53.

第三章　混血土著问题解决之道的探索

面对日益严重的混血土著问题，澳大利亚各殖民地（州、领地）积极探索解决之道。1886年，维多利亚殖民地颁布《混血土著法》，确立了处理土著问题的基本思路，即把纯血统土著和混血土著区别对待，将纯血统土著圈禁在保留地，把混血土著吸收到白人经济生活中来。由此，混血土著经济吸收开始出现。经济吸收在开发程度较高的东南部殖民地广受欢迎，后为各地广泛接受。20世纪之后，优生学和人类学理论的进展推动了混血土著问题解决之道的新探索。人类学家赫伯特·巴斯道借助优生学理论提出生物吸收，希望对混血土著进行血统改造，清除混血土著后代的土著血统，把他们改造成"白人"。尽管各有侧重，但两种模式都强调混血土著吸收，都强调种族血统等生理因素对混血土著吸收的决定意义。在1937年第一次全国土著福利会议上，就土著问题开展讨论后与会代表一致认为："混血土著的命运，而不是纯血统土著的命运，在于最终被澳大利亚人口所吸收（Absorption）。因此，建议所有努力都应指向这一目标。"混血土著吸收政策得到联邦政府的批准和各州的认可。

第一节　经济吸收模式的开创

维多利亚是英国在澳大利亚建立较晚的一个殖民地，但在探索混血土著问题解决之道的历史上却走在其他殖民地（州、领地）前面。1886年，维多利亚通过《1886年土著保护法》，又称为《混血土著法》，专门处理混血土著问题。这是澳大利亚系统地处理混血土著问题的开始，它确立了处理土著问题的基本思路，开创了混血土著经济吸收模式。1886年维多利亚《混血土著法》确立的政策思路和经济吸收模式成为各殖民地土著政策的榜样。

一、1886 年《混血土著法》的出台

如前所述,维多利亚殖民地,最初称为菲利普港地区,隶属于新南威尔士殖民地。该地区是澳大利亚最早开展土著保护制度试验的地方。1851 年,菲利普港地区从新南威尔士殖民地独立出来,成立维多利亚殖民地。1860 年,维多利亚殖民地议会决定建立保留地,成立土著保护委员会,管理政府保留地和教会布道所,为土著居民提供衣食救助。1869 年,维多利亚颁布《土著保护法》,规定土著保护委员会为该法的实施者。① 保护委员会有权规定土著居住与工作地、分配工作、与谁交往以及与谁结婚等各项事务。未经保护委员会的允许,土著不得离开保留地,他们的朋友也不得进入保留地。②

人们认为,只要把残存的土著赶进保留地,他们就会在保留地上自行消亡。然而就在此时,人们开始注意到混血土著问题的存在。1869 年维多利亚土著法规定的土著包括"任何土著以及任何与土著保持经常联系以及生活在一起的混血土著"③。混血土著与纯血统土著一起生活在保留地上,而保留地上的人口以政府的救济为生。混血土著是白人男性与土著妇女性关系的产物,而这种性关系极其泛滥且难以控制。人们普遍认为,如果混血土著成为保留地上政府的救济对象,这种负担将是永无止境的。混血土著不能成为保留地上的依附者,必须融入白人经济生活自食其力。因此早在 1858 年,维多利亚殖民地已经有人主张区别对待混血土著和纯血统土著。1881 年,维多利亚的托马斯·恩布林(Thomas Embling)提出,应该把混血土著从纯血统土著中区分出来。④ 1882 年,土著保护委员会召集保留地和救助站管理人员会议,专门讨论如何处理混血土著问题。会议指出,土著政策应该从保护制度转向吸收混血土著进入白人社会。⑤ 1884 年 5 月,保护委员会在向维多利亚政府提交的报

---

① Broome, Richard, *Aboriginal Victorians: A History since 1800*, Crows Nest: Allen & Unwin, 2005, p. 146.
② Chesterman, John, & Galligan, Brian, *Citizens Without Rights*, *Aborigines and Australian Citizenship*, Melbourne: Cambridge University Press, 1997, p. 16.
③ Chesterman, John, & Galligan, Brian, *Citizens Without Rights*, *Aborigines and Australian Citizenship*, Melbourne: Cambridge University Press, 1997, p. 16.
④ Attwood, Bain, *Rights for Aborigines*, Crows Nest NSW: Allen & Unwin, 2003, p. 25.
⑤ Attwood, Bain, *Rights for Aborigines*, Crows Nest NSW: Allen & Unwin, 2003, p. 22.

告中主张："区别对待纯血统土著与混血土著,将所有身体健康、能够自食其力的混血土著迁出土著保留地,使他们尽可能地融入殖民地经济生活之中。"① 建议得到殖民当局的批准。随后,保护委员会开始强制混血土著离开科兰德克保留地。1885 年,那里仅剩 6 名混血土著男性,其余的不是被驱逐,就是自动迁徙了。1886 年 12 月,强制要求混血土著融入白人社会的做法上升为法律,即《1886 年土著保护法》(Aborigines Protection Act 1886)。由于该法专门处理混血土著问题,又称之为"混血土著法"(Half-Caste Act)。该法规定:

第一,重新确定"土著"的定义与范围。混血土著不属于"土著"之列。下列情况除外,14 岁以下和 34 岁以上且与土著经常保持联系或生活在一起者,与土著结婚的混血土著妇女,以及委员会允许继续在保留地的其他混血土著。② 凡是不属于"土著"者,都没有资格获得政府提供的救济。

第二,强制 14—34 岁的混血土著离开保留地,自行融入白人社会。除已经与纯血统土著结婚的妇女外,所有没有获得特许的 14—34 岁混血土著必须于 1887 年 1 月后离开保留地,并禁止与生活在保留地上的土著人口保持联系③,回到保留地则要被处以 20 英镑的罚款④。1887 年 1 月该法生效后,保护委员会为已经从保留地转移出来的混血土著继续提供为期 7 年的帮助,包括发放口粮 3 年,接济衣服 5 年,提供毛毯 7 年。⑤

第三,控制混血土著儿童。年满 14 岁的混血土著男孩将被安排拜师学艺或送到农场工作;年满 14 岁的混血土著女孩则送到白人家庭充当仆

---

① Yarwood, A. T., & Knowling, M. J., *Race Relations in Australia, A History*, Sydney: Methuen Australian Pty Ltd, 1982, p. 163.
② Chesterman, John, & Galligan, Brian, *Citizens Without Rights, Aborigines and Australian Citizenship*, Melbourne: Cambridge University Press, 1997, p. 18.
③ Haebich, Anna, *Broken Circles: Fragmenting Indigenous Families, 1800–2000*, Fremantle, W. A.: Fremantle Arts Centre Press, 2000, p. 165.
④ Tatz, Colin, "Genocide in Australia", *Journal of Genocide Research*, Vol. 1, Iss. 3, 1999, p. 330.
⑤ Broome, Richard, *Aboriginal Victorians: A History since 1800*, Crows Nest, N. S. W.: Allen & Unwin, 2005, p. 186.

人。混血土著孤儿将被转移交给专门看管遗弃儿童的机构抚养。① 一旦出去工作,没有政府的许可,他们不得返回保留地。

二、《混血土著法》的实施与成效

1887年1月,《混血土著法》正式生效。为了实施该法,土著保护委员会首先进行了广泛的宣传。1887年保护委员会年度报告指出,通过多种方式,委员会已经向属于该法适用对象的所有混血土著详细地解释了该法的内容。委员会向土著保留地写信,要求保留地管理人员帮助混血土著熟悉法律条文;通知混血土著,要求他们必须在白人社会寻找就业机会;委员会还与地方警察在实施混血土著政策方面保持着密切联系,要求警察机构张贴该法,要求警察从保留地强行把混血土著驱逐出去。② 该法授予警察特别权力,经常巡视土著保留地,一旦发现混血土著就立即强制带出。

从1886年开始,保护委员会把所有的土著家庭集中在7个政府控制的保留地,并将其中14—34岁的混血土著挑选出来,强制他们离开保留地,自行融入白人社会。1886年,委员会登记的居住在保留地、身体健康的混血土著为233人;1887年有60人离开保留地;1888年,离开保留地的混血土著增加到80人。③ 1892年,即《混血土著法》实施6年后,维多利亚土著保护委员会宣布,已经有224人离开了保留地。④ 混血土著被赶出保留地,是否真正融入社会和实现自立了呢?

后来联邦的创建者之一艾尔弗雷德·迪金(Alfred Deakin)曾说,《1886年土著保护法》的"目的是将混血土著变成对白人社会有用的人,逐渐减少政府的土著事务开支"⑤。土著保护委员会也指出,该法的"最终目的是尽快地促进混血土著融入白人社会,结束政府对混血土著的责

---

① Haebich, Anna, *Broken Circles: Fragmenting Indigenous Families, 1800-2000*, Fremantle, W. A.: Fremantle Arts Centre Press, 2000, p. 165.

② Chesterman, John, & Galligan, Brian, *Citizens Without Rights, Aborigines and Australian Citizenship*, Melbourne: Cambridge University Press, 1997, p. 22.

③ Broome, Richard, *Aboriginal Victorians: A History since 1800*, Crows Nest, N. S. W.: Allen & Unwin, 2005, p. 189.

④ Chesterman, John, & Galligan, Brian, *Citizens Without Rights, Aborigines and Australian Citizenship*, Melbourne: Cambridge University Press, 1997, p. 24.

⑤ Chesterman, John, & Galligan, Brian, *Citizens Without Rights, Aborigines and Australian Citizenship*, Melbourne: Cambridge University Press, 1997, p. 18.

任与义务"①。保护制度已经把土著变成社会的依附者，但人们绝不允许日益增长的混血土著也成为政府的经济负担。"任何身体健康的混血土著，一旦被发现与土著一起居住、生活、闲逛，而且不能为自己提供正当理由的话，那就是一个懒惰和不正常的人，将处以不超过12个月的监禁。"②由此可见，该法有着两重相互密切联系的目的：一是促进混血土著融入白人经济生活，实现自食其力；二是减少政府的土著事务开支。

1888年2月，维多利亚土著保护委员会指出，把所有混血土著赶出保留地，6年内绝大多数混血土著能够就业。③然而，他们往往不具备在白人社会生存的能力，很多人无法找到工作，只能生活在保留地附近或白人社会边缘简陋的棚屋里。就是那些在白人社会获得就业机会的混血土著，白人雇主也不会给予他们公正的待遇。保护委员会希望通过《混血土著法》的实施促进混血土著自行融入白人经济生活的目标不仅没有实现，反而使得混血土著无所依靠。1910年保护委员会向议会承认："人们希望，随着1886年《混血土著法》的实施，混血土著将被吸收进白人社会，成为自食其力的劳动者。但是，我们的实践并没有实现这一目标。"④1910年6月，维多利亚开始放弃粗暴地强制驱逐混血土著进入白人社会的做法，开始实施系统的吸收政策，对混血土著儿童进行隔离教育，然后再把他们送入社会中去就业。

不过，除了促进混血土著成为自食其力的劳动者外，减少保留地的数量并由此减少政府的土著事务开支，也一直是保护委员会的重要目标。正如1889年委员会报告所说："随着纯血统土著人口的减少，委员会开始对土著保留地实施合并。这样做的目的有二：首先是为了改善纯血统土著的处境；其次是减少土著事务开支。"⑤虽然未能实现混血土著融入白人经济生活，但维多利亚的试验并非没有成效。1902年，委员会在报

---

① Chesterman, John, & Galligan, Brian, *Citizens Without Rights*, *Aborigines and Australian Citizenship*, Melbourne: Cambridge University Press, 1997, p. 19.
② Chesterman, John, & Galligan, Brian, *Citizens Without Rights*, *Aborigines and Australian Citizenship*, Melbourne: Cambridge University Press, 1997, p. 18.
③ Chesterman, John, & Galligan, Brian, *Citizens Without Rights*, *Aborigines and Australian Citizenship*, Melbourne: Cambridge University Press, 1997, pp. 21 – 22.
④ Haebich, Anna, *Broken Circles*, *Fragmenting Indigenous Families 1800 – 2000*, Fremantle Arts Center Press, 2000, pp. 166 – 167.
⑤ Chesterman, John, & Galligan, Brian, *Citizens Without Rights*, *Aborigines and Australian Citizenship*, Melbourne: Cambridge University Press, 1997, p. 27.

告中指出，1886 年《混血土著法》实施以来的 15 年里，土著事务开支已经从每年 12328 英镑减少到每年 5000 英镑，腾出来的土地达到 12000 英亩。20 世纪初，维多利亚相继关闭了 5 个土著保留地。20 世纪 20 年代以后，就只有一个位于泰尔湖（Lake Tyers）的保留地了，维多利亚纯血统土著人口也急剧减少了。1937 年，澳大利亚第一次全国土著福利会议召开，维多利亚土著保护委员会主席同意与会，但主张以"观察员"身份参加，理由是维多利亚的土著问题已经解决。①

三、经济吸收模式的开创

1886 年维多利亚《混血土著法》是澳大利亚对混血土著问题进行系统处理的开始。其具体做法是强迫混血土著离开保留地，要求他们自行适应主流社会，融入白人经济生活，政府不给予他们任何特别照顾。虽然它没有促进混血土著的自食其力，但是确立了处理混血土著的基本思路，开创了经济吸收模式，有着重要的影响。

首先，维多利亚《混血土著法》按照血统区分土著，形成了解决土著问题的思路和方法，确立了混血土著政策的基本方向，奠定了混血土著政策的基础。

《混血土著法》成为澳大利亚第一个严格区分"纯血统土著"（Full-Blood）和混血土著（Half-Caste）的法律。② 该法将土著居民明确地分为"土著"（纯血统土著）和"混血土著"（指具有不同程度土著血统的人），尽管这种区分并不绝对，14 岁以下和 34 岁以上以及与纯血统土著结婚的混血土著依然被当作"土著"对待。

在对纯血统土著和混血土著进行区分的基础上，该法以双管齐下的办法处理土著问题。一方面，将纯血统土著继续限制在保留地上，任其自然消亡。保护委员会一再重申，纯血统土著将屈从于"低劣种族在优秀种族面前注定灭绝的命运"。正如 1888 年 1 月《年代报》（*Age*）刊载的一篇文章所说："无论采取何种措施，澳大利亚土著的进步状态都不会超越新石器时代的水平。没有必要为他们的消失而悲伤，我们唯一能做

---

① Haebich, Anna, *Broken Circles*, *Fragmenting Indigenous Families 1800 – 2000*, Fremantle Arts Center Press, 2000, p. 168.

② Haebich, Anna, *Broken Circles*, *Fragmenting Indigenous Families 1800 – 2000*, Fremantle Arts Center Press, 2000, p. 165.

的是尽可能地减轻他们死亡时的痛苦。"① 保护委员会表达得更为清楚:"对于大约 300 名纯血统土著,委员会希望把他们限制在保留地,直到他们全部消亡。委员会认为,用不了多少年,纯血统土著就将全部消亡。"②

另一方面,则把不断增长的混血土著"作为欧洲人对待",剥夺以前政府给予的经济支持,强迫他们从保留地迁徙出来,吸收进白人之中。③ 混血土著被视为严重的社会与种族问题,但是这种问题却有其特殊之处。混血土著既不能像移民那样可以排斥在国门之外,也不会像纯血统土著那样自行消亡。如果任其在土著社会中生活,混血土著不仅会成为严重的社会负担和安全隐患,而且其与生俱来的白人血统也会使白人社会感到不是滋味。既不能容忍他们继续留在土著社会,又不能把土生土长的他们驱逐出去,唯一的出路就是以某种方式把他们吸收进白人社会。

因此,维多利亚对混血土著采取的基本政策是吸收,吸收就是某种程度的接纳。而这种吸收建立在根据血统对土著进行分类的基础之上,即把土著区分为纯血统土著和混血土著,并对后者进行吸收,因为后者身上拥有白人血统。就是说,吸收是建立在遗传生理特性的基础上,只有具有白人血统的混血土著才可能被吸收,才能成为被吸收的对象,并且认为白人血统越多越容易被吸收。这也成为处理混血土著问题的基本思路,尤其被后来的生物吸收发挥到极致。从这个意义上看,维多利亚的做法确立了混血土著政策的基本方向,奠定了混血土著政策的基础。

其次,维多利亚《混血土著法》的影响还在于它开创了吸收混血土著的一种模式——经济吸收。

所谓经济吸收,就是促使混血土著成为自食其力的劳动者,融入白人经济生活。即在经济层面吸收混血土著,把他们作为劳动力的补充。19 世纪末 20 世纪上半期,种族排斥成为澳大利亚社会的基本特征,白

---

① Chesterman, John, & Galligan, Brian, *Citizens Without Rights*, *Aborigines and Australian Citizenship*, Melbourne: Cambridge University Press, 1997, p. 19.
② Chesterman, John, & Galligan, Brian, *Citizens Without Rights*, *Aborigines and Australian Citizenship*, Melbourne: Cambridge University Press, 1997, pp. 21 – 22.
③ Ellinghaus, Katherineus, *Taking Assimilation to Heart*, *Marriages of White Women and Indigenous Men in the United States and Australia*, *1887 – 1937*, Lincoln & London: University of Nebraska Press, 2006, p. 199.

人既不愿意与非白人分享政治权利，也不愿意与之分享社会权益。人们意识到，除了把他们作为廉价劳动力、作为经济剥削的对象纳入白人的经济生活之外，别无他法。换句话说，白人社会最能接受混血土著的方面就是经济领域。这样做既可以促进他们自食其力以减少政府开支，又可以作为下层劳动力的补充，满足社会经济发展的需要。在对混血土著的关注中，担心之一就是害怕他们成为政府的负担。面对混血土著人口不断增长的势头，如何避免混血土著像纯血统土著一样成为保留地上的依附者，促使他们融入白人经济生活，实现自食其力，成为澳大利亚东南部的维多利亚、新南威尔士和南澳等地政府的当务之急。因此，经济吸收在这些地方迅速地得以推广。

四、经济吸收模式的推广

与维多利亚一样，新南威尔士对混血土著人口带来的经济负担特别担心。19 世纪 70 年代后期，被任命为新南威尔士土著保护官的乔治·桑顿（George Thornton）坚持混血土著应该自食其力。① 1898 年，新南威尔士土著保护委员会开始向传教士和土著保留地的管理人员散发传单，要求他们不得向身体健康的混血土著提供政府救助。② 然而仅仅靠散发传单是不可能把混血土著从保留地隔离出来的。1908 年，土著保护委员会鼓吹通过立法，授予委员会更大的权力处理混血土著儿童问题。在委员会看来，"在现有的条件下，混血土著迟早会成为政府的负担"③。1909 年，新南威尔士《土著保护法》得以通过。该法也实行双管齐下的办法，对纯血统土著和混血土著进行严格区分，区别对待。具体内容包括：

第一，该法规定"土著"为"纯血统土著，任何申请或获得土著保

---

① Yarwood, A. T., & Knowling, M. J., *Race Relations in Australia, A History*, Sydney: Methuen Australian Pty Ltd, 1982, p. 164.

② Ellinghaus, Katherineus, *Taking Assimilation to Heart, Marriages of White Women and Indigenous Men in the United States and Australia, 1887–1937*, Lincoln & London: University of Nebraska Press, 2006, p. 200.

③ Ellinghaus, Katherineus, *Taking Assimilation to Heart, Marriages of White Women and Indigenous Men in the United States and Australia, 1887–1937*, Lincoln & London: University of Nebraska Press, 2006, p. 200.

护委员会救济或援助的,或居住在保留地的混血土著"①。从而把能够自食其力的健康的混血土著排除在土著范围之外,希望他们成为劳动力融入白人社会。

第二,该法规定了土著保护委员会的职责与权力。土著保护委员会的职责是监护和管教土著儿童。委员会有权安排任何土著儿童或任何被忽视的混血土著儿童拜师学艺,委员会拥有完全的权力控制保留地,包括禁止土著居民离开保留地,禁止非土著人口进入保留地。

第三,该法规定了土著保护委员会处理土著问题的手段与方法。具体的做法包括:向保留地土著发放口粮,强迫混血土著儿童上学,扣发口粮强迫混血土著离开保留地,决定土著居民是否应该看医生,巡逻和维持保留地的秩序,驱逐"制造麻烦"的土著居民,把那些被忽视的儿童从父亲身边隔离出来送往教养院抚养到14岁,对抵制儿童隔离的父亲进行管教,强制混血土著离开保留地并阻止他们与其家庭混杂在一起,从某些特定的地区对土著社区实施整体迁徙,等等。为了实现隔离的目的,14岁以下的土著男孩和18岁以下未婚的土著女孩必须在一个专门的房间里居住、吃饭和睡觉。②

1909年新南威尔士《土著保护法》的目的之一就是强制混血土著融入白人社会,改变他们在保留地形成的对政府救济的依赖。土著保护委员会希望,这样可以促进土著社会的消失。第一次世界大战爆发后,为了满足农村劳动力的需要,委员会强迫所有混血土著男性离开土著居住区和居住点。③ 第一次世界大战结束后,为了安置退伍军人,政府强制把原先的土著保留地分割分配给退伍军人。这使得大量土著流入土著保护委员会控制的越来越少的保留地上,保护委员会面临的压力越来越大。限制保留地人口、减少土著开支成为政府关心的重要问题。1918年,新南威尔士总理要求,吸收1/4和1/8土著血统的混血土著儿童进白人人

---

① Ellinghaus, Katherineus, *Taking Assimilation to Heart*, *Marriages of White Women and Indigenous Men in the United States and Australia*, *1887 – 1937*, Lincoln & London: University of Nebraska Press, 2006, p. 250.

② Haebich Anna, *Broken Circles*, *Fragmenting Indigenous Families 1800 – 2000*, Fremantle Arts Center Press, 2000, p. 183.

③ Haebich Anna, *Broken Circles*, *Fragmenting Indigenous Families 1800 – 2000*, Fremantle Arts Center Press, 2000, pp. 182 – 183.

口之中，保留地仅收容纯血统土著及其后代。① 当年，新南威尔士土著保护委员会向政府建议，再次修改 1909 年土著法，缩小土著定义的范围，仅把土著定义为纯血统土著，规定混血土著儿童无权继续留在保留地与其家庭生活在一起。此后，大量的混血土著被禁止继续留在保留地和禁止进入保留地。1910—1928 年新南威尔士土著保留地土地减少了一半。1909—1938 年间，新南威尔士大约有 2000 名混血土著儿童被从家里隔离出来。② 到 1937 年，新南威尔士成为继维多利亚之后第二个宣布已经找到土著问题处理方法的州。新南威尔士土著保护委员会成员 B. S. 哈克尼斯在 1937 年土著福利会议上指出，除了维多利亚外，新南威尔士的土著问题不像其他州那么复杂。他支持当时的主流观念，即混血土著应该吸收进白人人口之中。③

作为南部开发比较早的地区，南澳奉行与维多利亚和新南威尔士类似的混血土著处理模式。南澳把土著人口众多的北领地转交给联邦政府以后，1913 年政府组建了一个皇家委员会对南澳土著人口进行调查。委员会提交的调查报告建议实施与维多利亚和新南威尔士相类似的政策：政府不再给予混血土著以资助（救济），通过分离儿童与家庭实现对混血土著的吸收。与维多利亚和新南威尔士一样，委员会报告认为，"纳税人没有义务资助作为流浪者的混血土著"④。

除维多利亚、新南威尔士和南澳外，其他各殖民地（州、领地）在 19 世纪末 20 世纪初通过类似法律对土著居民的范围进行界定，把混血土著排除在土著之外，期待他们成为劳动力融入白人社会。昆士兰《1897 年土著保护与鸦片贸易限制法》第四条对"土著"进行了与维多利亚 1886 年《混血土著法》类似的界定。规定 16 岁以下的混血土著属

---

① Human Rights and Equal Opportunity Commission, *Bringing Them Home: Report of the National Inquiry into the Separation of Aboriginal and Torres Strait Islander Children from Their Families*, Sydney: Sterling Press, 1997, p. 36.

② Ellinghaus, Katherineus, *Taking Assimilation to Heart, Marriages of White Women and Indigenous Men in the United States and Australia, 1887 – 1937*, Lincoln & London: University of Nebraska Press, 2006, p. 200.

③ Commonwealth of Australia, *Aboriginal Welfare: Initial Conference of Commonwealth and State Aboriginal Authorities*, Held at Canberra, 21st to 23rd April, 1937, p. 14.

④ Ellinghaus, Katherineus, *Taking Assimilation to Heart, Marriages of White Women and Indigenous Men in the United States and Australia, 1887 – 1937*, Lincoln & London: University of Nebraska Press, 2006, p. 201.

于土著，16 岁以上的混血土著不属于土著，他们被期待能融入白人社会。① 1918 年，北领地对 1911 年土著法进行调整，规定混血土著是父母一方（但绝不是双方）是土著以及父母一方是混血土著的人。与欧洲血统的男性婚配并与丈夫生活在一起的混血土著女性不属于土著，同时任何具有土著血统的人除非不与其他土著居民生活在一起或者联系，否则将被归于土著之中。②

事实表明，维多利亚的试验在促进混血土著自食其力方面是失败的。在实施经济吸收之初，维多利亚的做法极为粗暴，以停发救济的方式迫使混血土著离开保留地，自行融入白人经济生活。在混血土著根本没有接受过西化教育和培训，根本不具备适应白人经济生活需要的基本技能的情况下，就强行把他们抛入白人社会，其结果也就可想而知了。逐渐地，人们意识到要实现经济吸收，就必须从小就控制混血土著，将他们从土著社会中隔离出来，进行必要的教育和培训。要把混血土著纳入白人经济生活，也需要经历一个基本的准备过程，帮助他们养成适应白人经济生活的习惯与技能，即隔离与教育的过程。混血土著儿童隔离、教育与培训、就业成为混血土著融入白人社会经济生活的三大步骤。

第二节　生物吸收方案的提出

在经济吸收推行实施的同时，优生学和人类学关于澳大利亚土著种族归属的理论为人们探索混血土著问题解决办法提供了新的思路。人类学家赫伯特·巴斯道由此提出解决混血土著问题的新方案——生物吸收。所谓生物吸收，就是鼓励混血土著女性与白人男性的结合，逐步清除混血土著后代的土著血统，把他们改造成为"白人"。

一、国际优生学运动的兴起

优生学是一种主张通过各种干预手段改善人类遗传特性的社会思想

---

① Norris, Rae, *The More Things Changing*, *Continuity in Australian Indigenous Employment Disadvantage 1788 – 1967*, Department of Politics and Public Policy, Griffith University, 2006, p. 168.

② Norris, Rae, *The More Things Changing*, *Continuity in Australian Indigenous Employment Disadvantage 1788 – 1967*, Department of Politics and Public Policy, Griffith University, 2006, p. 168.

体系。① 其创始人是达尔文的表弟弗朗西斯·高尔顿（Francis Galton，1822—1911）。在达尔文生物进化论启发下，高尔顿深入探究人类智能遗传问题。1869 年，他出版《遗传的天才》（*Hereditary Genius*）一书，指出，遗传，而不是后天的教育，决定着一个人的才能和智慧。"适者"和"不适者"是天生的，不可改变。然而，高尔顿却发现，在优秀的社会阶层，出生率正不断下降；在社会下层，出生率则在不断攀升。他对此忧心不已，如此下去势必降低整个种族的素质。因此，国家应该采取积极手段，控制适者与不适者的相对比例。

1881 年，高尔顿开始主张以控制生育的方式来提高种族素质。控制生育，一是鼓励精英阶层多生，从而增加"适者"的绝对数量；二是限制穷人、残疾人、精神病患者等生育，要他们少生甚至不生，从而以减少"不适者"的绝对数量。1883 年，在《关于人类才能及其发展的调查研究》一书中，高尔顿首次创造性地使用了优生学（Eugenics）这个术语。② 在他看来，优生学就是一门研究如何改善人类遗传素质的学问。

优生学的信徒主张生物决定论。在他们看来，犯罪和不道德都是由遗传决定的。优生学家路易斯·特尔曼曾经指出，并非所有罪犯都智力低下，但凡是智力低下的人都可能成为罪犯，正如凡是智力低下的女人都可能是潜在的妓女一样。这一观念不容置疑。③ 基于这样的认识，优生学家们认为，无论采取什么措施都无法改变由遗传决定的人与人的差别。后天努力不仅毫无意义，而且会浪费大量的社会资源。最有效也是最省力的办法在于控制遗传素质差的人群的数量。因此，优生学家们纷纷游说政府，希望政府采取措施对"不适者"实施强制绝育或隔离。20 世纪初年，美国一本生物学教材明确写道，如果"不适者"属于低等动物，杀掉就可以防止他们的蔓延。然而，人类绝不允许如此做。但是有补救措施，那就是把这些人隔离在疯人院或其他类似场所，限制甚至阻止这些低等、堕落的人婚配和生育，以达到消除他们的目的。美国遗传学家、优生记录署负责人查理·达文波特曾经指出，社会低层人员既缺乏足够的智慧，又没有充分自我控制能力。政府当

---

① Osborn, Frederick, "Development of a Eugenic Philosophy", *American Sociological Review*, Vol. 2, No. 3, 1937, p. 391.
② MacKenzie, Donald, "Eugenics in Britain", *Social Studies of Science*, Vol. 6, 1976, p. 527.
③ 冯聿峰：《优生学：科学还是非科学》，载《中华读书报》2004 年 6 月 23 日。

竭尽所能对这些人口实施强制绝育，或者实施强制隔离以限制其婚姻关系。①

20世纪初，各国相继成立优生学的组织和团体。在此基础上，1912年第一次国际优生学大会在伦敦召开。来自英、德、美、法、意、丹、挪、比以及阿根廷和古巴的代表参加了此次大会。会议成立了"国际永久优生委员会"。1913年，在巴黎召开了第一次委员会会议，并决定于1915年在纽约召开第二次国际大会，后因第一次世界大战而中断。1919年，在伦敦重开委员会会议，恢复战前工作。1921年，在纽约召开了第二届国际优生学大会，捷克、荷兰、瑞典、加拿大、澳大利亚、新西兰、哥伦比亚、巴西、委内瑞拉、墨西哥等国与会。苏联于1922年加入，瑞士于1923年加入。此后，每年轮流在各国召开会议。优生学在西方世界得到广泛传播。20世纪20—30年代，美国、英国、挪威、丹麦、瑞典、法国、瑞士、德国、日本、澳大利亚等国先后接受优生学理论并演化为解决社会问题的理论基础，成为消除贫困、犯罪等社会问题的方法。一场轰轰烈烈的国际优生学运动在欧美大陆兴起，蔓延到二十多个国家。这些国家纷纷通过优生立法，确立优生政策，在鼓励优秀群体生育的同时，采取诸如拒绝给予家庭福利和医疗服务等措施阻止"不适者"人口的繁殖。最为极端的是纳粹德国的种族卫生计划，种族低劣和存在生理缺陷的妇女被强制绝育和流产，后来还演化为种族屠杀和种族灭绝。②

二、澳大利亚优生学运动的开展

1901年，澳大利亚联邦成立。此时的澳大利亚对前途既满怀希望，又充满恐惧。政治精英们希望把澳大利亚作为试验场，在南半球创建起一个典型的完美国度，在物质成就上超越北半球工业国家，同时又避免出现困扰北半球工业国家的社会问题，例如贫困和动荡问题。③ 他们认为，在完美国家创建过程中，一定规模的健康的白人人口显得非常重要。

---

① 冯聿峰：《优生学：科学还是非科学》，载《中华读书报》2004年6月23日。
② Haebich, Anna, *Broken Circles, Fragmenting Indigenous Families 1800 – 2000*, Fremantle Arts Center Press, 2000, p. 205.
③ Wyndham, Diana H., *Striving for National Fitness, Eugenics in Australia 1910s to 1930s*, Department of History, University of Sydney, 1996, p. 3.

而此时澳大利亚白人出生率却在不断下降。20世纪初,评论家警告世人,澳大利亚的家庭规模在不断缩小。1904年,关于婴儿死亡和人口出生率的报告发表。统计数据表明,昆士兰人口出生率下降最突出,1891—1900年间,每1000人的出生率下降了23.9%,而英国只下降了8.6%。① 其他各州均有不同程度的下降。人口出生率的下降引起民众与政府的高度重视。因为"澳大利亚联邦的未来,尤其是'白澳'的保持,取决于是否有足够多的白人人口分布在这块能够支撑大量人口的大陆。爱国主义要求今天的人们必须思考白人人口稀少对澳大利亚未来的影响"②。要实现"一个民族一个大陆,一个大陆一个民族"的"白澳"理想,就必须保证不列颠人口在澳大利亚占据绝对的主导地位。这不仅需要有足够的人力资源来捍卫这个新生的国家,而且要开发澳大利亚,还必须有足够多的农民、矿工和其他劳动者。③ "要么增殖人口,要么灭亡"（Populate or Perish）的口号成为时刻提醒人们的警示语。增加白人人口被提升到战略的高度。

出于这种复杂的心理,澳大利亚人把国家创建、社会进步与优生学思想联系在一起。在联邦建立后的最初几十年里,澳大利亚把改良种族、增殖人口、以健康的白人家庭快速占据包括北部赤道地区在内的全国各地确立为基本的治国方略。④ 为此,澳大利亚政府采取措施提高白人福利待遇,增加白人家庭收入;帮助白人家庭改善住房和卫生条件,完善饮用水供应,提高医疗服务水平,从而为婴幼儿的成长提供良好的环境;加强教育和文化建设,提高白人的受教育程度,提高白人的道德素养。所有这些都旨在为白人人口的增长和白人人口质量的提高提供保障。⑤ 澳大利亚人认为,通过采取这些措施,澳大利亚不仅可以避免"种族矛盾"或亚洲人的入侵,而且可以改善整个国家的适应能力,避免种族蜕

---

① Wyndham, Diana H., *Striving for National Fitness*, *Eugenics in Australia 1910s to 1930s*, Department of History, University of Sydney, 1996, p. 28.

② Haebich, Anna, *Broken Circles*, *Fragmenting Indigenous Families 1800 – 2000*, Fremantle Arts Center Press, 2000, p. 158.

③ Jupp, James, *From White Australia to Woomern*, *the Story of Australian Immigration*, Melbourne: Cambridge University Press, 2003, p. 11.

④ Wyndham, Diana H., *Striving for National Fitness*, *Eugenics in Australia 1910s to 1930s*, Department of History, University of Sydney, 1996, p. 19.

⑤ Haebich, Anna, *Broken Circles*, *Fragmenting Indigenous Families 1800 – 2000*, Fremantle Arts Center Press, 2000, p. 158.

化，创造一个"国民体质完美的天堂"。

1912 年，第一届国际优生学大会在伦敦召开。澳大利亚政府派高级代表参加此次大会，并将优生学的理论与方法引入澳大利亚。澳大利亚政府很快接受了优生学，并开始把它作为解决社会问题的一种方式推广。澳大利亚各州相继出台一些相关法律，对问题人群的婚姻与性关系进行严格限制。种族纯洁和人口优秀成为澳大利亚追求的基本目标。为此，政府将有色人种人口以及白人中的智力低下者、疯子、严重疾病患者都视为"低劣"社会群体，列为优生学试验的对象。与此同时，澳大利亚确立"白澳"移民政策，把有色人种的移民排斥在国门之外，甚至驱逐有色人种移民回到自己的原籍国。保持种族纯洁的关键在于内部，那就是澳大利亚土著居民。由于"注定灭绝"论流行，纯血统土著的消亡被认为是迟早的事情，因此危及种族纯洁的就是混血土著了。对于外来的太平洋岛民劳工，澳大利亚政府实施遣返政策，将他们驱逐出去；对于亚洲有色人种（尤其是华人），澳大利亚政府采取限制性移民政策，将他们拒之门外；而混血土著却生长在澳大利亚社会之中，既无处可以驱逐，也不会像纯血统土著一样自生自灭。① 混血土著成为澳大利亚真正的种族难题。在这种情况下，优生学就成了政府探索混血土著问题解决之道的理论依据。

根据优生学家斯坦利·D. 波蒂厄斯（Stanley D. Porteus）的理论，土著人在智力测试中的表现明显比白人要低，但是他们与白人的联系越多，他们的测试分数就会逐步增加。② 而最好的联系方式，莫过于通过婚姻建立血缘联系，改造他们的血统，即鼓励混血土著女性与白人男性婚配以清除其后代身上的土著生理特征。③ 这样下去，混血土著后代身上所具有的土著血统就会越来越少，而白人血统则会越来越多，他们也会越来越优秀。然而，当时的人们却对此存在疑问，混血土著与白人婚姻的后代会一代比一代更为优秀吗？人们已经普遍了解，在美国，白人与黑人的结合往往会出现隔代遗传的返祖现象，即在稍晚的后代身上体

---

① McGregor, Russell, *Imagined Destinies: Aboriginal Australians and the Doomed Race Theory, 1880 – 1939*, Melbourne: Melbourne University Press, 1997, p. 141.
② Beresford, Quentin, & Omaji, Paul, *Our State of Mind: Racial Planning and the Stolen Generations*, Fremantle, W. A.: Fremantle Arts Centre Press, 1998, p. 46.
③ Haebich, Anna, *Broken Circles, Fragmenting Indigenous Families 1800 – 2000*, Fremantle Arts Center Press, 2000, p. 200.

现黑人的生理特征。白人与混血土著的结合是不是也会产生隔代遗传现象呢？此时兴起的有关澳大利亚土著种族归属的理论在一定程度上有助于消除人们的疑虑。

三、澳大利亚土著的种族归属

19世纪后期，澳大利亚土著的种族归属问题成为人类学关注的重要问题。在英国人类学家赫胥黎和德国学者霍尔曼·克拉奇①研究的基础上，到1890年，人类学界已经形成共识：澳大利亚大陆上的土著（不包括被认为已经灭绝的塔斯马尼亚人）与非洲尼格罗人种没有血缘联系，但是他们与原始的高加索人，也就是欧罗巴人种的祖先有着密切的亲缘关系。② 随后，在西方学术界关于澳大利亚土著在种族归属上与欧洲人存在关联的观念逐步流传开来。但是，对这种关联的具体情况，学者们存在争论。

一种观点认为，澳大利亚土著是由尼格罗人种和欧罗巴人种杂交而来。英国著名的生物学家 W. H. 弗劳尔（W. H. Flower, 1831—1899）和 R. 莱德克（R. Lydekker）认为，澳大利亚最早的居民属于尼格罗人种（Negroid）的一支——黑色皮肤的美拉尼西亚人（Melanesian），随后黑发白肤的高加索种人（Caucasian Melanochroi）也进入澳大利亚。先后进入的美拉尼西亚人与高加索种人相互融合演化成为后来的澳大利亚土著。因此，澳大利亚土著是两个种族混血而成的，其最早的根源是尼格罗人种，而纯种的尼格罗人种是塔斯马尼亚人。弗劳尔和莱德克严格区分澳大利亚大陆土著和塔斯马尼亚土著，认为前者具有欧洲人血统。③

另一种观点认为，澳大利亚土著与欧洲人同种同源。1893年，英国

---

① 霍尔曼·克拉奇（Herman Klaatsch, 1863—1916），德国杰出的解剖学和体质人类学教授。1904—1907年前往澳大利亚和爪哇研究土著居民。澳大利亚土著的原始文化和骨骼深深地吸引了他，其最重要的学术成就是比较澳大利亚土著与德国尼安德特人骨骼相似性的论文。
② Moses, A. Dirk, *Genocide and Settler Society: Frontier Violence and Stolen Indigenous Children in Australian History*, New York: Berghahn Books, 2004, p. 227.
③ McGregor, Russell, "An Aboriginal Caucasian: Some Uses for Racial Kinship in Early Twentieth Century Australia", *Australian Aboriginal Studies*, No. 1, 1996, p. 12.

生物学家 A. R. 华莱士①认为，澳大利亚土著是高加索人种"最低级、最原始的代表"，应该属于高加索人种。1899 年，德国动物学家理查德·西蒙（Richard Semon, 1859—1918）提出，澳大利亚土著在血缘上与欧洲人非常接近。这种联系是通过印度的德拉威人（Dravidians）建立起来的。他认为，澳大利亚土著和德拉威人源于共同的祖先，而高加索人又源于德拉威人。② 不过，对于澳大利亚土著和欧洲人与德拉威人的联系也存在不同的说法。有人认为，澳大利亚土著和欧洲人都源于印度的德拉威人。德拉威人向南扩散到澳大利亚形成为澳大利亚土著，向西北扩散发展成为欧洲人。③

1908 年，R. 莱德克修正了自己的理论，放弃了澳大利亚土著是由尼格罗人种和高加索人种混合而成的观点，而认为澳大利亚土著就是高加索人种的低级成员。他写道："澳大利亚土著曾经被认为是一个混血种族，是由卷曲头发的美拉尼西亚人和原始的高加索人种混合而成的。但是，现在普遍认为，澳大利亚土著属于高加索种族。"④

欧洲科学界的观点很快传到澳大利亚，并产生反响。与欧洲学者一样，尽管在联系的密切程度、联系的方式等方面还存在争论，但澳大利亚学者都认同澳大利亚土著与欧洲人存在血缘联系的观点。

1910 年，约翰·马修（John Mathew）指出，澳大利亚土著是巴布亚人和德拉威人的混血后裔，其证据就是澳大利亚土著分为两个不同的氏族集团。但是，更多的学者倾向于认为，澳大利亚土著不是混血，而是纯种。1909 年，南澳人类学家威廉·拉姆塞·史密斯（William Ramsay Smith）宣布，澳大利亚土著不是一个混血种族，也不属于尼格罗人种，而属于纯血统的高加索人种，是高加索种族最原始的成员。20 世纪 20 年代，血型测试为澳大利亚土著与欧洲人同种同源论提供了新的证据。1923 年，悉尼医生 A. H. 特巴特（A. H. Tebbutt）指出，测试表明，澳大

---

① A. R. 华莱士（Alfred Russel Wallace, 1823—1913），英国博物学家，动物地理学的奠基人，进化论者，与达尔文共同提出自然选择学说。他是达尔文死后进化论的主要宣传者之一。著有《动物的地理分布》。

② McGregor, Russell, "An Aboriginal Caucasian: Some Uses for Racial Kinship in Early Twentieth Century Australia", *Australian Aboriginal Studies*, No. 1, 1996, p. 12.

③ McGregor, Russell, "An Aboriginal Caucasian: Some Uses for Racial Kinship in Early Twentieth Century Australia", *Australian Aboriginal Studies*, No. 1, 1996, p. 11.

④ McGregor, Russell, "An Aboriginal Caucasian: Some Uses for Racial Kinship in Early Twentieth Century Australia", *Australian Aboriginal Studies*, No. 1, 1996, pp. 12 – 13.

利亚土著与英国人都来源于同一原始的血统。最详细和最全面地调查澳大利亚土著血型的是阿德莱德大学人类学研究会的病理学家 J. B. 克莱兰博士。1933 年，他指出，通过血型测试，有证据表明，澳大利亚土著比中国人、尼格罗人等在血缘上与白人更为接近。澳大利亚土著是纯种，而不是杂种。① 墨尔本大学的解剖学教授弗雷德里克·伍德·琼斯（Frederic Wood Jones）甚至指出："澳大利亚土著可能起源于地中海的某个地方。"② 在他看来，澳大利亚土著不仅在种族上与欧洲人联系在一起，而且起源于欧洲地区。澳大利亚土著是在遥远的古代从地中海的故土迁徙到澳大利亚大陆的，与世隔绝的地理环境确保了"澳大利亚土著依然保持着种族的纯洁"。1930 年，M. M. 贝内特（M. M. Bennett）也指出："和我们一样，澳大利亚土著属于高加索种族。但与我们不一样的是，他们长期被隔绝在澳大利亚这块古老的大陆上。"③ 两次世界大战之间，一系列的探险队对澳大利亚中部的土著和混血土著开展生理学试验和血液学研究。阿德莱德大学探险者最早确认关于澳大利亚土著实际上是古老或黑皮肤的高加索人的观点，"血液测试表明，土著是白人的同类"④。

在宣扬澳大利亚土著与白人同种同源论的过程中，最为有名的学者是赫伯特·巴斯道。他将这种理论与优生学结合起来，提出了解决混血土著问题的新方案，即生物吸收。

四、巴斯道提出生物吸收方案

赫伯特·巴斯道（Herbert Basedow，1881—1933）是一位德国移民的儿子，早年在澳大利亚阿德莱德大学学习地质学。1907 年，巴斯道留学德国，师从布雷斯劳大学（Breslau University）人类学家霍尔曼·克拉奇教授，并获得地质学博士学位。1909 年，他转到哥廷根大学研究澳大利亚土著，获得哥廷根大学医学博士学位。

---

① McGregor, Russell, "An Aboriginal Caucasian: Some Uses for Racial Kinship in Early Twentieth Century Australia", *Australian Aboriginal Studies*, No. 1, 1996, p. 13.

② McGregor, Russell, "An Aboriginal Caucasian: Some Uses for Racial Kinship in Early Twentieth Century Australia", *Australian Aboriginal Studies*, No. 1, 1996, p. 14.

③ McGregor, Russell, "An Aboriginal Caucasian: Some Uses for Racial Kinship in Early Twentieth Century Australia", *Australian Aboriginal Studies*, No. 1, 1996, p. 14.

④ Anderson, Warwick, *The Cultivation of Whiteness, Ccience, Health and Racial Destiny in Australia*, New York: Basic Books, 2003, p. 193.

在德国求学期间，巴斯道对人类学和优生学产生了浓厚兴趣。根据优生学理论，在人类进化的过程中存在着人类种族的等级秩序（Hierachy），其中澳大利亚土著处在最低端（是地球上最原始的种族）。其次是非洲人、亚洲人，而最优秀的是欧洲人。刚萌芽的人类学所要回答的中心问题是人类的起源及其种族构成。克拉奇对澳大利亚土著的兴趣源于赫胥黎对尼安德特人骨骼与澳大利亚土著的比较。赫胥黎认为，尼安德特人与澳大利亚土著存在密切的种族联系，澳大利亚土著可以称为"澳大利亚高加索人"（Austral-Caucasian）。克拉奇是德国关于尼安德特人和澳大利亚土著研究的权威人物，积极地推动了赫胥黎的理论。1914 年，克拉奇出版的《人类的演化和进步》（*The Evolution and Progress of Mankind*）一书，指出："澳大利亚土著、萨摩亚人和僧伽罗人（Sinhalese）肯定与我们（欧洲人）有密切联系，而祖鲁人和赫雷罗人（Herero）却没有。"在博士论文中，巴斯道重申了克拉奇的理论："澳大利亚土著与非洲尼格罗人在遗传（基因）上没有共同点。"① 巴斯道还为澳大利亚土著与白人存在种族联系的理论提出了证据。他认为，澳大利亚土著凸出的眉脊是在太阳光下不断皱眉和紧张的结果，而不是一种种族特征。尽管澳大利亚土著肤色是黑色的，但与非洲黑人的肤色不同。澳大利亚土著居民色素沉着很浅，非洲黑人的色素沉着较深。在北领地，巴斯道观察到一些土著儿童拥有金黄色的头发。这是澳大利亚土著具有白人特征的明证。"金黄色头发"在巴斯道的著作里不断出现，被巴斯道用作重要证据来论证澳大利亚土著与欧罗巴人种的关系和澳大利亚土著的种族归属。

1910 年，巴斯道完成学业后回到澳大利亚。1911 年，联邦政府任命他担任北领地首席保护官。不过，巴斯道却不习惯于从事土著事务管理。不久，他就辞职，专门从事学术研究。1919 年 4 月，出于对土著居民的同情，巴斯道给阿德莱德两家主要的报纸编辑部写了一封长信，他写道："澳大利亚土著与白人在血缘上不仅不疏远，而且属于同一种族，有着共同祖先。澳大利亚土著是由古老的澳大利亚白人发展而来的。因此，我们与澳大利亚土著不存在种族差别。始于赫胥黎的人类学研究已经使我们相信，澳大利亚土著处在白人种族进化的末端。从人类学观点看，土著母亲与白人父亲所生的后代不仅不是混血杂种，而且是长期分离但依

---

① Zgbaum, Heidi, "Herbert Basedow and the Removal of Aboriginal Children of Mixed Descent from Their Families", *Australian Historical Studies*, Vol. 34, Iss. 121, 2003, p. 125.

然属于同一种族的两支人的结晶。这种结合的后代不仅继承了母亲的纯朴和灵巧，而且还像父亲那样聪慧、文雅。我不是鼓吹这种结合，仅仅是提出更好地保护他们的理由，指出以前称他们为黑鬼（Nigger）是多么错误。甚至不能把他们称作黑人，因为他们身上的色素沉着很浅，可以认为是长期在太阳下曝晒的结果，而尼格罗人种色素细胞位于皮肤的深层。一个土著新生儿没有色素沉着，许多儿童直到青春期都保持着金黄色的头发。虽然他们的皮肤是黑色的，但土著人与欧洲人的血管里都流淌着同样的血液。历史上，澳大利亚殖民者曾经对土著进行剥夺和屠杀。今天，只要给他们一个机会（尽管这个机会来得太迟了），事实会证明，他们将是我们值得信赖的仆人。"① 巴斯道正式表述了澳大利亚土著与白人同种同源论，并提出两点支持理由：澳大利亚土著皮肤的色素沉着浅和一些儿童金黄色的头发。巴斯道希望以此唤起人们对土著的同情与仁慈。

在继续考察澳大利亚中部和北部土著居民的基础上，巴斯道于1925年出版《澳大利亚土著》（*The Australian Aboriginal*），进一步表述了关于澳大利亚土著与高加索人种有着共同远祖的理论。他认为，人类演化的进程表明，澳大利亚土著与维达人（Veddahs）②、印度德拉威人和欧洲化石人类同属一个演化序列。在这个演化序列中，欧罗巴人种已经发展到高级阶段，而澳大利亚土著依然停留在欧罗巴人种早已跨越的某个最初的阶段。澳大利亚土著是白人种族的蓓蕾，而我们是白人种族荣耀的花朵。为了证明关于土著和高加索人属于同一种族的论断，他再次强调了两点证据：一是色素沉着浅；一是土著儿童的金黄色头发。就澳大利亚土著而言，肤色问题是一个相对概念，土著皮肤和白人皮肤色素总量的差别可能源于气候的影响，源于暴露在日光下的时间长短。古代澳大利亚土著与现在澳大利亚土著的皮肤是否一样值得怀疑。以此为基础，根据优生学理论，巴斯道认为，通过澳大利亚土著与欧洲人的不断结合，可以逐步而快速地将混血土著后代的土著血统清除干净，完成对混血土

---

① Zgbaum, Heidi, "Herbert Basedow and the Removal of Aboriginal Children of Mixed Descent from Their Families", *Australian Historical Studies*, Vol. 34, Iss. 121, 2003, pp. 129–130.
② 南亚斯里兰卡的少数民族，旧译"吠陀人"。据1978年估计，约有几百人。居住在东南部低洼地带，以巴杜拉最为集中。属尼格罗—澳大利亚人种维达类型。有人认为系澳大利亚种人与欧罗巴种人的混血后裔，斯里兰卡古代传说和编年史中提及的雅克萨人（汉译佛经称"药叉"或"夜叉"）和那伽人，分别代表原始澳大利亚人和欧罗巴种人成分。

著后代生理特征的改造。他指出，与 1/2 混血土著比较，1/2 混血土著女性与白人男性的 1/4 混血土著后代的肤色随着土著血统的减少而更加浅；1/4 混血土著女性与白人男性的后代，即 1/8 混血土著的肤色将会更浅。如此下去，要不了几代人，混血土著后代就将与白人毫无差别。他还指出，目前尚未发现土著妇女与白人男性所生后代会出现隔代遗传现象。① 在他看来，澳大利亚土著与欧洲人属于同一种族，有着密切的血缘联系，因此澳大利亚土著和欧洲白人不断结合，其混血后代将会在几代人之内清除土著血统和生理特征，最终成为白人，且不会出现"返祖现象"（Throwback）。② 因此，巴斯道认为，没有必要像美国那样因为担心返祖现象而控制欧洲人与黑人通婚。

在此，巴斯道对澳大利亚土著与白人同种同源的理论进行了系统阐述，同时他还以该理论为基础，运用优生学的理论与方法来思考混血土著问题的解决方案。由此，巴斯道设计了以种族婚姻为手段对混血土著实施生理改造的生物吸收（Biological Absorption）。所谓生物吸收，又称为"选育改变肤色"（Breeding out the Color）或"血统改造"（Breed out Black Strain），即通过选育消除混血土著后代身上的土著血统和生理特征。其具体方式是，鼓励混血土著女性与白人男性结合。混血土著妇女与白人的婚姻不会出现在黑人与欧洲人的混血中出现的"返祖"现象，后代身上土著生理特征会越来越淡化。混血土著女性与白人男性不断婚配，几代人之后，混血土著后代身上的土著生理特征和血统就会彻底消失，从而最终演化成为白人。

不过，值得注意的是巴斯道提出的生物吸收方案的实施对象并非全部混血土著，而仅仅是混血土著女性。对于混血土著男性，血统改造模式安排的未来是融入白人社会经济生活，成为下层劳动者。就是混血土著女性，血统改造模式为她们安排的未来也不仅仅是白人男性的婚配对象，还要充当当时澳大利亚社会非常紧缺的白人家庭的家政服务人员，实际上也是纳入白人社会经济生活。而且与经济吸收一样，生物吸收的鼓吹者也强调混血土著的隔离和教育培训。混血土著女性与白人男

---

① Zgbaum, Heidi, "Herbert Basedow and the Removal of Aboriginal Children of Mixed Descent from Their Families", *Australian Historical Studies*, Vol. 34, Iss. 121, 2003, pp. 130–131.

② McGregor, Russell, "An Aboriginal Caucasian: Some Uses for Racial Kinship in Early Twentieth Century Australia", *Australian Aboriginal Studies*, No. 1, 1996, p. 15.

性的婚姻前提是对混血土著进行基本的文化改造,即隔离和教育的过程,把混血土著女性训练成为家政服务人员。在一定程度上,生物吸收是在经济吸收普遍实施的基础上提出来的,只是作为经济吸收的一种补充而已。

第三节 吸收政策的确认

在关于混血土著政策的争论中,土著人口众多的西澳和北领地的声音得到更多的重视,内维尔和库克的探索也得到联邦政府和更多民众的认可。这突出地体现在 1937 年会议上。1937 年 4 月,联邦政府召集各州(领地)土著事务官员在堪培拉召开了澳大利亚历史上第一次全国土著福利会议,协调了各州(领地)的立场。内维尔和库克成为主导会议的关键人物,并且促使会议通过了关于吸收混血土著的政策决议,认可和批准了先前各州推行的混血土著吸收政策。

一、联邦政府的压力

1900 年 7 月 9 日,《澳大利亚联邦宪法》颁布。在这部宪法的制订过程中,联邦创建者们在很多问题上展开过激烈争论,但是对于宪法第 51 条 26 款和第 127 条,即有关土著的条款,却几乎没有分歧。"第 51 条 26 款,为了维护联邦的安宁、秩序,促进联邦对国家的良好治理,联邦议会拥有对各州土著以外任何种族的居民制订特别法律的权力。第 127 条,在统计联邦、州以及其他地方的人口时,土著居民不得计算在内。"①

《澳大利亚联邦宪法》第 51 条 26 款实际上是将土著居民管辖权置于联邦政府之外。从 1901 年到 1967 年全民公决废除该条款止,土著事务由各州自行管理,联邦政府没有管理全国土著事务的责任和义务。1911 年,从南澳政府接管了广袤的北领地后,联邦政府才开始在所辖北领地上管理土著事务。此后,社会各界对联邦政府是否应该对整个国家的土著事务担负责任展开争论。人们逐渐意识到,只有联邦政府统一管理全国土著事务,土著处境才有可能改善。1911 年,澳大利亚

---

① Irving, Helen, *To Constitute a Nation: A Cultural History of Australia's Constitution*, Cambridge University Press, 1997, pp. 216 – 219.

土著保护协会成立。该协会认为，联邦政府代表全体澳大利亚人，拥有更多的资源。联邦政府统一管理才可能有效地处理土著问题，才可能为实现土著居民与其他澳大利亚人的平等和消除种族歧视提供坚强后盾。①

20 世纪 30 年代，居住在城市的澳大利亚人很少能见到土著居民的身影，报刊有关土著的报导和文章依然是他们认识土著问题的主要途径。② 尽管如此，教会与其他社会团体也不断向政府施压，要求联邦政府接管全国土著事务，切实改善土著居民的处境。他们的努力引起澳大利亚社会对残存的土著居民境遇的广泛关注。③ 在 1937 年全国土著福利会议的开幕式上，负责北领地事务的联邦政府领地部长 T. 佩特森（T. Paterson）指出，长期以来，很多关心土著居民生存状态的社会人士和团体呼吁，接管全国土著事务是联邦政府的责任。这给联邦政府带来了巨大的压力。④

社会各界要求联邦政府负责全国土著事务的呼声越来越高。出于对土著居民的同情，人道主义团体要求联邦政府采取措施给予土著居民基本的生存保障，主张联邦政府的统一管理是处理解决土著问题的最理想渠道。⑤ 其实除了国内社会各界的压力之外，要求联邦政府接管全国土著事务的原因还有以下两个方面：

第一，国际社会对澳大利亚土著的关注。20 世纪 30 年代，澳大利亚土著的生存状况开始暴露在国际社会面前。尽管在北领地之外，澳大利亚联邦政府没有管理土著事务的权力，但在世人眼里，澳大利亚联邦政府应该对全国的土著政策负责。⑥ 在土著处境改善问题上，国际社会

---

① Attwood, Bain, Markus, Andrew, "The 1967 Aborigines Referendum and All that: Narrative and Myth, Aborigines and Australia", *Australian Historical Studies*, No. 3, 1998, p. 274.

② Moran, Anthony, "White Australia, Settler Nationalism and Aboriginal Assimilation", *Australian Journal of Politics and History*, Vol. 51, No. 2, 2005, p. 172.

③ Bleakley, J. W., *The Aborigines of Australia: Their History, Their Habits, Their Assimilation*, Brisbane: The Jacaranda Press, 1961, p. 300.

④ Commonwealth of Australia, *Aboriginal Welfare: Initial Conference of Commonwealth and State Aboriginal Authorities*, Held at Canberra, 21st to 23rd April, 1937, p. 5.

⑤ Moran, Anthony, "White Australia, Settler Nationalism and Aboriginal Assimilation", *Australian Journal of Politics and History*, Vol. 51, No. 2, 2005, p. 172.

⑥ Elder, Catrion, *Dreams and Nightmares of a "White Australia": the Discourse of Assimilation in Selected Works of Fiction*, The Australian National University, 1999, p. 51.

的批评和指责不是针对具体负责土著事务管理的地方政府，而是直接针对联邦政府。在国际社会看来，联邦政府，而不是地方政府，应该对土著的现状负责。所以，为了应对国际的批评，联邦政府不得不思考采取措施加以补救。①

第二，协调各地土著事务管理的需要。各州的边界不与土著部落或者社会分区的边界一致，往往导致各州土著事务管理的不协调。澳大利亚中部是土著居民的聚集地，那里的土著居民具有相同的社会制度和宗教文化。但是他们并不属于一个地方政府管辖，西澳、南澳和北领地在那里分别建立多个保留地，对土著居民实施不同的政策和管理。拥有共同特点的土著居民本来相互关联，现在却不能在一个政府之下实施统一管理。② 各州的边界也与地理状况和白人开发程度不同的三类地区的分界线不一致。人们根据土著居民人口的多少分为三类地区：一是孤立地区（Isolated Regions），基本没有白人人口存在；二是边缘地区（Marginal Regions），有白人人口，但是很稀少；三是白人聚居区，以农业和牧业活动为特征。孤立地区和边缘地区土著居民较多，主要分布在西澳、南澳、昆士兰、新南威尔士和北领地。这两类地区往往跨越各州行政区划的边界。在白人聚居区仅有少量土著居民存在。各州（领地）管理当局对土著居民实施不同的法律和制度，对同类问题往往采取不同的立场和方式加以处理。各州在是否向土著居民禁售烈性酒、土著居民的就业条件以及工资待遇等问题上存在明显差异。对教会在土著事务管理中的地位和作用，各州的意见也不相同。③ 对于境遇差不多的土著居民，各州政府却以不同的思路和方法加以对待。这不仅导致管理混乱，而且管理效益也非常低下。如何尽快统一全国的土著政策和管理制度成为大势所趋。

各州（领地）土著居民分布非常不均衡，使得各地土著事务管理的经济负担也不一样。土著人口多的州，尤其是昆士兰和西澳，往往支出很大。一旦出现经济困难，往往使得该州的土著事务管理出现困

---

① Bleakley, J. W., *The Aborigines of Australia: Their History, Their Habits, Their Assimilation*, Brisbane: The Jacaranda Press, 1961, p. 300.

② Elkin, Adolphus Peter, *Citizenship for the Aborigines, A National Aboriginal Policy*, Sydney: Australian Publishing Co. Pty. Ltd, 1944, p. 10.

③ Elkin, Adolphus Peter, *Citizenship for the Aborigines, A National Aboriginal Policy*, Sydney: Australian Publishing Co. Pty. Ltd, 1944, pp. 9 – 10.

难。在土著人口较多的州看来，土著事务管理的费用不应该仅由土著人口众多的昆士兰、西澳和北领地的纳税人来承担，而应该由所有澳大利亚人来担负。代表所有澳大利亚人的联邦政府应该承担全国土著管理的经费负担，从而保证土著福利免受各地经济波动的干扰。① 1928年，J. W. 布莱克利关于全国土著政策的考察报告中指出，联邦政府应该每年在土著事务方面提供一定的经费支持，确保各地土著事务管理免遭经济困难的影响。②

总而言之，在20世纪30年代呼吁联邦政府统一管理全国土著居民的人士越来越多，联邦政府的压力越来越大。不过，此时澳大利亚社会依然有一些障碍不利于联邦政府立即接管全国土著事务。首先，联邦宪法并未赋予联邦政府管理全国土著事务的权限。"从世界各国看来，澳大利亚联邦政府应该对全国土著政策负责。但是除了北领地外，联邦政府对其他各州的土著事务既没有发言权，也没有处置权。"③ 改变土著事务的管理权限，赋予联邦政府管理全国土著事务，就必须修改宪法。在澳大利亚，修宪是一个漫长过程，牵涉到一系列复杂的法律程序。其次，即便联邦政府接管全国土著事务管理，也存在很多难以克服的实际困难。土著人口众多的州往往远离联邦政府的所在地，如何快速有效地处理土著问题对联邦政府来说也是一个难题，尤其是在处理紧急事务方面更是无能为力。无论如何，由于各州情况不同，联邦政府就必须建立自己的庞大的管理机构，要不就得依靠各州政府。由于各州土著问题与当地的社会、经济与卫生问题联系在一起，如果离开各州政府的控制，这些问题将会更加严重。④ 就是那些要求联邦政府接管全国土著事务的团体也对土著的状况不熟悉，对各州土著面临的问题不甚了解。⑤

1936年，联邦政府总理召集各州总理在阿德莱德举行联席会议，专

---

① Bleakley, J. W., *The Aborigines of Australia: Their History, Their Habits, Their Assimilation*, Brisbane: The Jacaranda Press, 1961, p. 300.

② Bleakley, J. W., *The Aborigines of Australia: Their History, Their Habits, Their Assimilation*, Brisbane: The Jacaranda Press, 1961, p. 301.

③ Elkin, Adolphus Peter, *Citizenship for the Aborigines, A National Aboriginal Policy*, Sydney: Australian Publishing Co. Pty. Ltd, 1944, p. 9.

④ Elkin, Adolphus Peter, *Citizenship for the Aborigines, A National Aboriginal Policy*, Sydney: Australian Publishing Co. Pty. Ltd, 1944, p. 9.

⑤ Bleakley, J. W., *The Aborigines of Australia: Their History, Their Habits, Their Assimilation*, Brisbane: The Jacaranda Press, 1961, p. 300.

门讨论土著问题。经过激烈的争论,与会代表一致认为,联邦政府立即从各州手里接管全国土著事务还不具备条件,但是联邦政府推动建立土著政策协调机制显得必要而明智。会议建议,建立由联邦政府协调和组织地方土著事务官员定期会晤机制。联邦政府内政部、各州首席保护官或保护委员会以及北领地首席保护官参与定期会晤,通报各地情况,讨论和研究土著政策。① 其目的在于协调和统一各州政府与北领地政府的土著福利政策。② 在修改宪法之前,联邦政府没有管理全国土著的权限,但是开始协调各州土著事务的管理制度。在一定程度上讲,1937年土著福利会议的召开,是联邦政府对社会上要求联邦政府接管全国土著管辖权和承担全国土著事务管理的一种积极回应。③

二、各地的争论与共识

1937年4月21—23日,澳大利亚第一次全国土著福利会议在首都堪培拉召开。联邦政府和新南威尔士、维多利亚、南澳、昆士兰、西澳以及北领地14名负责土著事务的官员参加此次大会。主要代表包括:联邦政府内政部秘书J. A. 卡罗达斯(J. A. Carrodus),北领地首席保护官塞西尔·库克,新南威尔士州土著保护委员会成员E. S. 莫里斯(E. S. Morris)和B. S. 哈克尼斯以及委员会秘书A. C. 佩蒂特(A. C. Pettit),维多利亚土著保护委员会主席H. S. 贝利以及副主席L. L. 查普曼(L. L. Chapmen),昆士兰首席保护官J. W. 布莱克利,南澳首席保护官M. T. 麦克林(M. T. Mclean)和南澳土著咨询理事会主席J. B. 克莱兰,西澳土著事务专员内维尔等。在会议的预备会上,维多利亚土著保护委员会主席H. S. 贝利被推举为会议主席,会议秘书则由联邦内政部官员H. A. 巴罗杰(H. A. Barrenger)担任。这次会议的代表具有广泛性,除了塔斯马尼亚外,其余各州和联邦政府都有代表与会。

联邦政府内政部长T. 佩特森出席并主持会议开幕式。开幕式后,会议进入正式讨论阶段。昆士兰首席保护官J. W. 布莱克利首先发言。他

---

① Commonwealth of Australia, *Aboriginal Welfare*: *Initial Conference of Commonwealth and State Aboriginal Authorities*, Held at Canberra, 21st to 23rd April 1937, p. 5.
② Catrion Elder, *Dreams and Nightmares of a White Australia*: *the Discourse of Assimilation in Selected Works of Fiction*, The Australian National University, 1999, p. 51.
③ Beresford, Quentin, & Omaji, Paul, *Our State of Mind*: *Racial Planning and the Stolen Generations*, Fremantle: Fremantle Arts Centre Press, 1998, p. 29.

宣读了一份备忘录，对昆士兰土著居民的类别和现状进行了介绍，对30年来昆士兰土著政策的实施情况、成效与问题进行了分析。J. W. 布莱克利建议，应该统一各地的土著政策。随后，各位代表分别代表本地发言，介绍本地土著居民的状况，表达关于土著政策的意见和立场。与会代表均是土著事务管理专家，他们结合自己土著事务管理经历，就土著问题的症结和出路发表意见和看法。在整个会议进程中，来自土著居民人口较多的三位代表，即昆士兰首席保护官 J. W. 布莱克利、西澳土著事务专员内维尔以及北领地首席保护官塞西尔·库克非常活跃。他们在讨论中占据主导。在讨论中，在土著问题上各位代表基本都赞同如下三点：

第一，普遍认可"土著（纯血统土著）灭绝论"。会议上，北领地的代表塞西尔·库克博士宣称，北领地纯血统土著灭绝是不可避免的。① 西澳土著事务专员内维尔指出，纯血统土著即将自行灭绝，不必过虑。西澳有很多纯血统土著依然坚持传统的生活方式，而传统的生活方式在土地大量丧失的情况下已经难以维持，他们无法获得足够的食物，经常处于饥饿状态。传统的部落生活方式正在加速他们的自我灭绝。内维尔认为，纯血统土著即将灭绝，政府在他们的灭绝面前无能为力，无论采取何种措施都徒劳无功。② 南澳代表 J. B. 克莱兰教授呼吁，政府应该为纯血统土著设立"神圣不可侵犯的保留地"（Inviolable Reserves），保护他们传统的生活方式和文化。在他看来，纯血统土著保持着原始部落习俗，具有重要的科学价值。澳大利亚纯血统土著部落生活方式是世界上保存下来的独一无二的奇迹。③ 但是，从总体上看，与会代表大多认为，纯血统土著将最终灭绝，对他们无需采取任何政策。

第二，混血土著问题的严重性得到与会代表普遍认可。南澳代表 J. B. 克莱兰教授指出，听任混血土著人口增加，不遏制其快速增殖势头，澳大利亚社会将会面临巨大的挑战。④ 对此，西澳代表内维尔甚为

---

① Commonwealth of Australia, *Aboriginal Welfare: Initial Conference of Commonwealth and State Aboriginal Authorities*, Held at Canberra, 21st to 23rd April 1937, p. 14.

② Commonwealth of Australia, *Aboriginal Welfare: Initial Conference of Commonwealth and State Aboriginal Authorities*, Held at Canberra, 21st to 23rd April 1937, p. 10.

③ Commonwealth of Australia, *Aboriginal Welfare: Initial Conference of Commonwealth and State Aboriginal Authorities*, Held at Canberra, 21st to 23rd April 1937, pp. 20 – 21.

④ Commonwealth of Australia, *Aboriginal Welfare: Initial Conference of Commonwealth and State Aboriginal Authorities*, Held at Canberra, 21st to 23rd April 1937, p. 10.

赞同。他在会议上以西澳混血土著人口变化的特征与趋势为证据支持布莱克教授的观点。内维尔指出，1829 年西澳殖民地建立时，土著人口大约为 55000 人，其中西澳西南部地区土著人口 13000 人。1901 年，西澳西南部地区土著人口锐减到 1419 人，而且混血土著占据 45%。但是如今（1937 年），那里的混血土著居民接近 6000 人。按照这个增殖速度估计，再过 25 年西澳西南部的混血土著人口将达到大约 15000 人。对于如此众多的混血土著人口，澳大利亚社会怎么能够完全将他们排斥在外？相对于混血土著人口的快速增加，白人人口却增长缓慢，25 年后西澳西南部地区的白人人口未必比现在还多。因此，内维尔极其担心混血土著人口的快速增加。他指出，假如政府对此无所作为，澳大利亚社会之中将会拥有 100 万黑皮肤的混血土著居民的存在。① 塞西尔·库克博士也指出，在北领地，混血土著人口快速增加，而白人女性稀少，白人男性不断追逐土著妇女。这势必进一步增加混血土著人口，从而对北领地的种族纯洁构成严重威胁。② 对混血土著的恐惧笼罩着整个会议，与会代表对混血土著人口的快速增加极度担忧。③ 一致认为，混血土著和纯血统土著应该区别对待。纯血统土著即将自行消亡，不足为虑；而混血土著人口却在急剧增长，已经威胁到澳大利亚社会的种族纯洁和"白澳"建国理想。设计和实施处理混血土著问题的有效政策迫在眉睫。

第三，混血土著人口应该被吸收进澳大利亚白人社会。对于日益严重的混血土著问题，与会代表根据自己的实践，提出了解决混血土著问题的方案。与会代表普遍认为，应该把混血土著人口融入白人人口之中。混血土著吸收成为处理混血土著问题的根本方法，与会代表在这个大的方向上达成了共识。

J. B. 克莱兰教授明确指出，必须把混血土著吸收进白人人口之中，这是解决混血土著问题唯一可行的途径。他认为，白人与混血土著的婚姻不仅不会导致澳大利亚白人种族的蜕化，而且这种结合还会为澳大利亚白人种族的发展注入新的活力。他还提出，鼓励白人男性与混血土著

---

① Commonwealth of Australia, *Aboriginal Welfare: Initial Conference of Commonwealth and State Aboriginal Authorities*, Held at Canberra, 21st to 23rd April 1937, p. 11.

② Commonwealth of Australia, *Aboriginal Welfare: Initial Conference of Commonwealth and State Aboriginal Authorities*, Held at Canberra, 21st to 23rd April 1937, p. 17.

③ Beresford, Quentin, & Omaji, Paul, *Our State of Mind: Racial Planning and the Stolen Generations*, Fremantle, W. A.: Fremantle Arts Centre Press, 1998, p. 45

女性结合的同时，还要鼓励白人女性与混血土著男性的结合。为此，他建议联邦政府资助对种族婚姻的研究。①

作为血统改造的实践者，内维尔对西澳推行的生物吸收进行了系统介绍。他指出，人类学研究表明，"澳大利亚土著源于与我们一样的祖先，他们不是黑人，而是起源于高加索人种"。混血土著与白人的婚姻不会出现返祖现象。为了阻止那些已经接近白人的混血土著转向土著社会，必须严格控制所有土著居民的婚姻，尽可能避免混血土著与纯血统土著的婚姻，鼓励混血土著与白人的婚姻。为了鼓励白人男性更好地接受混血土著妇女，确保生物吸收获得成功，必须把混血土著集中起来，对其教育培训，促使其文明化。"为了实现这一目标，我们必须在6岁的时候就控制混血土著儿童。把儿童从其母亲身边带走，不让他们再相见。这样儿童就会像白人一样成长，而对土著环境与文化一无所知。"② 在会议上，内维尔向与会代表介绍了西澳混血土著养育院的运行情况，尤其是达尔文附近的凯特修女养育院（Sister Kate Home）和摩尔河（Moore River）混血土著养育院的状况。在养育院，政府以白人标准对混血土著儿童进行教育和培训。③ 在会议上，内维尔提出的混血土著吸收理论与实践以其完备的体系得到绝大多数与会代表的认可，被认为是最好的混血土著吸收方案。④ 塞西尔·库克博士也认为，吸收混血土著进入白人社会是解决混血土著问题的唯一办法。⑤

不过，20世纪30年代，昆士兰首席保护官 J. W. 布莱克利多次批评血统改造政策。在会议上，他明确地反对混血土著吸收方案。他发言指出，要对白人与土著居民之间的种族婚姻实行严格限制，禁止种族婚姻，

---

① Commonwealth of Australia, *Aboriginal Welfare*: *Initial Conference of Commonwealth and State Aboriginal Authorities*, Held at Canberra, 21st to 23rd April 1937, p. 10.

② Commonwealth of Australia, *Aboriginal Welfare*: *Initial Conference of Commonwealth and State Aboriginal Authorities*, Held at Canberra, 21st to 23rd April, 1937, p. 12.

③ Commonwealth of Australia, *Aboriginal Welfare*: *Initial Conference of Commonwealth and State Aboriginal Authorities*, Held at Canberra, 21st to 23rd April, 1937, p. 11.

④ Beresford, Quentin, & Omaji, Paul, *Our State of Mind*: *Racial Planning and the Stolen Generations*, Fremantle, W. A.: Fremantle Arts Centre Press, 1998, p. 45

⑤ Commonwealth of Australia, *Aboriginal Welfare*: *Initial Conference of Commonwealth and State Aboriginal Authorities*, Held at Canberra, 21st to 23rd April 1937, p. 14.

主张土著居民内部婚配。① 布莱克利认为，以种族婚姻的方式对混血土著实施血统改造不仅不可能解决混血土著问题，而且非常有害。为此，他提出三点理由：首先，种族婚姻几乎没有成功的可能。很少有白人男性愿意娶混血土著妇女，除非是那些实在无法找到白人伴侣、处于社会底层的白人男性。此外，即使与白人男性建立了婚姻关系，混血土著女性也难以融入白人男性的家庭与社区，而通常认同于其土著家族和社区；其次，白人与土著居民结合所生后代依然有"返祖现象"，隔代遗传的风险无法避免；再次，血统改造计划鼓励混血土著女性与白人男性成婚，根本没有考虑也无法实现对混血土著男性的吸收与改造。事实上，鼓励白人妇女与混血土著男性结合根本行不通。② 在他看来，内维尔的血统改造计划是一个不完整也不可行的方案。种族婚姻和血统改造根本不能实现种族纯洁的目标，唯一可行的办法是严格禁止种族婚姻，对土著居民实施严格的隔离控制。只有实施严格隔离控制，把土著居民完全排除在澳大利亚白人社会之外，澳大利亚的种族纯洁才可能得到保障。因此，J.W.布莱克利在会议上建议，应该把混血土著吸收进土著居民之中，而不是让他们融入白人社会。③ 虽然坚持不同的意见，但是在多数代表都同意内维尔建议的情况下，J.W.布莱克利最后也签署了会议的决议。

在会议上，除J.W.布莱克利外，与会代表对内维尔介绍的西澳混血土著血统改造政策均表示接受与认可。在内维尔主张的基础上，会议经过讨论最终通过了《种族命运》的决议。决议指出："澳大利亚土著居民（不是纯血统土著，而仅仅是混血土著）的命运，就是吸收进澳大利亚白人人口之中。政府应竭尽所能围绕这一目标开展工作。"④ 为此，决议提出如下具体政策建议：

竭尽所能实现全国土著政策原则的一致。在此基础上，地方政府自

---

① Commonwealth of Australia, *Aboriginal Welfare: Initial Conference of Commonwealth and State Aboriginal Authorities*, Held at Canberra, 21st to 23rd April 1937, p. 8.

② Commonwealth of Australia, *Aboriginal Welfare: Initial Conference of Commonwealth and State Aboriginal Authorities*, Held at Canberra, 21st to 23rd April 1937, p. 20.

③ Commonwealth of Australia, *Aboriginal Welfare: Initial Conference of Commonwealth and State Aboriginal Authorities*, Held at Canberra, 21st to 23rd April 1937, p. 8.

④ Commonwealth of Australia, *Aboriginal Welfare: Initial Conference of Commonwealth and State Aboriginal Authorities*, Held at Canberra, 21st to 23rd April 1937, p. 3.

行制订具体的实施细则。

各州政府应竭尽所能平等对待混血土著儿童，给予他们与白人儿童一样的教育，帮助他们获得与白人一样的就业机会，确保他们能在澳大利亚社会寻求到自己的位置。

对于土著居民人口多和土著事务开支巨大的各州，联邦政府可以提供经费支持。

以人道的方式对待土著居民，尽可能文明地对待土著。

严格禁止向土著居民出售烈性酒和鸦片。

给予混血土著居民基本的社会福利，老年津贴和母亲津贴应该惠及所有混血土著居民。

教会布道所纳入统一的土著政策范畴，土著事务部门对其管理实施监督。①

1937年澳大利亚第一次全国土著福利会议设计的吸收政策仅仅针对混血土著。最终来看，纯血统土著即将自行消亡，混血土著居民将会吸收进白人之中。这是一个漫长的吸收过程，也许延续半个世纪，也许更为长久。不过，这个过程完结的那天迟早会到来。内维尔说道，随着这一天的到来，澳大利亚土著的存在就会被人们遗忘。② 总之，1937年会议在确信纯血统土著注定灭绝的基础上，确认了以混血土著吸收为主要内容的促进土著种族消失的长期计划。

三、第一次土著会议的影响

在开幕式上，联邦政府领土部长T. 佩特森指出，第一次全国土著福利会议的召开是澳大利亚历史上划时代的大事。澳大利亚历史上，联邦政府与各州政府负责土著事务的官员第一次坐在一起，共同商讨土著事务。澳大利亚社会各界高度关注这次会议，希望会议对土著事务带来切实而重要影响。③ 澳大利亚第一次全国土著福利会议及其决议对土著事务和土著政策产生了重要影响。

---

① Commonwealth of Australia, *Aboriginal Welfare: Initial Conference of Commonwealth and State Aboriginal Authorities*, Held at Canberra, 21st to 23rd April 1937, p. 3.

② Moses, A. Dirk, *Genocide and Settler Society: Frontier Violence and Stolen Indigenous Children in Australian History*, New York: Berghahn Books, 2004, p. 238.

③ Commonwealth of Australia, *Aboriginal Welfare: Initial Conference of Commonwealth and State Aboriginal Authorities*, Held at Canberra, 21st to 23rd April 1937, p. 5.

首先，各州土著事务官员和管理部门之间的协调和联系得到加强。19世纪和20世纪初，各殖民地（州、领地）曾就土著问题有过一些交流，在有关土著管理制度和法律制订方面相互借鉴。不过，这些交流并非经常性的沟通。1937年全国土著福利会议是澳大利亚历史上联邦与各州政府第一次聚集在一起讨论和协调全国性的土著政策。会议召开本身就是一个机会，让各州土著事务官员进行交流，互相学习借鉴。这不仅加强了各州的相互理解，而且探讨和总结了各地处理土著问题的思路与政策措施。更为重要的是，会议确立了联邦与各州（领地）土著事务官员定期会晤机制，决定定期召开全国土著会议，及时商讨和研究土著问题。然而，这种制度性安排却被第二次世界大战的爆发破坏。直到11年后的1948年澳大利亚土著和联邦卫生、社会服务和教育部长会议的召开，这种机制才最终确立。

第二，会议决议标志着之前各地推行的混血土著吸收政策得到普遍认可。19世纪末以来，各州（领地）在对混血土著问题进行探索的过程中，逐步形成了两种处理混血土著的政策模式——经济吸收和生物吸收。会议代表通过了"澳大利亚土著居民（混血土著，不包括纯血统土著）的命运在于最终被澳大利亚人口所吸收"的决议。这个决议确定了土著政策的基本原则，具有极大的灵活性和包容性。决议指出，土著问题的关键在于混血土著，而处理混血土著问题的基本思路是把他们吸收进澳大利亚白人社会。但是，决议并未对吸收混血土著的方式和措施做出明确的规定。决议提出的7条建议也是仅供各州参考，并无强制性的约束力。联邦政府没有全国土著事务管辖权，也无权要求各州遵照该决议实施，联邦政府能做的也仅仅是提出建议而已。因此，在混血土著吸收政策的实施细则上，地方政府拥有很大的自主空间。决议只是建议各地政府所作所为须以吸收混血土著为目标。

会议如此安排包含深意。第一，认可了之前各州混血土著吸收模式上的差异。决议确认混血土著的政策基本思路就是吸收，但是并未具体规定吸收的方式。这实际上认可了先前已经存在的混血土著吸收的两种模式，即经济吸收和生物吸收并存。1886年维多利亚《混血土著法》是澳大利亚系统地处理混血土著问题的开始，它确立了解决混血土著问题的基本思路，开创了经济吸收模式，试图把混血土著吸收到白人的经济生活中来，充当劳动力的补充，实现自食其力。经济吸收模式很快为新南威尔士和南澳所接受，后来在全国普遍推行，并形成混血土著儿童隔离、教育与培训等内容的政策体系。第一次世界大战后，优生学和人类学关于澳大利亚土著种族归属的理论成为人们进一步探索混血土著问题解决之道的基础，巴斯道以此提出了解决混血土著问题的新模式，即生物吸收，试图以种族婚姻改造混血土著后代的血统，逐步清除他们身上具有的土著血统和生理特征，改造成为"白人"。经济吸收和生物吸收存在密切联系。从理论基础上来看，都是建立在生物决定论的基础上，即认为只有拥有白人血统的混血土著才可以被吸收，混血土著与生俱来的白人血统是他们能够被吸收的基本前提。由此，各州把混血土著按照白人血统的比例进行区分，坚信白人血统的比例越大，被吸收的可能性就越大。同时，经济吸收与生物吸收都实施混血土著儿童隔离与教育。经济吸收以促进混血土著融入白人经济生活为目标，而生物吸收则希望在经济吸收的基础上促进混血土著女性与白种男人的婚配，以对混血土著进行血统改造。实际上，生物吸收是在经济吸收的基础上推行的。此次会议实际上包容了各殖民地（州、领地）之前形成的处理混血土著政策模式的差异。

第二，在一定程度上接纳了当时已经兴起的社会文化同化思潮。20世纪30年代，在各州（领地）政府对混血土著采取不同形式的吸收政策的同时，民众、学者、土著活动家以及一些土著事务官员也开始提出对土著居民实施社会文化同化。在1937年会议上，关注土著处境的相关人员并未被邀请与会，仅仅是土著事务官员参加，但社会文化同化观念也得到一定程度的体现。昆士兰土著保护官 J. W. 布莱克利在会议上指出，混血土著与白人的婚配并不是混血土著吸收的根本途径，而社会文化改造才是帮助混血土著融入白人社会的根本手段。在混血土著吸收政策实施过程中推行教育和培训可以促进他们同化进澳大利亚主流社会，在一定程度上讲混血土著吸收也是一个社会文化同化的过程。[①] 因此，生物吸收（血统改造）并未明确写进决议，而在一定程度上包容了社会文化同化观念。

一方面，此次会议通过联邦政府的认可和大会的批准确认了先前各州推行的不同模式的混血土著吸收政策，包容了各州混血土著吸收

---

① Bleakley, J. W., *The Aborigines of Australia: Their History, Their Habits, Their Assimilation*, Brisbane: The Jacaranda Press, 1961, p. 302.

政策的差异；另一方面，此次会议也体现了当时社会上流传的社会文化同化观念，从而为后来混血土著吸收政策向土著同化政策的转变奠定了基础。

第四章　混血土著吸收政策的实施

虽然对吸收的理解有所不同，存在经济吸收和生物吸收两种模式，但是各殖民地（州、领地）都确立起必要的机制，阻止混血土著人口的增长，强制改造和吸收现有混血土著。具体而言，混血土著吸收的手段主要包括三个方面：混血土著儿童隔离、教育与培训、血统改造。各地均认可与推行经济吸收，希望混血土著儿童隔离、教育，促进混血土著成为劳动力补充，融入白人经济生活。虽都主张控制混血土著的婚姻，但是各州（领地）对生物吸收却态度不一。西澳和北领地成为生物吸收的鼓吹者与实践者，在对混血土著儿童实施隔离和教育的基础上，鼓励白人男性与混血土著女性的婚姻，试图对混血土著进行血统改造。

第一节　强制隔离

早在19世纪30年代，新南威尔士总督斯特林（Stirling）就指出，规划土著未来的关键是隔离教育儿童，而不是成人。要实现对土著儿童的教化，就应该确保土著儿童与成人完全隔离，应该割断土著儿童与土著社会的联系，包括与父母的联系。① 19世纪末20世纪初，随着混血土著问题的日益严重，混血土著儿童自然也就成为人们关注的重点。一方面，人们害怕混血土著儿童留在土著社会抚养，沾染土著社会的恶习，成为社会的威胁；另一方面，人们也认为，混血土著身上流动着白人的血液，把他们留在土著家庭和社会也是不公正的。出于对混血土著既恐惧又歉疚的复杂心态，各殖民地（州、领地）土著管理官

---

① Berndt, Catherine H., "Mateship or Success: An Assimilation Dilemma", *Oceania*, Vol. 33, No. 2, 1962, p. 83.

员在思考解决之道时，普遍坚信，混血土著儿童只有与他们的家庭和土著社会隔离开来，才有被拯救的希望。于是，19世纪末到20世纪上半期，强制隔离作为混血土著吸收的主要方式在各殖民地（州、领地）广泛实施。所谓强制隔离，就是把混血土著儿童从土著母亲身边和土著社会转移出来，安置在政府或教会管理的专门收容混血土著儿童的养育机构里抚养。隔离的目的是在白人的环境中对他们进行改造，以便吸收进白人之中。

一、昆士兰

昆士兰是最早确立混血土著儿童隔离制度的澳大利亚殖民地（州）。根据《1865年工读和教养学校法》规定，土著母亲所生的孩子生来注定是被"遗弃"的对象，地方法官有权把他们送往教养院进行最长7年的教养，年满12岁后才可以送出参加服务工作。只要得到地方法官的批准，昆士兰警察就有权以母亲是土著为理由对任何土著和混血土著儿童实施隔离，把他们安置到教养院或者工读学校进行管教。[①] 1897年，《土著保护与鸦片贸易限制》规定，无需法庭审理，土著保护官有权对任何16岁以下的土著和混血土著儿童实施隔离教养。1897年土著法出台后，昆士兰土著儿童（包括混血土著儿童）受到两套法律的控制。正是拥有法律赋予的权力，隔离混血土著儿童的做法在20世纪初的昆士兰已经非常普遍。

杰出的人类学家、教师、医生和人道主义者沃特·罗斯（Water Roth，1861—1933）被称为澳大利亚混血土著儿童隔离的开创者。[②] 1861年，沃特·罗斯出生于伦敦，后毕业于牛津大学，1887年移居澳大利亚。1896—1897年出任昆士兰诺曼顿（Normanton）地区医疗官员。1898年，罗斯被任命为昆士兰北部地区第一任土著保护官。1904—1906年出任昆士兰土著首席保护官。罗斯特别重视混血土著隔离。1902年，他写道，对于生活在土著社区的混血土著儿童，尤其是女孩，如果足够大了，

---

① Moses, A. Dirk, *Genocide and Settler Society：Frontier Violence and Stolen Indigenous Children in Australian History*, New York：Berghahn Books, 2004, p.221.
② Moses, A. Dirk, *Genocide and Settler Society：Frontier Violence and Stolen Indigenous Children in Australian History*, New York：Berghahn Books, 2004, p.221.

就应该立即把他们送往布道所或教养院。① 1903 年，罗斯提交的年度报告中就罗列了 11 位被隔离出来的混血土著儿童的情况，年龄最大的 16 岁，最小的只有 2 岁。② 1900—1905 年，罗斯隔离了 167 名混血土著。③ 与此同时，南部地区保护官梅斯顿也在昆士兰南部地区实施混血土著隔离。1897 年到 1905 年，286 名混血土著儿童被隔离出来，其中女孩 171 人。④

1913—1942 年，J. W. 布莱克利担任昆士兰土著首席保护官。在此期间他采取混血土著儿童隔离政策，非常关注那些生活在土著社区的浅色皮肤的混血土著儿童。J. W. 布莱克利认为，白人血统超过土著血统的儿童应该在 3 岁以前隔离出来，交由儿童事务部管教。

二、维多利亚

1871 年开始，维多利亚土著保护委员会拥有权力把"任何被父亲遗弃以及无人照顾的土著儿童"送往工读学校或教养院集中管教。1881 年，托马斯·恩布林（Thomas Embling）提出，应该把混血土著或孤儿转移到政府的养育院里进行隔离管教。⑤ 1886 年《混血土著法》强制要求保留地上 14—34 岁的混血土著离开保留地，自行融入白人社会。对于生活在保留地的 14 岁以下的土著儿童（包括混血土著儿童），土著保护委员会也实施严格的隔离政策。土著儿童从小就被强制从家里隔离出来，安置在保留地上为他们专门建的宿舍里居住和生活。年龄稍长，混血土著就被以各种理由送出保留地培训或者做学徒。

根据 1886 年《混血土著法》关于"土著"的复杂定义，保留地上不能自食其力的混血土著归于土著之列。为此，土著保护委员会就利用有关遗弃儿童的规定，只要混血土著儿童成为孤儿，或者被父母遗弃，委员会就可以把他们隔离出来，送到管教遗弃儿童的部门或其他孤儿院

---

① Haebich, Anna, *Broken Circles, Fragmenting Indigenous Families 1800 – 2000*, Fremantle Arts Center Press, 2000, p. 177.

② Haebich, Anna, *Broken Circles, Fragmenting Indigenous Families 1800 – 2000*, Fremantle Arts Center Press, 2000, pp. 175 – 176.

③ Moses, A. Dirk, *Genocide and Settler Society: Frontier Violence and Stolen Indigenous Children in Australian History*, New York: Berghahn Books, 2004, p. 221.

④ Haebich, Anna, *Broken Circles, Fragmenting Indigenous Families 1800 – 2000*, Fremantle Arts Center Press, 2000, p. 177.

⑤ Attwood, Bain, *Rights for Aborigines*, Crows Nest NSW: Allen & Unwin, 2003, p. 25.

进行管教。通常，他们的父母依然健在，土著保护委员会就把混血土著孩子送到孤儿院去了。1900年9月5日维多利亚土著保护委员会决定，居住在保留地上年满12岁的所有混血土著儿童必须送到工读学校。关于对混血土著儿童实施隔离教育的原因，1902年保护委员会报告指出："为实现对混血土著的吸收，促进他们自食其力，委员会已经对给予混血土著男孩和女孩适当的工业技能培训的问题进行了认真思考。仔细调查后，已经采取措施把混血土著儿童转移到负责管理遗弃儿童的部门，训练混血土著男孩从事农业劳动、女孩从事家政服务的制度也运行顺利。"对于这种办法的效果，委员会指出，混血土著儿童"在新环境里过得很愉快，他们成为有用的社会成员的可能性非常大"①。康达湖（Lake Condah）保留地的经理内维伦德·斯托尔（Reverend Stahle）在提交给土著保护委员会的报告中写道："由于纯血统土著正在消亡，通过把混血土著儿童安置到工读学校进行隔离，促进他们融入白人社会。这样，维多利亚的土著问题将最终得到解决。"②

三、新南威尔士

在新南威尔士，19世纪70年代以后，随着混血土著的增加，为了减轻政府的经济负担，新南威尔士开始把混血土著儿童隔离出来，把他们培训成为对社会有用的劳动者。最初，混血土著儿童隔离依据的是《1905年遗弃儿童和青少年犯罪法》，必须经过正规的法庭审理程序。1909年《土著保护法》授予新南威尔士土著保护委员会对所有土著儿童实施充分控制与监护的权力。只要保护委员会经过适当的调查，认为强制隔离有助于土著（包括混血土著）儿童道德与身体成长的话，就可以随意实施隔离。从此，新南威尔士土著保护委员会拥有了把土著个人或土著家庭从保留地驱逐出去的权力。③ 1911年，新南威尔士土著保护委员会宣称，混血土著儿童唯一的机会就是从现有环境里隔离出来，在从事劳动之前进行适当的培训，而且一旦他们离开了土著保留地，他们就

---

① Haebich, Anna, *Broken Circles, Fragmenting Indigenous Families 1800 – 2000*, Fremantle Arts Center Press, 2000, p. 167.
② Chesterman, John, & Galligan, Brian, *Citizens Without Rights, Aborigines and Australian Citizenship*, Melbourne: Cambridge University Press, 1997, p. 26.
③ Read, Peter, *A Rape of the Soul so Profound, the Return of the Stolen Generations*, St Leonards NSW: Allen & Unwin, 1999, p. 28.

永远不应该再被允许回去。

第一次世界大战爆发的时候,新南威尔士各地依然存在 17 个政府控制的土著保留地。保留地上建有专门供土著儿童生活的集体宿舍,土著儿童被强制与父母分开。此时,混血土著儿童与纯血统土著一起被隔离在保留地的宿舍里。为了节约开支和分割保留地的土地,1918 年新南威尔士修改 1909 年《土著保护法》,缩小土著范围,仅仅把土著定义为纯血统土著,规定混血土著儿童无权继续留在保留地与其家庭生活在一起,授予保护委员会对所有具有白人血统的混血土著实施隔离的权力。此后,作为促使混血土著融入白人社会的手段,混血土著儿童隔离得到保护委员会的重视。1921 年,新南威尔士土著保护委员会年度报告指出,不断地推行将混血土著儿童与土著社区分离出来的政策必然会最终解决土著问题。1926 年,新南威尔士土著保护委员会把委员会的目的说得更为清楚:"把土著儿童安置在一流的教养院,优越的生活标准将为他们吸收进白人之中铺平道路。"① 为了促进混血土著融入白人社会,1936 年进一步修改法律,规定,如果地方法官认为混血土著儿童所处的环境不利于成长的话,有权对他们实施追捕和隔离。②

在隔离混血土著的过程中,新南威尔士保护委员会相继建立了专门管教混血土著儿童的机构,主要包括:1908 年在博马德里(Bomaderry)建立的联合教派土著布道所养育院(The United Aborigines Mission Home),专门接收婴儿和 10 岁以下的儿童;1911 年开办的库塔曼德拉土著女孩养育院(Cootamundra Aboriginal Girls Home)专门接收混血土著女孩;1918 年开办的金奇拉男孩养育院(Kinchela Boys Home),1924 年迁到肯普西(Kempsey)。这些养育机构类似工读学校,把混血土著儿童训练成为驯服的劳动者,为农牧场主或白人家庭服务,年龄稍长则把他们送出去给白人雇主当学徒。到 1916 年,土著保护委员会已经隔离了 700 名混血土著儿童。1912—1936 年间,委员会总共隔离的混血土著儿童为 1600 人左右。其中 10—14 岁的混血土著女孩占大约 70%

---

① Read, Peter, *A Rape of the Soul so Profound*, *the Return of the Stolen Generations*, St Leonards NSW: Allen & Unwin, 1999, p. 50.

② Read, Peter, *A Rape of the Soul so Profound*, *the Return of the Stolen Generations*, St Leonards NSW: Allen & Unwin, 1999, pp. 29 – 30.

到 80%。①

四、南澳

19 世纪末 20 世纪初，南澳拥有大约纯血统土著 4000 人，混血土著 820 人。纯血统土著主要分布在该州的北部地区，混血土著则主要分布在南部地区。因此，南澳土著政策也表现出双管齐下的特点。对于以纯血统土著为主的北部地区，继续建立保留地，把他们限制和隔离在其中；对于南部的混血土著，则建立教养机构培训混血土著儿童，强制他们融入白人社会。《1910 年南澳土著法》通过的时候，混血土著的处境引起了人们的重视。土著保护官 W. G. 索思（W. G. South）认为："应该考虑所有混血土著（1/2 混血土著和 1/4 混血土著），尤其是女孩，由政府来监护，6 岁以后就不应该继续留在土著社会。将与白人相似的混血土著继续留在保留地和布道所的土著社会抚养是非常错误的。这样做只会使混血土著成为一个懒散的群体，成为政府和私人慈善团体的依附者。"②

尽管《1910 年南澳土著法》规定，土著首席保护官是土著儿童的合法监护人，但是这种权力从来没有行使过。相反，《1895 年儿童法》（*State Children's Act 1895*）一直是处理混血土著儿童的法律依据。根据该法，南澳儿童理事会（State Children Council, SCC）承担起责任，协助土著部门"阻止混血土著的不断增加。鉴于在没有教育的背景下成长起来的混血土著将会成为白人社会道德和健康的威胁，理事会认为，任何人都不得阻止保护混血土著儿童的努力，任何人也不得阻拦促进他们处境改善的努力"③。从此，儿童理事会就在混血土著儿童隔离教育方面起了重要作用。

1913 年，儿童理事会的秘书詹姆斯·格雷（James Gray）和南部地区土著保护官威廉·加尼特（William Garnett）拟定了儿童理事会、警察、法庭和土著部在监控和隔离土著儿童问题上的合作机制。一

---

① Anna, Haebich, *Broken Circles, Fragmenting Indigenous Families 1800–2000*, Fremantle Arts Center Press, 2000, pp. 183–184.

② Haebich, Anna, *Broken Circles, Fragmenting Indigenous Families 1800–2000*, Fremantle Arts Center Press, 2000, p. 198.

③ Haebich, Anna, *Broken Circles, Fragmenting Indigenous Families 1800–2000*, Fremantle Arts Center Press, 2000, p. 199.

旦发现被遗弃的儿童，儿童理事会或土著部就可以要求警察报告具体情况，然后做出下一步的行动决定。如果确定这个儿童遭到遗弃，警察就会提交法庭批准，然后把儿童交由儿童理事会看管。被隔离的并不全是被遗弃的儿童。1912 年，首席保护官提到一个居住在波因特麦克利（Point Mcleay）1/4 混血土著的情况。他认为："尽管这个女孩得到很好的教养，但是我认为，她不应该在土著社会抚养成人。因此，建议儿童理事会对她进行收容管教。"① 1913 年，他命令，立即隔离居住在博德顿（Bordertown）土著中的两个"白皮肤、蓝眼睛"儿童。

一旦得到各方认可，混血土著儿童就被送往位于爱德华镇（Edwardstown）工读学校的收容站，接受基本的文明教育。然后像白人儿童一样进行安置，年龄较小的混血土著儿童送往养育院抚养，年龄稍长的则被送往学徒或工读或实验学校学习技艺，特殊情况下被送往教养院管教。这些混血土著儿童的安置费用与白人儿童标准一致。1914 年，儿童理事会控制了 54 名混血土著儿童。

1913 年，皇家委员会主张强制驱逐保留地的混血土著成年人，加强隔离和教养混血土著儿童，实现对混血土著的吸收。对于混血土著儿童隔离，委员会认为："土著父母对自己的子女有着很深的感情，但是为了混血土著孩子们的利益，必须隔断他们与家庭的关系。由此，我们认为，土著咨询理事会应该有权在 10 岁左右控制混血土著儿童，安置在更好的环境中成长。"②

根据 1913 年皇家委员会的建议，1918 年南澳成立了土著咨询理事会（The Advisory Council of Aborigines—ACA）。这是一个由政府官员和民众共同组成的机构，类似于维多利亚和新南威尔士的土著保护委员会。但是土著首席保护官依然存在。咨询理事会和首席保护官在许多问题上联合行动，但是双方之间存在分歧。咨询理事会主张采用库尼巴儿童养育院（Koonibba Children's Home）模式，这是一个教会布道所，其中建立专门容纳混血土著儿童的宿舍，但是允许孩

---

① Haebich, Anna, *Broken Circles, Fragmenting Indigenous Families 1800－2000*, Fremantle Arts Center Press, 2000, p. 200.

② Haebich, Anna, *Broken Circles, Fragmenting Indigenous Families 1800－2000*, Fremantle Arts Center Press, 2000, p. 201.

子们继续与他们的家庭保持联系。而首席保护官主张混血土著儿童与家庭的完全隔离，建立专门的混血土著儿童收容教养机构，不过经费缺乏成为这种想法的限制。在咨询理事会的支持下，1924年教会在乌德纳达塔（Oodnadatta）建立了一个混血土著儿童养育院，1927年迁到奎恩（Quorn），改称为科尔布鲁克儿童养育院（Colebrook Children's Home）。

五、西澳

随着混血土著人口的日益增长，西澳混血土著儿童隔离越来越受到人们的重视。1904年，沃特·罗斯在西澳北部进行土著状况调查的过程中发现，西澳存在许多混血土著人口。所到之处，他都习惯性地把混血土著称为"流浪者"。他不断宣称，混血土著的存在是整个社会的潜在威胁。① 但是，当时西澳土著法律没有赋予土著管理官员处理混血土著儿童的权力。

1905年西澳土著法规定，首席保护官是16岁以下土著和混血土著儿童的合法监护人，从而清除了隔离混血土著的法律障碍。随后，西澳出现一位混血土著儿童隔离的积极推进者詹姆斯·艾斯戴尔（James Isdell）。艾斯戴尔原是一位牧场主和议员。1907年，他被任命为西澳北部地区的巡逻保护官。1908年11月13日，他给西澳首席保护官查尔斯·盖尔（Charles Gale）写信说："我认为，允许混血土著女孩继续与土著生活在一起是一个巨大的耻辱和丑闻。"1909年1月15日，盖尔发布命令，允许艾斯戴尔把所有混血土著女孩和男孩集中起来，然后把他们转移安置到比格湾（Beagle Bay）。对此，艾斯戴尔说："早在许多年前就应该这样做了。"1909年5月，艾斯戴尔在给盖尔的报告中指出，整个东金伯利地区的混血土著已经全部"清除了"。② 对于南方一些人士关于强制隔离混血土著的残酷性的描述，艾斯戴尔认为这些抱怨是毫无意义的。只要他们亲自到土著生活区去看看混血土著的状况就会改变自己的

---

① Ellinghaus, Katherineus, *Taking Assimilation to Heart, Marriages of White Women and Indigenous Men in the United States and Australia, 1887–1937*, Lincoln & London: University of Nebraska Press, 2006, p. 191.

② Moses, A. Dirk, *Genocide and Settler Society: Frontier Violence and Stolen Indigenous Children in Australian History*, New York: Berghahn Books, 2004, p. 222.

看法。艾斯戴尔写道："我会毫不犹豫地把任何混血土著儿童与其土著母亲隔离开来,无论当时的状况是如何的悲惨。所有的土著妇女从本质上都是妓女,所有土著居民都肮脏、污秽和放荡。"① 他是怀着拯救混血土著的急切心情从事混血土著儿童隔离的。

1915 年,内维尔出任西澳土著事务部的负责人,加快了混血土著隔离的进程。为了通过种族婚姻实现对混血土著的血统改造,内维尔把混血土著儿童隔离作为基本的政策措施加以制度化。首先,内维尔确定了隔离混血土著儿童的最佳时机,最好是从 6 岁起开始隔离;其次,考虑到混血土著的两性关系和人口繁殖问题,内维尔认为,隔离混血土著女孩比隔离混血土著男孩更加重要;其三,内维尔简化隔离的程序,加强隔离的实施。隔离混血土著儿童,在法律程序上不需要任何诉讼,仅仅因为他们是混血土著就可以实施隔离,而不需要去证明这些孩子遭到家庭和父母的遗弃或忽视。在对混血土著儿童实施隔离的过程中,内维尔要求土著部与警察密切合作。警察的主要职责包括及时发现并向土著首席保护官报告自己辖区内混血土著儿童的状况。弗兰克·加里(Frank Gare)是一位西澳土著事务官员。在一次接受采访时,他对隔离混血土著儿童的情况进行了描述:"警察到处巡查,进入土著生活的丛林之中,发现了浅色皮肤的儿童。他们往往把这些儿童抓住带走。1949 年,我到卡那封(Carnarvon)看到一位警察留下的手稿,记载了他们的所作所为。其中写到,如果一位警察在土著生活区发现了浅色皮肤的混血土著儿童,他就会把他们带走送到附近的教会布道所或者政府的教养院。之所以这样做,这是因为内维尔对警察部门的要求。"②

内维尔建立了两个土著居民点——卡坦宁(Katanning)附近的卡罗鲁皮(Carrolup)以及帕斯北面的摩尔河(Moore River)。由于经费的原因,1922 年,卡罗鲁皮被迫关闭,此处的混血土著儿童被转移到摩尔河。摩尔河混血土著教养院建立于 1917 年,在 1922 年卡罗鲁皮关闭之后,这里成为西澳南部唯一可以培训混血土著儿童的地方。③ 1933 年,

---

① Moses, A. Dirk, *Genocide and Settler Society: Frontier Violence and Stolen Indigenous Children in Australian History*, New York: Berghahn Books, 2004, p. 223.
② Quentin Beresford, Paul Omaji, *Our State of Mind: Racial Planning and the Stolen Generations*, Fremantle, W. A.: Fremantle Arts Centre Press, 1998, p. 58.
③ Beresford, Quentin, & Omaji, Paul, *Our State of Mind: Racial Planning and the Stolen Generations*, Fremantle, W. A.: Fremantle Arts Centre Press, 1998, p. 39.

内维尔支持修女凯蒂（Sister Kate）在帕斯附近建立了一个专门收养和培训 1/4 混血土著儿童的机构，即凯蒂修女混血土著养育院。穆拉布拉定居点（Moola Bulla Settlement）是西澳又一个混血土著教养机构，金伯利（Kimberley）东部和西部地区所有的混血土著全部集中在这里。那里拥挤着大约 500 名混血土著，包括男孩和女孩。①

六、北领地

早在 19 世纪末，北领地就开始尝试把混血土著儿童从土著社区分离出来，安置在教会布道所由传教士来进行管教。1911 年，南澳把北领地转交给联邦政府管辖。此后，北领地隔离混血土著儿童的措施逐步得到实施。

联邦政府首任北领地土著保护官赫伯特·巴斯道建议将混血土著儿童集中起来进行训练。1912 年 7 月 31 日，他向代理行政官提交一份备忘录，极力主张在北领地的北部建立一个教养机构，为混血土著提供充足的住房、社区，并对他们进行监视。② 只是他任职仅仅 45 天，这种政策并没有得到及时实施。

1912 年，墨尔本大学杰出的生物学家 W. B. 斯潘塞被任命为北领地土著首席保护官，受命于联邦政府对北领地的土著状况进行调查。经过 12 个月对北领地土著与白人、亚洲人和太平洋岛民的交往问题的研究，1913 年，他向联邦政府提交了《北领地混血土著和土著的初步报告》。报告主张，把所有混血土著儿童从土著社会里隔离出来，安置在专门的教养院里。他认为，不应允许任何混血土著儿童保留在土著社会里。他承认将混血土著与其母亲分离是残酷的，但他坚持认为，这样做比把他们继续留在土著社会污秽的环境里更好。他主张，应把他们迁徙出来安置在布道所和政府控制的教养机构。只要可行，这种计划就应该立即实施。在混血土著孩子还很小的时候，可以允许母亲陪伴。多数情况应该强制混血土著与母亲分离，尽管这样做有些残忍，但是这对混血土著孩

---

① Gammage, Bill, & Peter, Spearritt, *Australians: 1938*, New South Wales: Fairfax, Syme & Weldon Associates, 1987, p. 55.

② Zgbaum, Heidi, "Herbert Basedow and the Removal of Aboriginal Children of Mixed Descent from Their Families", *Australian Historical Studies*, Vol. 34, Iss. 121, 2003, p. 126.

子的成长是有好处的。① 在斯潘塞的努力下，1913—1914 年，集中混血土著儿童的做法得到落实。第一次世界大战爆发前，土著部已经建立了两个混血土著教养机构，位于卡林（Kahlin）的达尔文混血土著养育院（Darwin Half-caste Home 1913 年）和位于艾利斯斯普林（Alice Springs）的小平房混血土著养育院（1914 年）。1923 年，达尔文混血土著养育院混血土著女孩和年幼的男孩被转移到米利角（Myilly Point）附近只有三间房屋的养育院。1927 年，这里的混血土著女孩已经有 45 人。②

在北领地，由于经费紧张和对混血土著两性关系的恐惧，早期隔离主要针对混血土著女孩。到 20 世纪 20 年代后期，北领地土著管理部门发表声明，宣称混血土著隔离政策具有普遍性，也就是试图把每一个混血土著儿童都集中隔离出来。虽然完全隔离没有实现，但是 20 世纪 30 年代中期被确定为混血土著的儿童一半多被隔离出来，安置在政府管理的机构进行教育和培训。③

各殖民地（州）对混血土著儿童实施强制隔离的时间先后不一，但普遍而言，它们也有着明显的共同点。第一，经历一个由隔离土著（纯血统和混血土著）儿童到关注混血土著儿童的过程。第二，均有一定的法律依据，有的依据土著法，有的依据儿童保护法，有的则是两者结合。有的在确定隔离对象之前须经法律审理程序，有的则由保护委员会或保护官决定。第三，有一套隔离的程序，往往由土著管理部门和警察机构共同实施，土著管理部门确定隔离目标与对象，警察负责具体实施。第四，各殖民地（州、领地）均建有专门的隔离教养机构，隔离出来的混血土著儿童被安置在政府或教会的养育机构抚养。总之，在 19 世纪末和 20 世纪上半叶，强制隔离成为澳大利亚政府处理混血土著问题的重要措施。人们希望从小把混血土著从土著家庭与社会中隔离出来，禁绝土著

---

① Spencer, W. Baldwin, "Preliminary Report on the Aboriginals of the Northern Territory", in Sharman N. Stone (ed.), *Aborigines in White Australia: A Documentary History of the Attitudes Affecting Official Policy and the Australian Aborigines, 1697 – 1973*, Melbourne: Heinman Educational Australia, 1974, p. 141.
② Haebich, Anna, *Broken Circles, Fragmenting Indigenous Families 1800 – 2000*, Fremantle Arts Center Press, 2000, p. 192.
③ Moses, A. Dirk, *Genocide and Settler Society: Frontier Violence and Stolen Indigenous Children in Australian History*, New York: Berghahn Books, 2004, p. 225.

家庭与社会对混血土著儿童的影响，试图让他们在新的环境中接受教育和培训，以便被白人社会吸收。

第二节　教育与培训

教育与培训是促进混血土著融入白人之中的重要方式，它与混血土著儿童隔离密切联系在一起。政府期待，经过教育与培训，混血土著男人充当农业和牧业劳动力，混血土著妇女从事家政服务，促进他们融入白人之中。

一、混血土著教育的实施

19世纪上半期政府和教会文明教化土著的试验成为对土著居民进行教育的开始，并为后来混血土著教育提供了经验。由于成年土著对此不感兴趣，所以教化土著的努力集中在儿童身上。在对土著儿童进行教育的过程中，特别强调克服土著家庭和社会对土著儿童成长的负面影响，尽量阻止土著儿童与土著社会和家庭的联系，在封闭的环境里按照白人的方式进行。19世纪60年代，南澳特别委员会指出："对土著儿童的教育应该建立在隔断儿童与父母的联系的基本原则之上。"① 为了实现对土著儿童的隔离教育，最极端的方式就是把土著儿童从土著家庭和社会中绑架出来。19世纪末20世纪初，随着土著"注定灭绝"论的传播，教育纯血统土著的努力被逐步放弃。与此同时，混血土著问题日益严重，随着混血土著儿童隔离的实施，教育得到人们的重视，成为改造混血土著的重要方式。

在北领地，1898年以来，达尔文市的市民就要求把越来越多的混血土著集中起来在城镇中或者城镇附近进行教育。为了把他们训练成为社会的有用之人，1899年北领地的土著保护官弗雷德里克斯·戈德史密斯（Frederick Goldsmith）博士建立了一所工读学校，对混血土著儿童进行集中培训与教育。但是，由于控制不力，往往难以把这些孩子控制在学

---

① Nigel Parbury, "Aboriginal Education: A History", in Rhonda Craven (ed.), *Teaching Aboriginal Studies*, Sydney: Allen & Unwin, 1999, p.67.

校里。① 1910 年 6 月，达尔文港附近的帕默斯顿（Palmerston）警察协理员（Police Subinspector）极力主张把混血土著从土著社会中隔离开来，把他们训练成为有用的仆人和农民。应该考虑为混血土著建立教养院（Reformatory）或者"工读学校"计划。②

1913 年，W. B. 斯潘塞向联邦政府提交《北领地混血土著和土著的初步报告》，主张对混血土著儿童进行教育。他主张，城镇附近的土著居住点和偏远地区的保留地都设立学校，配备经过专业培训的教师。斯潘塞写到，混血土著学校教学内容应该非常简单，包括读、写、算术基础和唱歌（土著对唱歌有特别的天赋）。道德培训也应该尽可能以最简单、最普遍的形式开展。试图以任何系统的方法改变老年土著的生活习惯与价值观念都是浪费时间与精力。所以，应该把所有精力用于教育与培训年轻人。儿童应该在很早就从土著社区迁出来，当然这会遇到一些阻力。一旦他们达到一定年龄，已经习惯了土著的丛林生活，再试图去改变他们将徒劳无功。另一方面，如果从小就让他们习惯定居生活，得到教育与培训，他们就会逐渐失去对游牧生活的兴趣，学会欣赏文明生活。③ 1913 年，斯潘塞在达尔文市郊建立了卡林混血土著养育院。混血土著儿童在这里接受培训，但内容无非是如何保持房屋和自身的干净与整洁，偶尔学习一些刺绣与缝纫。④

1911 年联邦政府接管北领地后不久，就在达尔文和艾利斯斯普林建立混血土著儿童收容所（Home），很多混血土著儿童被从土著母亲的身边带出来进行隔离教育。大约在 13—14 岁时，混血土著女孩就被用作家仆劳动。从 1916 年开始，许多艾利斯斯普林收容所的混血土著女孩被送往南澳工作。她们的工作环境与该州被教养的白人儿童所处的工作环境差不多。由于她们拥有土著血统，她们的工作待遇与白人儿童差距较大。但是，由于离开了北领地，她们不再受到土著法的约束。比较而言，依

---

① Moses, A. Dirk, *Genocide and Settler Society: Frontier Violence and Stolen Indigenous Children in Australian History*, New York: Berghahn Books, 2004, pp. 220 – 221.
② Zgbaum, Heidi, "Herbert Basedow and the Removal of Aboriginal Children of Mixed Descent from Their Families", *Australian Historical Studies*, Vol. 34, Iss. 121, 2003, p. 127.
③ McGregor, Russell, *Imagined Destinies: Aboriginal Australians and the Doomed Race Theory, 1880 – 1939*, Melbourne: Melbourne University Press, 1997, p. 85.
④ Austin, Tony, *I Can Picture the Old Home So Clearly: The Commonwealth and "Half-Caste" Youth in the Northern Territory 1911 – 1939*, Canberra: Aboriginal Studies Press, 1993, p. 54.

然生活在北领地的混血土著女性继续受到土著法的限制。①

但是直到 20 世纪 20 年代末，北领地接受教育的混血土著依然很少。1928 年，J. W. 布莱克利对北领地的土著和混血土著情况进行调查，向联邦政府提交了调查报告。他主张对混血土著进行教育和培训。他认为："应把混血土著从土著社区中拯救出来，给予教育和职业培训的机会，使他们成为北领地的财富。教育要尽量简单，其目的是把他们培养成为能干的工人，能在商业交易中保护自己。对混血土著男性，职业培训主要集中在商业和牧业技能培训；混血土著女性，则主要集中在家政劳动技能培训，不仅使她们成为好的仆人，而且成为能干的家庭主妇。"②

北领地在塞西尔·库克担任首席保护官期间，混血土著儿童的教育与培训得到高度的重视。他认为，为了实现对混血土著的种族与血统改造，对其进行教育和培训是实现这一目标的途径。他主张把混血土著儿童从土著聚居区缺乏教育与培训、经常遭受传染疾病威胁的恶劣环境中隔离出来，以白人儿童的标准对他们进行抚养和教育，进行医疗监控和技能培训。③

1937 年 4 月，西澳土著事务专员内维尔介绍西澳处理混血土著问题的方法和程序时，对教育和培训混血土著的问题进行专门的分析。他认为："摆在我们面前的任务是教育和培训混血土著以使他们能够被同化进白人社会。因此，我们必须采取措施改善混血土著的身体和精神素质。目前，只有 10% 的混血土著表现出身体和精神上的不适。如果要把混血土著人口吸收进白人社会，他们就必须完全健康，并且至少接受三年级水平的教育和培训。如果他们能够读书、写字、计算，知道如何获得工资，懂得如何与雇主订立合同，他们融入白人社会的可能性就更大。一旦这些能力都具备了，就没有理由拒绝他们融入白人社会。为了达到这一目的，我们必须在 6 岁的时候就对混血土著人口负责，等到他们达到

---

① Austin, Tony, "'A Chance to Be Decent': Northern Territory 'Half-Caste' Girls in Service in South Australia 1916–1939", *Labour History*, No. 60, 1991, p. 51.

② Bleakley, J. W., "The Aborigines and Half-castes of Central Australia and North Australia", in Sharman N. Stone, *Aborigines in White Australia: A Documentary History of the Attitudes Affecting Official Policy and the Australian Aborigines, 1697–1973*, Melbourne: Heinman Educational Australia, 1974, p. 157.

③ Markus, Andrew, *Governing Savages*, Sydney: Allen & Unwin, 1990, p. 98.

12、13 岁的时候，再去教育和培训他们就没有用处了。"① 在内维尔看来，确保混血土著融入白人社会是混血土著政策的根本目的与方向，为了实现这个目的，及时地对混血土著儿童进行教育和培训是必须的。

新南威尔士土著保护委员会特别关注年轻混血土著妇女的前途。1921 年，被委员会隔离的儿童有 80% 是女性。这些女孩们被送往位于库塔曼德拉土著女孩教养院（Cootamundra Girl's Home）培训，直到 14 岁以后被送出去劳动。20 世纪 20 年代的任何一年里，库塔曼德拉土著女孩教养院都有 300—400 名混血土著女孩学习为白人家庭做家政服务。②1918 年，土著保护委员会在新南威尔士的北部专门为土著男孩建立了教养机构。这些培训机构的条件和环境都非常恶劣，经常遭到社会的批评。

二、混血土著教育的内容

两位混血土著的回忆可以帮助我们了解混血土著教育的基本内容。混血土著塞西尔·费希尔（Cecil Fisher）曾经于 1933 年被送往布里斯班以北 200 公里的瑟堡（Cherbourg）。费希尔回忆了自己的生活与学习经历："每天早上，小伙伴们必须到距离 100 码的小溪里提水洗澡。上学后，孩子们必须列队站立接受老师们的卫生检查。老师认为，与白人儿童比较，土著儿童的智力低下、思维怪异。因此，授课的内容存在很大差异。对于土著儿童，除每周安排一天的体力训练外，主要学习一些木匠、制革和金属锻造等基本技术。到四年级，大约 14 岁的时候，就不能再呆在学校里了，必须离开学校去工作。"③

默尔·杰克摩斯（Merle Jackomos）是一位 1929 年出生于新南威尔士墨累河库穆拉冈亚（Cummeragunja）保留地的混血土著女性。她是这样回忆自己的学习生活的："我们的学校只有两间房屋：一年级到三年级在一间教室，四年级到六年级在另外一间教室。我们所受的教育非常有限。奥斯汀（Austin）先生和他的太太是学校的老师。奥斯汀太太教授女孩学习编织和缝纫，奥斯汀先生教授男孩学习木工技术。每天早上课

---

① Gammage, Bill, & Spearritt, Peter, *Australians: 1938*, New South Wales: Fairfax, Syme & Weldon Associates, 1987, p. 108.

② Walden, Inara, "To Send Her to Service: Aboriginal Domestic Servants", *Aboriginal Law Bulletin*, Vol. 3 No. 76, 1995, p. 12.

③ Gammage, Bill, & Spearritt, Peter, *Australians: 1938*, New South Wales: Fairfax, Syme & Weldon Associates, 1987, pp. 86–87.

前，奥斯汀太太带领我们做操。"① 从中，我们可以看出，混血土著教育的基本内容包括以下几个方面：

第一，培养文明的生活习惯。

如前所述，人们认为混血土著生来就沾染了一些恶劣习气，与文明生活格格不入。因此，教育作为促进混血土著吸收的方式，首要的任务就是清除他们的落后生活习俗，确立起白人的生活方式。正如 F. E. A. 贝特曼（F. E. A. Bateman）指出的那样，教育与培训的目标应该是消除混血土著普遍具有的懒惰和闲散习气，帮助他们养成勤劳与努力工作的习惯。② 1913 年，斯潘塞在提交给联邦政府的《北领地混血土著和土著的初步报告》中也指出，教育混血土著的基本目的是培养他们勤劳的习惯。除非养成这样的习惯，否则，他们就没有机会从现有的状况下获得改善，他们就难以被白人吸收。③

混血土著索菲·哈里森（Sophie Harrison）的经历就是最好的证明。1938 年，哈里森被送入南澳波因特麦克利学习。根据她的回忆，入校后，老师们教育她的第一件事情是纪律：什么应该做，什么时候上学，如何端坐，如何立正站立之类的事情。④ 上学第一天，学校发给每个混血土著儿童牙刷、杯子、饭碗等生活用品。每天早上，混血土著儿童必须做的第一件事情是带上牙刷和牙膏，在老师的监督下以正确的方式把牙齿刷干净。每个儿童都有一个盆子，每天早上必须洗手，然后老师逐个检查儿童们的手是否干净，检查手指甲是否需要修剪。每个儿童都有一条写着自己名字的毛巾，用后必须把它按照规定挂好。⑤ 文明生活习惯的养成受到特别的重视。

第二，学习为白人服务的技艺。

为了把混血土著改造成为有用的劳动者，为白人服务，因此传授他

---

① Gammage, Bill, & Spearritt, Peter, *Australians：1938*, New South Wales：Fairfax, Syme & Weldon Associates, 1987, p. 90.

② Bateman, F. E. A. , "Survery of Native Affairs", *Western Australia Votes & Proceeding*, Vol. 2, No. 19, 1948, p. 27.

③ McGregor, Russell, *Imagined Destinies：Aboriginal Australians and the Doomed Race Theory, 1880 - 1939*, Melbourne：Melbourne University Press, 1997, p. 85.

④ Gammage, Bill, & Spearritt, Peter, *Australians：1938*, New South Wales：Fairfax, Syme & Weldon Associates, 1987, p. 79.

⑤ Gammage, Bill, & Spearritt, Peter, *Australians：1938*, New South Wales：Fairfax, Syme & Weldon Associates, 1987, p. 80.

们为白人服务的技艺成为教育的基本内容。这突出地体现在课程的设置上。教学课程主要是：男孩是体力劳动，女孩是家政劳动。这样做的目的是把混血土著造就成为满足白人经济利益需要的贱民集团。之所以只为混血土著学生设计这样的初级课程，其原因在于，人们认为，混血土著天生智力低下，即使是那些在学校表现很好的人在教养院也被说成"不正常"或"迟钝"。① 一是混血土著儿童的能力有限；二是白人普遍认为，想把混血土著训练成为高级职业的劳动者的努力都是浪费时间。1901年，阿奇博尔德·梅斯顿（Archibald Meston）对昆士兰议会说："教授混血土著学生写作、分数、小数以及其他任何可能帮助能够与白人竞争的学科都不会取得实际的效果。"②当然，混血土著儿童在学校里还学习写作，他们中还有一些人表现非常优秀。他们还学习历史、地理等科目。他们使用铅笔学习写字，然后学习使用钢笔。③ 不过，与学习劳动技能比较，文化学习显得不那么重要。

1916年，新南威尔士土著学校课程大纲指出："混血土著儿童的学校生活是有限的，他们不可能成就较高的文化水平。众所周知，要求文化水平的就业机会实际上是不对他们开放的。经验已经告诉我们，混血土著男孩将成为农业劳动力，女孩将成为家政仆人。因此，体力劳动训练是混血土著学校的课程大纲的特色，而且体力劳动训练被认为是最重要的课程。"④一位混血土著这样回忆自己的学校时光："每周的课堂教学安排几乎是一样的。星期三下午是操练，星期四下午是烹调，星期五下午是唱歌。同时还要学习裁缝等家政细活。混血土著女孩之所以学习这些，其目的在于将来走出学校后到白人家庭劳动。混血土著男孩学习编织、木匠活等对他们离开学校后有用的技艺。他们中有一些出色的木匠和编织工，他们常常编织篮子之类的东西，木匠活也做得很好。"⑤

---

① Read, Peter, *A Rape of the Soul so Profound, the Return of the Stolen Generations*, St Leonards NSW: Allen & Unwin, 1999, p. 35.
② Craven, Rhonda, *Teaching Aboriginal Studies*, Sydney: Allen & Unwin, 1999, p. 70.
③ Gammage, Bill, & Spearritt, Peter, *Australians: 1938*, New South Wales: Fairfax, Syme & Weldon Associates, 1987, p. 81.
④ Craven, Rhonda, *Teaching Aboriginal Studies*, Sydney: Allen & Unwin, 1999, pp. 70 – 71.
⑤ Gammage, Bill, & Spearritt, Peter, *Australians: 1938*, New South Wales: Fairfax, Syme & Weldon Associates, 1987, p. 81.

第三，改造混血土著的信仰。

教会是早期教化土著居民的主要力量。在对混血土著进行教育的过程中，教会也起着重要的作用。19世纪后期，教会布道所再次相继在各地建立。教会的目的在于破坏土著文化，传授土著儿童欧洲生活方式和价值观念成为文明教化的根本目的。1860年，阿德莱德主教说："我宁愿看到土著作为基督教徒死去，也不愿意他们作为异教徒苟延残喘。我相信，无论如何土著种族将会灭绝。"①这表现出教会对教化土著的决心。19世纪末20世纪初，随着混血土著教育的开展，教会成为教化混血土著儿童的积极参与者。有的混血土著养育机构本身就是教会建立的，即使是政府建立的养育机构，传教士也参与其中。教育的重要目的就是改造混血土著的思想信仰。一位20世纪30年代被隔离在北领地艾利斯斯普林混血土著养育院的混血土著男性回忆："在那里土著文化被完全抛弃。他们（土著管理人员）反复给我们灌输基督教思想，要求我们跪着祷告。任何时候，比如发誓什么的，我们都必须祷告。"②

三、混血土著教育的特点

在吸收混血土著的政策设计中，教育仅仅被认为是实现吸收的手段。混血土著教育受到各方面的制约和限制，所谓的教育也只不过是简单的培训而已。

混血土著儿童的教育普遍糟糕，教师没有受到专门的培训，学校设施达不到标准。③ 普遍缺乏经费，各种设施和条件不完善。新南威尔士金奇拉（Kinchela）混血土著男孩教养院的条件与卫生状况恶劣。由于经费缺乏，连基本的儿童设施都没有。在这样的条件下，混血土著儿童接受的教育非常有限。一位被隔离在此的混血土著回忆说，在那里，我们没有得到什么培训，仅仅是去了学校，而当离开学校的时候，就被称为工人或牛奶工等什么的去工作了。这就是所谓的培训学校，但是至于我们在此获得了什么培训，我没有发现有什么培训，没有人学到任何技

---

① Craven, Rhonda, *Teaching Aboriginal Studies*, Sydney: Allen & Unwin, 1999, p. 68.

② Human Rights and Equal Opportunity Commission, *Bringing Them Home: Report of the National Inquiry into the Separation of Aboriginal and Torres Strait Islander Children from Their Families*, Sydney: Sterling Press, 1997, p. 117.

③ Nigel Parbury, "Aboriginal Education: A History", in Rhonda Craven (ed.), *Teaching Aboriginal Studies*, Sydney: Allen & Unwin, 1999, p. 70.

术。金奇拉混血土著男孩教养院的工作人员承认，对那些被安置在此的混血土著男孩来说，几乎没有什么有用的训练，教养院更多的是一个看管这些男孩到他们送出去成为劳动者为止的地方。①

1936 年，保罗·哈斯勒克对西澳混血土著的状况进行了调查。他发现，估计在西澳南部地区学龄混血土著儿童超过 400 人，其中 100 多人名义上在学校注册登记了，45 人在两个布道所，其余的分散在各州立学校，但是经常参加学习的远远少于这个数据。②

这样的状况不仅是西澳混血土著处境的描述，更是整个澳大利亚混血土著状况的描述。在澳大利亚各级政府的精心设计下，混血土著被严密监控，从出生到老死，每个人生阶段以及生活的各个方面无不受到政府的控制。1973 年，比斯卡普（Biskup）指出，隔离混血土著儿童的政策对混血土著的教育产生了巨大的影响。1904 年大约 1/3 的儿童能识字上学。此后人数急剧下降，以至于他们不再值得记载下来。③

混血土著教育是一种与公共教育分离的特殊教育。之所以如此，其原因在于白人社会对混血土著的普遍排斥。新南威尔士和西澳在这方面表现得非常明显。1880 年，新南威尔士《公共教育法》（*Public Instruction Act*）规定，对所有儿童实施"自由、世俗和义务"教育。1883 年，15 名混血土著学生进入亚斯（Yass）公立学校，立即遭到当地白人的反对。白人儿童的家长向亚斯公立学校管理委员会提出警告，如果不把这些混血土著儿童驱逐出去，他们就将所有的白人儿童撤走。随后，混血土著儿童被强制离开学校。对此，新南威尔士教育部长发表声明指出，公立学校是否准许混血土著儿童入学主要取决于当地白人的态度。鉴于白人的态度，新南威尔士土著保护委员会采取隔离教育的方式，在混血土著儿童集中的地方，如果经费充足，就建立隔绝性的混血土著学校。1900 年，新南威尔士已经有 13 所这样的学校。凡是建有隔离学校的地方，当地的混血土著儿童就不得进入公立学校。20 世纪初，公立学校排斥混血土著儿童的措施进一步强化。

---

① Read, Peter, *A Rape of the Soul so Profoun, the Return of the Stolen Generations*, St Leonards NSW: Allen & Unwin, 1999, pp. 36 – 37.
② Hasluck, Paul, "Seeking a Solution, Farm Schools Suggested Camps Swarming with Children, (No. 4)", *The West Australian*, 27th July, 1936.
③ Euersley, Ruth, "Aboriginal Children and Their Families: History and Trends in Western Australia", *Youth Studies*, Vol. 9, Iss. 2, 1990, p. 34.

其他各州混血土著教育的情况也大致相同。20世纪初，西澳教育部长批准在西澳西南部的公立学校全面排斥土著儿童。①西澳南部地区的白人儿童父母反对混血土著儿童进入州立学校学习。即使是那些干净、体面和行为端正的混血土著儿童，白人也反对他们进入州立学校。②混血土著进入公立学校的情况是非常少的。即使有，也会遭到白人的强烈抵制。白人对混血土著的态度显示出顽固的冷酷、麻木。

一般而言，教育与隔离是联系在一起的，隔离混血土著儿童的教养院等机构都附带有教育功能。混血土著教育是在隔离机构里进行的。西澳莫拉布拉（Moola Bulla）收容所就为混血土著儿童安排了教育和培训。只有一位教师，名叫霍夫登（Hoveden）。他来自珀斯。周一到周五是学习时间，周末混血土著儿童往往被带出去游玩。外出时，为了阻止混血土著男孩与女孩的接触，避免麻烦的产生，男孩和女孩总是沿着相反的方向行进。③北领地的混血土著养育院配备有少量的教师专门教育混血土著儿童。1938年，艾利斯斯普林混血土著养育院的老师由原来的2人增加到3人。④

第三节 血统改造

在优生学和人类学的影响下，巴斯道提出混血土著生物吸收，成为解决混血土著问题的重要手段。各州（领地）对生物吸收方案的反应存在明显差异。经济社会发达、土著人口较之白人人口相对较少的东南部各州表示默认；昆士兰首席保护官 J. W. 布莱克利坚决反对；而土著人口较多的西澳与北领地不仅接受，而且积极开展血统改造试验。生物吸收，也可以称之为血统改造，就是希望通过混血土著女性和白人男性或者肤色较浅的男人结合，逐步清除混血土著身上的土著血统，融

---

① Parbury, Nigel, "Aboriginal Education: A History", in Rhonda Craven (ed.), *Teaching Aboriginal Studies*, Sydney: Allen & Unwin, 1999, p. 68.

② Hasluck, Paul, "Seeking a Solution, Farm Schools Suggested Camps Swarming with Children, (No. 4)", *The West Australian*, 27th July, 1936.

③ Gammage, Bill, & Spearritt, Peter, *Australians: 1938*, New South Wales: Fairfax, Syme & Weldon Associates, 1987, p. 56.

④ Gammage, Bill, & Spearritt, Peter, *Australians: 1938*, New South Wales: Fairfax, Syme & Weldon Associates, 1987, p. 51.

入白人之中，从而达到促进改造现有混血土著人口和捍卫种族纯洁的目标。

一、各州对生物吸收方案的反应

昆士兰土著首席保护官 J. W. 布莱克利认为，在昆士兰，白人人口稀少，土著居民人口众多，混血土著人口快速增长。在这种情况下，根本不可能通过生物吸收把混血土著纳入白人之中。要保障昆士兰的种族纯洁和"白澳"理想，只有对土著居民实施隔离，完全将他们排除在白人社会之外。在其他各地广泛赞同"血统改造"的同时，昆士兰却明确反对混血土著以及土著与白人婚配。

澳大利亚东南部各州殖民开发早，社会发展程度高。暴力冲突与疾病的侵袭使土著人口急剧减少，而且白人与土著长期的交往也导致土著人口结构的巨大变化，纯血统土著越来越少，混血土著成为土著人口的主体。此外，东南部各州也曾经移入大量的亚洲人（主要是华人），比如在 19 世纪 50—80 年代淘金潮时期的维多利亚，但是到 1891 年之后，华人就逐渐减少了，从 1857 年的 25424 人减少到 1901 年的 7349 人，仅仅占维多利亚总人口的 0.8%。在 19 世纪中期淘金潮中，新南威尔士也有大量的华人，当时大约有 17000 人左右。1881 年，新南威尔士开始实施限制华人的法律，此后华人逐渐减少。① 20 世纪之后，东南部各州有色人种居民（亚洲人和太平洋岛民）已经很少。

因此，政府不必担心混血土著与有色人种结合而产生被认为更为低劣的混血儿。作为少数人的混血土著已经散布在数量上占绝对多数的白人之中，政府自信可以通过自由交往融合混血土著。事实上，从 19 世纪末开始，东南部各州已经开始实施经济吸收，混血土著被从土著社会隔离出来，进入白人社会之中，白人男性便以各种方式（尽管不是后来生物吸收所宣扬的婚姻）与混血土著女性发生关系。换句话说，巴斯道所说的生物吸收已经在悄悄地进行了，政府不必再将此作为政策加以宣扬和实施了。而且，政府更为清楚的是，在

---

① Ellinghaus, Katherineus, *Taking Assimilation to Heart, Marriages of White Women and Indigenous Men in the United States and Australia, 1887–1937*, Lincoln & London: University of Nebraska Press, 2006, p. 250.

白人女性充足的情况下,鼓励白人男性与混血土著女人的婚姻也没有多大意义。

与东南部地区有着很大不同的是,西澳与北领地的土著人口多,占总人口的比例很大,同时还有大量的有色人种人口存在。以北领地为例,1911年,白人有1729人,绝大多数是男人。华人为1633人,还有尚未登记的一些日本人、太平洋岛民、毛利人和其他亚洲人。土著人口估计在20000—50000人之间。① 20世纪20年代后期,北领地白人接近3000人（主要是男性）,而纯血统土著大约有20000人,混血土著800多人,另外还有有色人种侨民（主要是华人、马来人和太平洋岛民等）700多人。② 土著人口远远超过白人人口,混血土著在数量上不断逼近白人。在这样的人口结构中,人们非常担心,混血土著超过白人,从而威胁白人的主导地位。

不仅如此,使得问题更为严重的是这些地区的性别比例失调依然严重。直到20世纪20年代,澳大利亚内地的白人依然很少,白人女性尤其稀缺。1928年,J. W. 布莱克利在对北领地的土著状况进行调查后指出:"在气候和自然条件不适合白人妇女生活的北方地区（主要是北领地）,白人男性对土著妇女的侵犯非常严重。除非北领地的条件得到改善,除非白人女性愿意且能够适应当地环境在这里定居下来,否则,任何阻止虐待土著妇女和限制混血土著增长的努力都是徒劳。在澳大利亚北部和中部,一个品行良好的白人女性比任何法律制度更能对土著处境的改善产生积极的影响。"③ 大量的有色人种居民（亚洲人和太平洋岛民）主要是前来寻求发财机会的男性,性别比例的失调比当地白人还要严重。他们与土著妇女的婚姻不断出现,土著与有色人种的混血后代也不断产生。这严重地威胁着这

---

① Ellinghaus, Katherineus, *Taking Assimilation to Heart, Marriages of White Women and Indigenous Men in the United States and Australia, 1887 – 1937*, Lincoln & London: University of Nebraska Press, 2006, pp. 195 – 196.

② Commonwealth of Australia, *Aboriginal Welfare: Initial Conference of Commonwealth and State Aboriginal Authorities*, Held at Canberra, 21st to 23rd April 1937, p. 35.

③ Bleakley, J. W., "The Aborigines and Half Castes of Central Australia and North Australia", in Sharman N. Stone (ed.), *Aborigines in White Australia: A Documentary History of the Attitudes Affecting Official Policy and the Australian Aborigines 1697 – 1973*, Melbourne: Heinman Educational Australia, 1974, pp. 156 – 157.

些地区的种族纯洁。① 在这样的背景下，巴斯道提出的生物吸收方案自然得到了欢迎。

于是，生物吸收得到西澳和北领地的接受和推行，正如 1933 年 7 月 25 日《西澳人报》(West Australian) 所刊发的一篇文章所言："生物吸收成为澳大利亚最重要的两位首席保护官的基本观念和做法，他们就是西澳的内维尔和北领地的塞西尔·库克。"②

二、内维尔的血统改造试验

1875 年 10 月 20 日，内维尔出生于英格兰诺森伯兰 (Northumberland)。他的父亲是一位安立甘教牧师，在诺森伯兰拥有一片富饶的地产。内维尔从小就坚信，把基督教与和平带到帝国最偏远的角落和最落后的人群之中是不列颠神圣的使命。与同时代的人一样，内维尔具有强烈的种族主义思想。当时人们普遍认为土著是劣等种族，他们黑色的皮肤标志着他们是人类不同分支的成员。③ 儿童时代，内维尔随父母移民维多利亚。1897 年，内维尔来到西澳，成为当地的一名公务员。1902 年，他被任命为新建立的殖民地秘书部的记录员。随着职位的提升，内维尔越来越关注土著问题。1915 年，内维尔被任命为西澳首席土著保护官，1936 年，改任土著事务专员 (Commissioner for Native Affairs)，并担任该职位直到 1940 年退休。

内维尔爱好钻研学问，喜欢与科学家为伍。他能言善辩，博览群书，尤其感兴趣的是人类学。出任土著首席保护官后，他试图依靠科学寻求土著问题的解决。1915 年 9 月，内维尔来到西澳南部视察土著情况，第一次发现那里有很多混血土著儿童。混血土著儿童恶劣的生活条件使内维尔震惊。从此，他决心改善混血土著的处境，开始寻求处理混血土著

---

① Spencer, W. Baldwin, "Preliminary Report on the Aboriginals of the Northern Territory", in Stone, Sharman N., ed., *Aborigines in White Australia: A Documentary History of the Attitudes Affecting Official Policy and the Australian Aborigines 1697 – 1973*, Melbourne: Heinman Educational Australia, 1974, p. 138.

② Moses, A. Dirk, *Genocide and Settler Society: Frontier Violence and Stolen Indigenous Children in Australian History*, New York: Berghahn Books, 2004, p. 232.

③ Beresford, Quentin, & Omaji, Paul, *Our State of Mind: Racial Planning and the Stolen Generations*, Fremantle, W. A: Fremantle Arts Centre Press, 1998, pp. 31 – 32.

问题的方法。① 1926 年，在一次演讲中，他说："该是科学起作用的时候了，科学必须在土著新生方面发挥作用。"② 当时流行的纯血统土著"注定灭绝"论、澳大利亚土著与白人同种同源论以及优生学方法得到内维尔的接受和重视。他意识到"纯血统土著正在明显消亡，混血土著正在不断增加"③。1925 年，巴斯道出版《澳大利亚土著》一书。内维尔认同巴斯道在该书提出的观点，坚信土著与白人有着同样的血统，同样属于高加索人种。④ 在接受当时流行的所谓科学理论的基础上，内维尔开始设计自己的混血土著吸收模式。

1930 年，内维尔在《西澳人报》上连续刊发三篇文章，专门探讨"混血土著问题"的处理方法和路径。4 月 18 日，内维尔在第一篇文章中指出："纯血统土著注定将灭绝。对于混血土著，允许白人与他们通婚，由此他们的后代将最终成为白人。"他还向读者保证，混血土著与白人通婚的后代不会出现返祖现象。内维尔初步提出了生物吸收的思路。4 月 19 日，他在发表的第二篇文章中写道，混血土著是"一个非常虚弱的群体"，他们的食物即将耗尽。他们的命运是什么？一个未受教育、未经训练、营养不良、虚弱的群体如何面对生活与未来？⑤ 内维尔强调了混血土著处境的艰难，突出了混血土著问题的紧迫性。6 月 8 日的第三篇文章首先指出："土著与白人的结合不会在后代身上产生返祖现象"，并宣扬"1/4 和 1/8 混血土著与白人没有明显差别。鼓励混血土著与白人的婚姻最终会使混血土著成为白人"。⑥ 具体而言，内维尔认为，鼓励 1/2 混血土著妇女与白人或者其他混血人口（1/4 混血，1/8 混血）男子结婚就会产生土著血统越来越少的后代。这样经历数代，未来的种族问

---

① Beresford, Quentin, & Omaji, Paul, *Our State of Mind: Racial Planning and the Stolen Generations*, Fremantle, W. A. Fremantle Arts Centre Press, 1998, p. 39.

② Zgbaum, Heidi, "Herbert Basedow and the Removal of Aboriginal Children of Mixed Descent from Their Families", *Australian Historical Studies*, Vol. 34, Iss. 121, 2003, p. 131.

③ A. O. Neville, *Australia's Coloured Minority: Its Place in the Community*, Sydney: Currawong Publishing, 1947, p. 58.

④ Jacobs, Patricia, "Science and Veiled Assumptions: Miscegenation in W. A. 1930 – 1937", *Australian Aboriginal Studies*, No. 2, 1986, p. 16.

⑤ Zgbaum, Heidi, "Herbert Basedow and the Removal of Aboriginal Children of Mixed Descent from Their Families", *Australian Historical Studies*, Vol. 34, Iss. 121, 2003, p. 132.

⑥ Zgbaum, Heidi, "Herbert Basedow and the Removal of Aboriginal Children of Mixed Descent from Their Families", *Australian Historical Studies*, Vol. 34, Iss. 121, 2003, p. 132.

题就可以得到解决。这个生物吸收的过程与结果则如图 4-1 所示，1/2 混血土著母亲是生物吸收的开端，她们与白人男性结合所生的 1/4 混血土著（Quarter Caste 或 Quadroon）后代与白人几乎一样；而 1/4 混血土著女性与白人男性结合所生的 1/8 混血土著（Octoroon）后代完全与白人无法区分。① 从 1/2 混血土著到 1/4 混血土著，再到 1/8 混血土著，土著血统不断被清除，白人血统不断注入，从不是白人到与几乎与白人相像，最后与白人无法区分、完全成为白人。这就是混血土著血统改造的过程。

图 4-1 内维尔设计的生物吸收过程：从土著到白人

注：从右到左三代混血土著的血统变化。第一代二分之一混血土著（父亲：澳大利亚爱尔兰移民，母亲：纯血统土著）；第二代四分之一混血土著（父亲：苏格兰裔澳大利亚人，母亲：二分之一混血土著）；第三代八分之一混血土著（父亲：爱尔兰裔澳大利亚人，母亲：四分之一混血土著）。

资料来源：A. O. Neville, *Australia's Coloured Minority: Its Place in the Community*, Sydney: Currawong Publishing, 1947, p. 73.

确保这个生物吸收过程的顺利开展关键在于要使白人男性放心地接受混血土著女性，并与之结合。因为当时许多人认为，在文化与习性上存在巨大差别的两个种族之间的婚姻并不明智；而且种族婚姻还会出现返祖现象。② 针对这种情况，内维尔不断强调，澳大利亚土著与白人是

---

① A. O. Neville, *Australia's Coloured Minority: Its Place in the Community*, Sydney: Currawong Publishing, 1947, p. 59.

② A. O. Neville, *Australia's Coloured Minority: Its Place in the Community*, Sydney: Currawong Publishing, 1947, p. 57.

同一种族的不同分支，因此混血土著与白人的婚配所生的后代不会发生隔代遗传现象。

内维尔将生物吸收视为一个系统工程，在实施的过程中关键把握三点：一是强制隔离混血土著儿童，严禁他们与土著母亲接触；二是严格控制混血土著人口之间的婚姻；三是鼓励混血土著与白人婚配。① 隔离混血土著儿童是内维尔混血土著政策的基础，控制混血土著的婚姻，实现对混血土著的血统改造是目的。这样坚持下去，澳大利亚土著（不仅是纯血统土著，也包括混血土著）将最终消失。

将隔离出来的混血土著儿童集中在政府管理的定居点和专门的收容机构实施教育和培训是内维尔实现生物吸收的基本手段。这样做的目的在于隔断混血土著儿童与土著文化和传统的联系。在摩尔河混血土著养育院，那些被从父母身边强制隔离到这里的混血土著，一到达就会取新的名字，安排新的生日时间，并被告知他们的父母对他们已经失去了兴趣。为了阻止混血土著与父母联系，养育院还对那些试图逃跑的儿童进行严厉的处罚。1918—1919 年，摩尔河养育院里一位 15 岁的混血土著女孩被监禁在一个小铁皮屋里长达 67 天，原因是她曾经多次试图逃走与生活在保留地的家人团聚。② 在养育院里，混血土著儿童不得保留任何土著文化与传统的痕迹，与家庭的联系被严格控制。内维尔期待"把混血土著儿童从其母亲身边带走，从此不让他们再相见。这样，混血土著儿童就会像白人一样成长"③。为了鼓励混血土著女性与白人男性婚配，1933 年，内维尔支持修女凯蒂在帕斯建立了一个专门收养和培训 1/4 混血土著儿童的机构，即凯蒂修女混血土著养育院。凯蒂希望，在养育院里给予 1/4 混血土著儿童与白人儿童一样的待遇。同时希望通过选育的办法清除他们身上所带有的土著血统。她曾经向内维尔表示，她反对 1/4 混血土著之间的婚姻，她宁愿 1/4 混血土著女子与白人男性结合。④ 内

---

① Beresford, Quentin, & Omaji, Paul, *Our State of Mind: Racial Planning and the Stolen Generations*, Fremantle, W. A.: Fremantle Arts Centre Press, 1998, p. 47.

② Read, Peter, *A Rape of the Soul So Profound, the Return of the Stolen Generations*, St Leonards NSW: Allen & Unwin, 1999, pp. 23 – 24.

③ Commonwealth of Australia, *Aboriginal Welfare: Initial Conference of Commonwealth and State Aboriginal Authorities*, Held at Canberra, 21st to 23rd April 1937, p. 12.

④ Beresford, Quentin, & Omaji, Paul, *Our State of Mind: Racial Planning and the Stolen Generations*, Fremantle, W. A.: Fremantle Arts Centre Press, 1998, p. 44.

维尔希望以隔离教育促进混血土著吸收。

内维尔设计的生物吸收政策是建立在对混血土著婚姻（性）关系的控制之上的。内维尔禁止浅色皮肤的混血土著与深色皮肤的混血土著以及纯血统土著之间的婚姻（性）关系，鼓励混血土著女性与肤色更浅的人或白人婚配。要确保生物吸收的顺利开展，就必须使白人男性接受混血土著女性，使他们相信与混血土著女性通婚没有危险。而当时许多人认为，历史上曾经产生的、现实中依然存在的种族婚姻的后代并不好，会出现返祖现象。① 因此，内维尔不断宣传两点：一是混血土著女性的优点；二是种族婚姻的后代不会产生返祖现象。

在1930年6月发表的关于混血土著问题的第三篇文章里，内维尔对混血土著女性的优点进行了分析。后来，他还不断地宣扬混血土著女性的优点。他认为，1/2混血土著女孩年轻漂亮、生性活泼、自信而从容；1/4混血土著女孩就更有特殊魅力，她们拥有性感的身材、蓝色的眼睛、赤褐色或金色的秀发。对于这两种混血土著女孩，只要得到恰当的抚养，她们就会成长为健康漂亮女孩。我们必须做的事情就是把这些混血土著女孩纳入我们的行列中来，如果这些混血土著女孩与白人男性的种族婚姻越来越流行，那么我们将从中受益。我们面临的种族（土著）问题将自行解决。②

1934年，西澳组建莫里斯皇家委员会专门调查该州的土著人口问题。H. D. 莫里斯（H. D. Moseley）在西澳开展了行程长达14000英里的广泛调查，收集了关于土著和混血土著状况的大量资料。当时，人道主义者和伦敦媒体批评内维尔的政策，土著社会控诉政府奴役、虐待、凌辱土著儿童。面对社会上的质疑，内维尔坚持自己的立场，并向委员会提交书面材料进行辩护。他首先对西澳的土著状况与混血土著问题的严重性进行了分析，指出在发达的南部地区，纯血统土著很少，混血土著大量存在，而且还在不断增加。混血土著的处境非常艰难。如果允许他们继续留在土著社会中生活，只会使他们越来越退化。他们会日复一日地无所事事，一有机会就会赌博和酗酒。更为严重的是，由于古老部落

---

① A. O. Neville, *Australia's Coloured Minority: Its Place in the Community*, Sydney: Currawong Publishing, 1947, p. 57.

② A. O. Neville, *Australia's Coloured Minority: Its Place in the Community*, Sydney: Currawong Publishing, 1947, p. 57.

习惯法的瓦解，年轻混血土著男女的行为没有任何限制和约束，道德败坏严重。混血土著女孩往往在年幼时就被诱奸。在混血土著中，乱伦是常事，年轻人堕落非常普遍。① 然后，内维尔重申了自己解决混血土著问题的思路。他强调，既然澳大利亚土著源自高加索种族，那么"以种族婚姻对混血土著实施血统改造"不仅可行，而且是解决混血土著问题的最好方法。隔离混血土著儿童，使其远离纯血统土著的影响，对促进混血土著吸收有着重要的意义。因为隔离教育可以帮助混血土著提高自己的素质，学习白人的文化，从而有利于与白人男性的结合。通过混血土著妇女与白人的婚配，混血土著进步的过程得到加速，他们的土著特征将会消失，直到最终成为白人。② 为了达到这一目的，对混血土著儿童实施隔离、监视、训练是必要的。内维尔认为，无论他们喜欢与否，都必须受到控制，他们不能继续成为"土著"，而必须成为白人。

内维尔捍卫生物吸收政策的努力得到 H. D. 莫里斯的认可。1935 年，H. D. 莫里斯向西澳政府提交了调查报告。报告列举了西澳土著管理存在的问题，指出混血土著生存环境的艰难，摩尔河混血土著养育院住宿拥挤、房屋破旧和虫害泛滥。在报告中，他警告政府："当前社会面临的最大问题是混血土著问题"，重申了混血土著问题的严重性。③ 为了解决严重的土著和混血土著问题，报告建议扩大土著首席保护官内维尔的权力，赞同内维尔关于把土著儿童与其父母隔离的建议和实践。委员会提出的报告列举了该政策存在的问题，但建议继续坚持内维尔的政策。

内维尔的做法得到政府的支持，不过效果却非常有限。1936 年，西澳总理在州议会吹嘘："现在土著部有一份名单，上面记载了 61 位白人与混血土著妇女的婚姻状况。而且，这份名单还不完全。"④ 1937 年全国土著会议上，内维尔向与会者称，西澳已经有 80 位白人男性与混血土著

---

① Moses, A. Dirk, *Genocide and Settler Society*: *Frontier Violence and Stolen Indigenous Children in Australian History*, New York: Berghahn Books, 2004, p. 234.

② Zgbaum, Heidi, " Herbert Basedow and the Removal of Aboriginal Children of Mixed Descent from Their Families", *Australian Historical Studies*, Vol. 34, Iss. 121, 2003, p. 132.

③ Beresford, Quentin, & Omaji, Paul, *Our State of Mind*: *Racial Planning and the Stolen Generations*, Fremantle, W. A.: Fremantle Arts Centre Press, 1998, p. 40.

④ Ellinghaus, Katherineus, *Taking Assimilation to Heart*, *Marriages of White Women and Indigenous Men in the United States and Australia*, *1887–1937*, Lincoln & London: University of Nebraska Press, 2006, p. 196.

妇女结婚。婚后，他们都过着幸福美满的生活。① 相对于 2000 多混血土著，几十名与白人男性结婚的混血土著妇女显得微乎其微。

三、塞西尔·库克的优生学试验

1927 年，29 岁的塞西尔·库克博士被任命为北领地首席保护官和医疗官，成为 1914 年以来北领地第一位全职的首席保护官。直到 1939 年，他长期担任这一职务。在 20 世纪上半期的土著管理者中，塞西尔·库克博士是主张通过"选育方法清除土著血统"来解决混血土著问题的支持者和实践者。塞西尔·库克一直强烈支持以种族婚姻方式对混血土著实施血统改造，直到 1939 年他从北领地首席保护官的职位上退休。②

北领地土著人口远远超过白人人口，混血土著在数量上逐渐逼近白人，而且北领地白人与混血土著增长速度差别很大。北领地的白人也担心混血土著人口超过白人人口。他们相信，如果听任混血土著儿童留在土著居民中，他们可能回到野蛮状态，或者成为社会的威胁。作为首席土著保护官，塞西尔·库克博士对混血土著人口的增长问题极度关注，他预计北领地白人将面临混血土著在数量上成为多数的威胁。③ 1932 年 7 月，在一份题为《混血土著问题》的备忘录里，塞西尔·库克指出："北领地白人人口以每年 1% 的速度减少，而混血土著人口却以每年 2% 的速度增加。在 15 年，或者 20 年时间内，混血土著人口将超过白人，成为北领地人口的主体。"④ 在塞西尔·库克任期内，一个噩梦总是萦绕在他的心头，他非常害怕在北领地混血土著人口超过白人的时刻的到来，害怕混血土著人口的增加破坏在北领地实现"白澳"理想的期望。对此，塞西尔·库克认为，解决混血土著的最好方法在于最终根除混血土著人口。他认为，实现这一目标的途径在于把混血土著女孩从土著社区隔离出来，对她们进行教育，提高她们的素养，以便于她们与白人男性

---

① Commonwealth of Australia, *Aboriginal Welfare: Initial Conference of Commonwealth and State Aboriginal Authorities*, Held at Canberra, 21st to 23rd April 1937, p. 11.
② Moses, A. Dirk, *Genocide and Settler Society: Frontier Violence and Stolen Indigenous Children in Australian History*, New York: Berghahn Books, 2004, p. 228.
③ Markus, Andrew, *Governing Savages*, Sydney: Allen & Unwin, 1990, p. 92.
④ Moses, A. Dirk, *Genocide and Settler Society: Frontier Violence and Stolen Indigenous Children in Australian History*, New York: Berghahn Books, 2004, p. 228.

婚配。①

塞西尔·库克认为，混血土著男性与女性对白人社会的威胁存在差别。混血土著男性主要危害种族纯洁，对白人构成经济竞争。他认为，如果混血土著人口增加，北领地将会面临很大的社会问题。如果他们无法就业，混血土著男性就会成为社会革命的潜在根源；如果混血土著男性作为廉价劳动力就业，他们可能会从白人手中抢走就业机会，从而可能以其人数上的优势控制劳动力市场。② 对于混血土著女性，塞西尔·库克主要关注的不是经济与劳动力市场的问题，而是混血土著的繁衍和性关系。由于北领地缺乏白人妇女，当时种族婚姻非常普遍，白人男性与土著妇女同居司空见惯。③ 不仅如此，达尔文市附近混血土著妇女与非土著男性的性关系也无法控制。尤其是混血土著与有色人种男性（华人、马来人和太平洋岛民等）的交往更是政府头痛的事情。对此，1931年4月，塞西尔·库克在给土著种族保护协会（Society for Protection of Native Races）的信中提出了初步的设想。他写到，在北领地，有色人种居民占多数，有色人种侨民人口众多，而能与白人男性婚配的白人女性又极少。这些对未来澳大利亚热带地区的种族纯洁构成了巨大的威胁。如果允许混血土著妇女与有色人种男性婚配的话，那么北领地的未来更是灾难性的。④ 因此，联邦政府应该采取措施，严格控制有色人种混血儿的增加，提高现有混血土著人口的素质，使他们达到当地白人的标准。然后，鼓励白人男性和混血土著妇女的婚姻，逐渐消除混血土著后代身上的土著血统，阻止混血土著人口的增加。由此促进对混血土著的吸收。⑤ 塞西尔·库克认为："白人男性与混血土著妇女的婚姻不会产生更为低劣的后代。相反，大量的混血土著女性源于澳大利亚最优秀的白人

---

① Rowena MacDonald, *Between Two Worlds: The Commonwealth Government and the Removal of Aboriginal Children of Part Descent in the Northern Territory*, Alice Springs: IAD Press, 1995, p. 20.

② Moses, A. Dirk, *Genocide and Settler Society: Frontier Violence and Stolen Indigenous Children in Australian History*, New York: Berghahn Books, 2004, p. 228.

③ Commonwealth of Australia, *Aboriginal Welfare: Initial Conference of Commonwealth and State Aboriginal Authorities*, Held at Canberra, 21st to 23rd April 1937, p. 35.

④ Ellinghaus, Katherineus, *Taking Assimilation to Heart, Marriages of White Women and Indigenous Men in the United States and Australia, 1887–1937*, Lincoln & London: University of Nebraska Press, 2006, p. 195.

⑤ Haebich, Anna, *Broken Circles: Fragmenting Indigenous Families, 1800–2000*, Fremantle, W. A.: Fremantle Arts Centre Press, 2000, p. 274.

血统，同时土著遗传基因也赋予混血土著独特的优秀品质——充满智慧、精力旺盛、机智敏捷、适应热带环境以及减少欧洲人患皮肤癌的几率的基因等等。"① 在他看来，鼓励混血土著妇女与白人男性的婚姻不仅能够解决混血土著问题，而且可以造就更能适应北领地独特自然条件的优秀人口。

20世纪20年代后期开始，塞西尔·库克开始实施以优生学理论为基础的政策，限制混血土著妇女选择结婚对象的自由②，与西澳内维尔一样开始对混血土著实施血统改造试验。为了解决混血土著这一严重问题，塞西尔·库克主张把混血土著儿童与土著社区隔离开来，进行教育与培训，使他们最终在澳大利亚社会占有一席之地。③ 具体而言，为了实现对混血土著的吸收，塞西尔·库克首先对混血土著儿童实施隔离教育，然后把混血土著男性纳入白人经济生活，促进混血土著女性与白人男性的婚姻。

对于混血土著，塞西尔·库克采取的首要措施是在幼年阶段把混血土著（无论男女）从土著社会隔离出来，安置到政府管理的教养院里进行集中管教。主要的教养院设在艾利斯斯普林、达尔文，1931年后还有派恩克里克（Pine Creek）。在塞西尔·库克担任北领地首席保护官期间，被隔离在混血土著养育院的混血土著儿童的人数增加了70%。④ 把混血土著儿童从土著聚居区缺乏教育与培训，而且经常遭受传染性疾病威胁的恶劣环境中隔离出来，以白人儿童的标准对他们进行抚养和教育，对他们进行医疗监控和技能培训。⑤ 在这些教养院里，混血土著将接受基本的教育。而教育混血土著的根本目的，用官方的政策术语来说，就是"把混血土著提升到白人的水平"⑥。隔离是控制混血土著的开始，教育

---

① Anderson, Warwick, *The Cultivation of Whiteness, Science, Health, and Racial Destiny in Australia*, New York: Basic Books, 2003, p. 245.
② Austin, Tony, *Never Trust a Government Man: Northern Territory Aboriginal Policy 1911 – 1939*, Darwin: Northern Territory University Press, 1997, p. 197.
③ Jeremy P. M. Long, "The Administration and the Part-Aboriginals of the Northern Territory", *Oceania*, Vol. 37, No. 3, p. 190.
④ Austin, Tony, *Never Trust a Government Man: Aboriginal Policy in the Northern terrtory 1911 – 1939*, Darwin: Northern Territory University Press, 1997, p. 195.
⑤ Markus, Andrew, *Governing Savages*, Sydney: Allen & Unwin, 1990, p. 98.
⑥ Moses, A. Dirk, *Genocide and Settler Society: Frontier Violence and Stolen Indigenous Children in Australian History*, New York: Berghahn Books, 2004, p. 229.

成为帮助他们被白人社会吸收的手段。

接受基本教育之后,塞西尔·库克为混血土著女性和男性设计了不同的未来发展。混血土著男孩被安排在养牛场就业。1930年,不顾工会和牧主的反对,塞西尔·库克推动联邦政府通过法案,强制要求牧场主每雇用6个以政府救济为生的纯血统土著工人,必须至少雇用一个混血土著,并且必须给予混血土著工人与白人工人同等的待遇和工作条件。至于不能在养牛业就业的混血土著,塞西尔·库克希望就业竞争会使他们离开北领地,进入白人集中的地区。在那里,他们有能力像白人男性一样在平等基础上寻找工作。这样,北领地的有色人种人口就会减少,有色人种人口出生率也会或多或少地降低。①

他为混血土著女孩设计了完全不同于混血土著男性的未来。塞西尔·库克以提出和实施通过鼓励浅色皮肤的混血土著女人与白人男性结婚,并以"通过种族婚姻消除土著血统"的做法来阻止混血土著人口的极端措施而闻名于当时。② 北领地最大的问题之一就是白人男女性别严重失调。塞西尔·库克希望混血土著女性不仅能帮助解决这种失调,而且还可以实现对整个混血土著的血统改造。塞西尔·库克努力通过提高混血土著女孩的素质,把她们改造成为具有一定素养且适合北领地白人男性的结婚对象。为此,他与内维尔一样曾经广泛宣传白人男性与混血土著妇女之间种族婚姻的可行性。1933年,塞西尔·库克宣称,许多白人男性准备迎娶混血土著女性,并把后代留在家里抚养。如果混血土著女孩能够得到白人标准的抚养,如果混血土著的素质得到足够的提高,就不会有人反对这种结合。经验表明,如果抚养得当,混血土著容易提升到这样的水平。③ 塞西尔·库克特别重视混血土著女孩的隔离。他赞同当时盛行的生物决定论,即认为混血土著身上具有的白人血统越多,他们越容易被吸收。因而,他根据土著血统的多少对混血土著实施区别对待,即对四分之一混血土著和八分之一混血土著应该区别对待,提高他们被吸收的机会。塞西尔·库克把北部地区的适龄四分之一混血土著

---

① Moses, A. Dirk, *Genocide and Settler Society: Frontier Violence and Stolen Indigenous Children in Australian History*, New York: Berghahn Books, 2004, p. 229.

② Haebich, Anna, *Broken Circles: Fragmenting Indigenous Families 1800 – 2000*, Freemantle: Freemantle Arts Centre Press, 2000, p. 195.

③ Anderson, Warwick, *The Cultivation of Whiteness, Science, Health, and Racial Destiny in Australia*, New York: Basic Books, 2003, p. 244.

女孩送往达尔文女修道会（Darwin Convent）。艾利斯斯普林没有女修道院，混血土著女孩就安置在专门为她们准备的小平房中，管理人员希望她们成人后与白人男性结婚。

塞西尔·库克鼓励混血土著女性与白人男性的通婚可以同时达到三个目的：一是通过鼓励合法婚姻满足白人男性的性需要，减少白人男性对土著和混血土著妇女无限制的性侵害，从而减缓混血土著人口的增长；二是为混血土著妇女寻找合适的白人男性做丈夫，从而减少混血土著女性与有色人种（华人、马来人和太平洋岛民等）男人发生婚姻（性）关系的机会，从而阻止混血土著与有色人种的混血儿的增加；三是最重要的，即通过选育的方法对混血土著进行血统改造，逐渐清除混血土著身上的土著血统，从而最终解决北领地日益严重的混血土著问题。① 通过混血土著不断与浅色皮肤的人或白人婚配，混血土著就会逐步吸收到白人社会之中。塞西尔·库克认为，到了第五代，至少到第六代，必然的结果将是，澳大利亚土著将会完全消失。混血土著问题将以土著种族的完全消失和他们的后代消散在白人血统之中而得到彻底解决。澳大利亚土著是地球上在生理与精神上最容易被同化的种族。② 在塞西尔·库克看来，在无法实施诸如绝育和合法堕胎等极端手段的情况下，把混血土著男性转移出北领地和促进混血土著女性与白人的婚姻，成为捍卫北领地种族纯洁的唯一办法。

塞西尔·库克解决混血土著的方案以其生物吸收著称，但是生物吸收仅仅限于对混血土著妇女的改造。塞西尔·库克的方案里，混血土著女性的命运完全在于家庭——更准确地说，在于生育子女。混血土著妇女的作用是纯粹生物的，她们的任务是生育浅色皮肤的后代。与此同时，塞西尔·库克的方案并不排斥经济吸收和文化改造。首先，塞西尔·库克重视混血土著儿童的改造，从小把他们隔离出来，进行教育和培训，提高他们的素质。这本身就是文化改造的过程。其次，塞西尔·库克明确为混血土著男性安排的未来就是融入白人的经济生活，这与东南部各州是一致的。塞西尔·库克处理混血土著男人的方式是经济与社会意义的吸收。再次，塞西尔·库克认为，混血土著本质上是一个社会问题。

---

① Moses, A. Dirk, *Genocide and Settler Society: Frontier Violence and Stolen Indigenous Children in Australian History*, New York: Berghahn Books, 2004, p. 230.

② Markus, Andrew, *Governing Savages*, Sydney: Allen & Unwin, 1990, p. 93.

白人社会接纳有色人种的前提在于他们被同化的程度以及他们是否成功地适应了白人的社会、经济与工业标准。他认为，在白人的澳大利亚，只要没有遵从白人的社会标准或者无法被白人社会接纳，外国侨民、土著、混血土著等有色人种都必然是严重的社会与经济威胁。而只要符合白人社会的条件，有色人种本身将不重要。① 塞西尔·库克认为，除非他们是白人公民，否则混血土著不会被接纳为澳大利亚社会的平等成员。② 根据这种逻辑，如果混血土著问题的根源是社会的，那么生物吸收计划对解决混血土著问题就没有必要。③

---

① McGregor, Russell, *Imagined Destinies: Aboriginal Australians and the Doomed Race Theory, 1880–1939*. Melbourne: Melbourne University Press, 1997, p. 162.

② McGregor, Russell, *Imagined Destinies: Aboriginal Australians and the Doomed Race Theory, 1880–1939*. Melbourne: Melbourne University Press, 1997, p. 163.

③ McGregor, Russell, *Imagined Destinies: Aboriginal Australians and the Doomed Race Theory, 1880–1939*, Melbourne: Melbourne University Press, 1997, p. 160.

第五章　混血土著的生存状态

20世纪上半期的澳大利亚，一个人如果是混血土著，他（她）的成长历程大致如下：年幼时就被强制隔离，离开家庭和土著社会，进入混血土著教养机构接受教育与培训；稍长，一般在10—14岁，混血土著就被送出教养院在土著事务部门的监控下就业，混血土著男孩从事农牧业，混血土著女孩从事家政服务。混血土著从小就被隔离控制，在白人儿童还在嬉戏游玩的年龄，他们就被抛入社会。在澳大利亚各级政府的精心设计下，混血土著受到严密的监控，人生的每个阶段以及生活的各个方面无不受到政府的控制，受到白人社会的全面排斥。事实上，所有混血土著，无论他们的生活方式如何，无论生活在哪里，他们都被困在歧视性法律和土著事务部的严密监控所构成的一张无法摆脱的大网之中。①

第一节　隔离生活

混血土著儿童在年幼时就被从土著家庭与社区隔离出来，被土著事务官员安置在政府的养育院或教会布道所抚养。政府打着拯救混血土著儿童的旗号，宣扬以白人儿童的标准对混血土著儿童进行培训。然而，事实上，混血土著收容机构条件极其糟糕，混血土著的隔离生活极其凄苦。

一、强制隔离的动机

20世纪初，在昆士兰实施混血土著儿童隔离的罗斯在给昆士兰部长和议会的报告中明确地阐述了隔离混血土著儿童的动机。他认为，一方

---

① Haebich, Ann, *For Their Own Good: Aborigines and Government in the Southwest of Western Australia, 1900–1940*, Perth: University of Western Australia Press, 1998, p.353.

面，土著社会及其周围的环境不适合任何具有欧洲人血统的孩子成长。除非把他们从土著社会隔离出来，否则混血土著女孩就将成为妓女，而混血土著男孩则将成为偷牛贼。另一方面，他还认为，如果没有隔离出来，混血土著儿童很可能会遭到肆无忌惮的白人雇主（尤其是海洋业与牧业）的无耻剥削。① 在罗斯看来，隔离混血土著既防止土著社会对他们成长的伤害，又防止白人对他们的侵害，更为重要的是把他们从土著社会中拯救出来。土著社会是不适合混血土著成长的，允许具有1/2欧洲人血统的混血土著在被普遍认为是肮脏、不道德、迷信和堕落的土著环境里成长是不合理的。② 不仅土著社会的环境不利于混血土著的成长，就是与土著社会以及家庭的联系也不利于他们融入白人社会。因此，他们必须与土著社会和家庭彻底隔离，进行一场全面的文化改造。一旦隔离出来，土著官员就加倍小心确保混血土著儿童永远不会再见到他们的父母和家庭。他们通常被新取一个名字，被安置在偏远的农村，尽可能阻止混血土著儿童与父母相互寻找。隔离是为了阻断混血土著与土著传统与文化的联系，让他们在全新的环境里成长为白人社会需要的人。土著官员希望，把混血土著儿童强制从其家庭隔离，远离土著社会，为白人工作，混血土著会随着时间的推移而融入白人社会之中。正如1937年布里斯班《电讯报》(*Telegraph Newspaper*)报道所说："西澳土著事务专员内维尔坚持认为，百年之内，纯血统的土著会消亡，但是混血土著问题将越来越严重。因此，他们的想法是将纯血统的土著隔离在保留地，将混血土著吸收进白人人口之中。"③

当时土著事务官员就是打着拯救混血土著的旗号大肆进行混血土著儿童隔离的。科林·麦克伦德（Colin Macleod）曾经担任联邦领土部负责北领地土著福利事务的巡逻官。1995年7月，在接受记者斯特尔特·林托尔（Stuart Rintoul）的采访时，他指出，隔离混血土著儿童政策的思想基础是坚信混血土著是可以拯救的，而纯血统土著是不可以拯救的。

---

① Moses, A. Dirk, *Genocide and Settler Society: Frontier Violence and Stolen Indigenous Children in Australian History*, New York: Berghahn Books, 2004, pp. 221-222.

② Moses, A. Dirk, *Genocide and Settler Society: Frontier Violence and Stolen Indigenous Children in Australian History*, New York: Berghahn Books, 2004, p. 225.

③ Human Rights and Equal Opportunity Commission, *Bringing Them Home: Report of the National Inquiry into the Separation of Aboriginal and Torres Strait Islander Children from Their Families*, Sydney: Sterling Press, 1997, p. 24.

他坚持认为，隔离是为了混血土著的利益。混血土著的女孩子面临着来自土著社会部落习俗许可的长者的性侵犯威胁。在他的著作里，他谈到土著青年女性时说："在她们尚未成熟为一个母亲的时候就过早地做了母亲，她们在恶劣、肮脏和艰苦的环境中生存，她们还经常遭到孩子父亲的虐待。"他认为自己是一个仁慈的保护者，而且强烈支持天主教兄弟会坚信的信念："我们给她们提供家的温暖，我们正在为她们做一些精彩而有益的事情。"①

然而，那些被从土著社会"拯救"出来的混血土著儿童的经历又如何呢？他们的经历毫无精彩可言，对大多数人而言，白人给他们提供了一个家，却没有家的温暖。被白人视为混血土著的家就是混血土著收容机构，那里留给混血土著的只有痛苦的回忆。

二、隔离场所的状况

为了安置被隔离出来的混血土著儿童，各州建立了许多专门的收容所、教养院和养育院等机构。比如，西澳的卡罗鲁皮（Carrolup）和摩尔河，南澳的科尔布鲁克（Colebrook），昆士兰的瑟堡、棕榈岛和伍拉宾达（Woorabinda），北领地的达尔文混血土著养育院和位于艾利斯斯普林小平房混血土著养育院，新南威尔士的库塔曼德拉（Cootamundra）和金奇拉（Kinchela），等等。根据混血土著吸收政策，这些机构是为混血土著融入白人之中做准备的地方。法律规定，混血土著儿童将在这些收容机构里，像白人儿童一样抚养，获得健康的成长。然而事实并非如此，每个教养院里都发生过令人恐惧的罪恶。② 在联邦政府控制的北领地，那里的混血土著收容机构状况就特别糟糕。

1913年，在达尔文市郊建立卡林（Kahlin）混血土著养育院，W. B. 斯潘塞把周围的混血土著迁到这里。在这里，混血土著女孩被关在宿舍里，就像笼中之鸟一样。20世纪20年代，随着被强制隔离出来的混血土著的增加，这里非常拥挤。1928年，76个混血土著儿童被安置在仅够一个家庭居住的房屋里。1931年，被迫把这里的混血土著男孩转移到派

---

① Tatz, Colin, "Genocide in Australia", *Journal of Genocide Research*, Vol. 1, No. 3, 1999, p. 334.

② Read, Peter, *A Rape of the Soul so Profound, the Return of the Stolen Generations*, St Leonards, NSW: Allen & Unwin, 1999, pp. 23–24.

恩克里克（Pine Crek）以减轻养育院的压力。20 世纪 30 年代，在经济危机的冲击下，土著事务开支日益减少，混血土著状况更加恶化。1935 年，达尔文混血土著养育院的 44 名混血土著儿童居住在 4 间屋子里，床和其他生活必需品严重缺乏，他们的食物根本不适合人类消受。①

1914 年，北领地在斯图尔特（Stuart，1933 年后称为艾利斯斯普林）建立小平房作为混血土著养育院。这里的条件非常恶劣，缺乏房屋，混血土著儿童只得露天睡觉；缺乏食物，混血土著儿童被迫自己出去寻找食物，或依靠家庭与亲友从丛林里接济的食物勉强维持。20 世纪 20 年代艾利斯斯普林小平房混血土著养育院大约有 50 名混血土著儿童和 10 名混血土著成人。这里仅有三间破烂的棚屋，60 人拥挤在其中。白天，他们在地板上消受粗茶淡饭；晚上，他们就拥挤在地板上睡觉。一位被隔离在此 3 年的混血土著男性回忆："那里食物极度缺乏，几乎没有什么吃的东西。晚上，我们常因饥饿而啼哭。因为饥饿，我们常常跑到城镇里寻找垃圾堆。我们不得不从垃圾堆里寻找食物，寻找丢弃的面包，寻找破碎的番茄汁瓶舔吃残存的番茄汁。我们吃的食物多半来自垃圾堆。"②

几乎每一个参观过艾利斯斯普林小平房混血土著养育院的人都会被那里原始、肮脏的环境震撼。③ 在 20 世纪 30 年代参观过艾利斯斯普林小平房混血土著养育院的伊莎贝拉女士（Mrs Isabelle）及其儿子约翰·史密斯（John Smith）在 1997 年向澳大利亚人权与公平委员会说："那里笼罩着阴暗和压抑的空气，孩子们忧愁、沉默和抑郁。那里没有笑声，要获得孩子们的信任需要一个漫长的交流过程。孩子们和他们的母亲说话都慌张恐惧，他们也没有任何钱财解决自己面临的困难。最终一位年龄稍长的女孩鼓起勇气偷偷地写了一封抱怨信，引起了当局的注意。在养育院监督收到这封信的当天晚上，这位勇敢的女孩就被打发离开了艾利斯斯普林。在艾利斯斯普林小平房混血土著养育院，从婴儿到青少年的

---

① Gammage, Bill, & Spearritt, Peter, *Australians: 1938*, New South Wales: Fairfax, Syme & Weldon Associates, 1987, p. 51.

② Human Rights and Equal Opportunity Commission, *Bringing Them Home: Report of the National Inquiry into the Separation of Aboriginal and Torres Strait Islander Children from Their Families*, Sydney: Sterling Press, 1997, p. 117.

③ Moses, A. Dirk, *Genocide and Settler Society: Frontier Violence and Stolen Indigenous Children in Australian History*, New York: Berghahn Books, 2004, p. 225.

所有混血土著女孩都拥挤在一间通风不良的宿舍里睡觉，宿舍里安着一排排的三层床。如此狭窄的环境使得她们遭受各种各样的感情与心理压力。男孩们在另外一间类似条件的宿舍睡觉。"① 1936 年，一位官员这样描述艾利斯斯普林混血土著教养机构的状况：这里"年久失修，环境令人恶心"，"这里弥散着恶臭，到处一派残破的景象"。② 1939 年，麦克尤恩（McEwen）被任命为北领地首席保护官，他对北领地混血土著的状况的描述如下："一年多前，我在参观艾利斯斯普林时发现，混血土著教养院位于离城镇 1—2 英里的地方。原来是一个废弃的电报站，从外表看，应该是几十年前修建的。那座老建筑是艾利斯斯普林混血土著的居住场所。由于年久失修，下大雨时，室内四处漏雨。情况非常糟糕，简直让人难以置信，120 名混血土著儿童和 13 或 14 名混血土著妇女以及一些年幼混血土著儿童的父母就一起居住在这个旧房子里。120 名混血土著孩子居住在两间房子里，他们睡在双层金属床上。"③ 难怪一位居住在澳大利亚中部的居民曾经这样说："养育院简直就是没有道德廉耻的地方，如果混血土著儿童在那里遭遇的经历只有 1/8 是真实的，也足以使整个社会为之动容。在那里，收容所和北领地政府正在毁灭着满怀希望的生命与灵魂！"④

混血土著收容机构的恶劣状况不仅存在于北领地，而且普遍存在于其他各州。混血土著收容所的费用完全依赖政府拨款，而澳大利亚在土著事务方面的支出是非常吝啬。与同时期西方国家比较，澳大利亚在土著居民身上的开支最为小气。这突出体现在政府人均土著支出上。1939 年，美国政府的人均土著支出为 83 美元；1937—1938 年，加拿大的人均土著支出为 42 美元；1937—1938 年，维多利亚人均土著支出为 65 美元，南澳人均土著支出为 27 美元，新南威尔士人均土著

---

① Human Rights and Equal Opportunity Commission, *Bringing Them Home: Report of the National Inquiry into the Separation of Aboriginal and Torres Strait Islander Children from Their Families*, Sydney: Sterling Press, 1997, pp. 119 – 120.

② Gammage, Bill, & Spearritt, Peter, *Australians: 1938*, New South Wales: Fairfax, Syme & Weldon Associates, 1987, p. 51.

③ House of Representatives, "Commonwealth of Australia Parliamentary Debates, 7th December 1939", in Stone, Sharman N., ed., *Aborigines in White Australia: A Documentary History of the Attitudes Affecting Official Policy and the Australian Aborigines, 1697 – 1973*, Melbourne: Heinman Educational Australia, 1974, p. 181.

④ Markus, Andrew, *Governing Savages*, Sydney: Allen & Unwin, 1990, p. 26.

支出为26美元，昆士兰人均土著支出为10美元，西澳人均土著支出为6美元，澳大利亚联邦政府为北领地土著支出的费用仅为人均4美元。1934年，联邦政府在北领地每年花费在每个土著身上的开支不到1美元。① 由于缺乏经费，被安置在收容机构的混血土著儿童经常忍受饥饿，缺乏基本的生活设施和医疗服务，使得很多人在尚未成年就死去。

在西澳，1915年和1918年分别建立了卡罗鲁皮和摩尔河两个混血土著养育机构。20世纪20年代，这些混血土著养育院的状况非常恶劣。政府给养育院每个混血土著儿童的开支是平均每周10便士，而给白人儿童每人每周的开支是最低6先令。② 政府不对混血土著养育院办院条件进行定期检查，而对白人儿童养育院的办院条件进行定期检查。政府对混血土著儿童的饮食、住宿、医疗、教育和培训没有确定明确标准和要求。③ 为了安置退伍军人，1922年卡罗鲁皮关闭，其中的混血土著全部转移到摩尔河，导致混血土著处境进一步恶化。摩尔河成为南部唯一的混血土著安置点，最初仅计划容纳100人，但是往往都在250人以上，所以非常拥挤。④

在南澳，诺曼·B. 廷代尔（Norman B. Tindale）著的《南澳混血土著调查》，记载了哈佛-阿德莱德远征考察队（Harvard-Adelaide Expedition）的结果。廷代尔指出，人们没有对混血土著的教育和卫生给予足够的重视，许多混血土著获得的食物很少，只能维持他们生存的最低限度。⑤

在维多利亚，1939年1月6日，澳大利亚土著联盟和土著进步协会向各大城市的报刊发去电报称："混血土著养育机构存在着严重的威胁、伤害和饥饿，他们迫切地需要食物。希望政府立即对此进行调查，希望

---

① Price, A. Grenfell, "Australian Native Policy: A Review", *Geographical Review* Vol. 34, No. 3, Jul. 1944, p. 478.

② Moses, A. Dirk, *Genocide and Settler Society: Frontier Violence and Stolen Indigenous Children in Australian History*, New York: Berghahn Books, 2004, p. 277.

③ Haebich, Anna, *Broken Circles: Fragmenting Indigenous Families, 1800 - 2000*, Fremantle, W. A.: Fremantle Arts Centre Press, 2000, p. 227.

④ Moses, A. Dirk, *Genocide and Settler Society: Frontier Violence and Stolen Indigenous Children in Australian History*, New York: Berghahn Books, 2004, p. 277.

⑤ Price, A. Grenfell, "Australian Native Policy: A Review", *Geographical Review*, Vol. 34, No. 3, July 1944, p. 476.

社会予以关注。"①

总体上看，收容机构不仅没有为混血土著提供所谓"白人标准"，甚至连基本的生存需要都无法满足。孩子们居住的场所破旧狭小，非常拥挤；孩子们衣食没有保障，经常处于饥饿状况。澳大利亚人就是在连基本生存需要都无法正常满足的收容机构里，开展对混血土著的改造和期待他们融入白人社会的。

第二节 工作待遇及遭遇

结束隔离生活之后，混血土著就被土著管理部门安置就业。一般而言，混血土著男性被安排从事农牧业劳动，混血土著女孩则从事家政服务。在工作中，混血土著从事繁重的劳动，受到政府的严密监控，而且往往得不到应有的报酬。在从事家务劳动的过程中，混血土著女性不仅受到经济盘剥，还经常受到白人男性的性侵犯。

一、混血土著的就业状况

在白人看来，土著居民（包括混血土著）效率观念缺乏、对金钱不负责任，他们的劳动是病态、肮脏和不可信任的，与白人劳动比较显得缺乏价值。② 在英国殖民澳大利亚的初期，殖民者从未对利用土著劳工的问题进行过认真思考，他们需要的是土著的土地，而不是土著的劳动力。③ 因此，殖民地开发早期，土著劳工在殖民地经济发展中显得无足轻重。19世纪50年代淘金潮期间，大批劳工离去，东南部牧场主不得不大量使用土著居民作为劳动力。但是淘金潮结束后，东南部对土著劳动力的需要就减少了。此后，土著劳动力在东南部殖民地显得微乎其微，一是因为东南部土著居民人口较少；二是那里拥有大量的白人劳工。北部与西部殖民地的情况则不同，由于自然条件限制，很难吸引白人劳工，到19世纪末土著劳工对于牧业发展显得至关重要。麦克唐奈尔山脉

---

① Attwood, Bain, *Rights for Aborigines*, Crows Nest NSW: Allen & Unwin, 2003, p. 31.
② Norris, Rae, *The More Things Changing*, Continuity in Australian Indigenous Employment Disadvantage 1788 – 1967, Department of Politics and Public Policy, Griffith University, 2006, p. 166.
③ Foster, Robert, "Rations, Coexistence, and the Colonisation of Aboriginal Labour in the South Australian Pastoral Industry, 1860 – 1911", *Aboriginal History*, Vol. 24, 2000, p. 1.

（MacDonnell Ranges）一位牧场主指出，如果没有土著劳工，牧业根本无法发展。① 在澳大利亚经济发展过程中，白人雇主也把土著居民当作劳动力补充使用，劳动力短缺的北部地区尤其如此。

19世纪末和20世纪上半叶，混血土著成为社会关注的种族与社会问题，经济吸收成为各殖民地（州、领地）处理混血土著问题的基本模式。在维多利亚，最初以粗暴方式，强行要求混血土著离开保留地，自行融入白人社会，成为白人经济生活的劳动力补充。由于缺乏适应白人经济生活的技能，被迫离开保留地的混血土著往往无法生存。于是，后来在经济吸收推行过程中，对混血土著进行隔离和教育，学习为白人服务的技艺。等到年龄稍长，混血土著离开收容机构，男性充当农业和牧业劳动力，而女性则从事家政服务。促进混血土著融入白人经济生活成为经济吸收的基本目标。

根据1901年人口普查，当时西澳有546名混血土著就业。② 在新南威尔士，保护委员会特别重视混血土著女孩的隔离和教育，1921年，被隔离的土著儿童有80%是女性。这些女孩被送往位于库塔曼德拉女孩养育院抚养和培训，到14岁后就被安置到白人家庭劳动。在20世纪20年代，库塔曼德拉女孩养育院一直保持着300—400名混血土著女孩同时受训的规模。③ 混血土著女孩离开土著女孩教养院后，往往被送到城市里白人家庭和在边远地区的中产阶级白人家庭服务。在新南威尔士，1910年到20世纪30年代期间每年都有300—400名混血土著女孩为白人家庭服务，相当于该州家政服务人员的1.5%左右。④

混血土著的工作权益得不到保障，就业受到政府的种种限制。澳大利亚工会章程规定："禁止亚洲人、混血土著和土著加入"⑤，他们没有资格享有白人劳工所拥有的一切劳动权益。一旦完成培训后，首席保护

---

① Foster, Robert, "Rations, Coexistence, and the Colonisation of Aboriginal Labour in the South Australian Pastoral Industry, 1860–1911", *Aboriginal History*, Volume 24, 2000, p. 2.

② Penelope Hetherington, *Settlers, Servants and Slaves: Aboriginal and European Children in Nineteenth-Century Western Australia*, University of Western Australia Press, 2009, p. 113.

③ Walden, Inara, "To Send Her to Service: Aboriginal Domestic Servants", *Aboriginal Law Bulletin*, Vol. 3, No. 76, 1995, p. 12.

④ Anna, Haebich, *Broken Circles, Fragmenting Indigenous Families 1800–2000*, Fremantle Arts Center Press, 2000, pp. 183–184.

⑤ 〔澳〕曼宁·克拉克：《澳大利亚简史》，广州：广东人民出版社，1973年，第326页。

官负责控制和管理他们的就业安置。① 混血土著在经济生活中没有任何自由。根据法律，土著保护官负责混血土著的就业机会、就业条件，有权安排和终止混血土著的工作，白人雇主雇用混血土著必须获得土著事务部发放的许可。1935 年，西澳布鲁姆（Broome）地区的混血土著向莫里斯皇家委员会提交了一份请愿书，指出雇主在雇用混血土著时，必须向当地警察申请获准才行，他们绝大多数拒绝在这样的条件下工作。他们希望雇主能够给他们工作状况的证明材料。这样，在雇主离开之后，他们可以向新雇主证明能够很好地工作。②

进入白人社会，获得就业机会的混血土著或许还有一个基本的生存依靠。而那些没有工作、在社会上流浪的混血土著处境就更加艰难了。尤其在经济危机期间，大规模失业往往使混血土著成为最早波及的群体。他们失去工作机会，就失去了基本的生存依靠。而混血土著往往被排斥在社会福利之外，他们无法获得失业救济和失业保险等。同时他们是混血土著，又不能回到政府发放口粮的土著保留地。这使得被抛入白人社会，又不为白人社会所接受的混血土著的处境变得非常尴尬和无奈。

二、混血土著的工资与待遇

无论是从事农牧业的混血土著男性，还是从事家内服务的混血土著女性，他们在就业中遭遇的普遍问题就是无法得到与白人居民同等的待遇。很长时期内，白人雇主与政府保留地和教会布道所一样，给予土著工人的报酬是提供口粮、毛毯和其他实物，而不是现金工资。20 世纪 20 年代，季节性或临时工作一般可以得到现金工资，但是与白人工人的差距很大。在北领地，对土著劳动力进行剥削，实行低工资或者不给工资的情况相当普遍。③

---

① Bleakley, J. W., "The Aborigines and Half Castes of Central Australia and North Australia", in Stone, Sharman E., ed., *Aborigines in White Australia: A Documentary History of the Attitudes Affecting Official Policy and the Australian Aborigines, 1697 – 1973*, Melbourne: Heinman Educational Australia, 1974, p. 157.

② Choo, Christine, *Mission Girls, Aboriginal Women on Catholic Missions in the Kimberley, Western Australia, 1900 – 1950*, Crawley, W. A.: University of Western Australia Press, 2001, p. 293.

③ Austin, Tony, *Never Trust a Government Man: Northern Territory Aboriginal Policy 1911 – 1939*, Darwin: Northern territory University Press, 1997, p. 3.

在昆士兰，情况有所不同。根据法律，混血土著被集中起来迁徙到警察控制的保留地或者教会控制的布道所，土著事务部控制雇主与混血土著工人之间的关系。除了提供食宿外，法律规定混血土著应该获得工资，但是许多混血土著工人从来就没有获得过工资。正如埃米·劳尔（Amy Laurie）所说："那些日子混血土著居民不会得到什么报酬的。白人得到报酬，但我从来就没有得到过工钱。"鲁比·德·萨特杰（Ruby De Satge）也说："哈里·斯潘塞（Harry Spencer）得到了一条裤子、一件衬衣和一双靴子。这就是男人通常获得的报酬。女人每六周获得一套服装——如果她们够幸运的话。年长的获得一点口粮。他们每周去领一次，得到一些面粉、手帕、茶和糖之类的东西。"[①]

20世纪30—40年代，昆士兰混血土著工人可以获得一些微薄工资，但经常被扣留和管制。根据法律，土著保护官和保留地的管理人员控制混血土著工人的工资，强制他们把本应该养家糊口的大部分工资收入存入由土著保护官控制的银行账户。昆士兰对混血土著就业和工资进行严格控制，强制把混血土著工人工资收入的60%存入银行。每个混血土著工人都有一个由土著保护官掌管的银行账户。[②] 1919年开始，昆士兰所有在保留地外就业的混血土著工人被强制为土著救济基金捐款，到1935年混血土著工人为此捐出累计达30万英镑。这样，混血土著工人被迫为昆士兰监禁关押土著居民的费用买单，他们养家糊口的微薄收入被无情掠夺。而且，由于各级政府的欺诈和腐败，从土著工人身上吸取的血汗钱并非全部用在土著居民身上，有的官员从中渔利，有的则被用于社会公益事业。[③]

昆士兰土著首席保护官J. W. 布莱克利曾经为控制土著工人收入进行过这样的辩护："许多诚实的雇主希望混血土著能管理好自己的收入，但是结果是非常不如人意的。通常情况下，他们领到工资后，回到定居点就两手空空了。曾经发生这样一个事件：一个雇主把工资发放给四个土著工人，后来这四个土著工人立即喝酒，最终烂醉如泥。稍后，混血土著居民开始认识到保护官管理土著收入的目的，

[①] Huggins, Jackie, "Firing on in the Mind: Aboriginal Women Domestic Servants in the Inter-War Years", *Hecate*, Vol. 13, Iss. 2, 1987, p. 21.

[②] Bleakley, John Williamley, *The Aborigines of Australia: Their History, Their Habits, Their Assimilation*, Brisbane: Jacaranda Press, 1961, p. 166.

[③] Haebich, Anna, *Broken Circles, Fragmenting Indigenous Families 1800 – 2000*, Fremantle Arts Center Press, 2000, p. 173.

这些管理人员是在努力帮助土著保护他们的利益。"① 在北部地区，土著管理人员与白人雇主控制着土著工人的收入，平时仅给予混血土著工人一些基本的生活必需品，而把工资管理起来。到土著居民结婚的时候才给他们。

20 世纪 80 年代，杰基·哈金斯（Jackie Huggins）访问了几位曾经在 20 世纪 30—40 年代于昆士兰就业的混血土著。据回忆，这些受访问者获得的报酬具体细目如下：

邦德女士（Mrs Bond）：每周 6 便士的"私房钱"。1944 年结婚时，她获得一张 8 英镑 6 便士的邮政汇票，那就是 1937 年到 1944 年工作的总报酬。

汉森女士（Mrs Hansen）：没有现金工资，仅获得一些生活必需品。

皮克林女士（Mrs Pickering）：每 10 先令工资中的 2 先令作为"私房钱"留给自己支配，其余的由土著事务部管理。

威廉女士（Mrs Williams）：10 年之后结婚时，获得 9 英镑 5 便士的工资。②

多年后，或结婚之后，这些土著工人才得到自己早该得到的工资。土著事务管理官员严格控制混血土著的就业是各州的普遍现象。

三、混血土著女性的就业

混血土著女性的家政服务培训不仅是在教养机构进行，更多的是把她们安置到白人家庭中进行学习和培训。这样做，有几方面的考虑。一是从事家政服务的白人女性非常少，可以满足白人家庭的需要；二是较早地把混血土著女孩从教养院安排到白人家庭可以节约抚养她们的开支；三是出于阻止混血土著人口增加的考虑。有人认为，除安排混血土著女性做家务劳动以及那些非土著人不愿意干的工作外，人们认为耗时长又费体力的工作会限制土著女性的性行为。就这样，许多混血土著女孩，有的甚至仅仅 10 岁（10 岁的白人女孩还在玩玩具）都被带到大城市，

---

① J. W. Bleakley, *The Aborigines of Australia: Their History, Their Habits, Their Assimilation*, Brisbane: Jacaranda, 1961, p. 167.

② Huggins, Jackie, "Firing on in the Mind: Aboriginal Women Domestic Servants in the Inter-War Years Years", *Hecate*, Vol. 13, Iss. 2, 1987, p. 20.

送到白人雇主那里从事家政服务。① 混血土著女孩很受白人家庭的欢迎。1910 年 5 月，《布里斯班每日邮报》（Brisbane Daily Mail）称赞混血土著女性是"家庭好帮手"，并把混血土著女性分为两个等级：第一是年龄稍大的混血姑娘，她们做家庭保洁很出色；第二是年龄小的混血土著姑娘，许多是四分之一甚至八分之一土著血统的混血儿，她们是最有耐心、最可靠的保姆。后者的需求量很大，一般情况下，白人需要等待好久才能得到。②

把隔离出来的混血土著女孩训练成为家政服务人员在新南威尔士特别突出。由于白人女孩转移到工厂和公共服务机构就业，悉尼和乡村的中产阶级家庭需要的家庭服务人员严重缺乏，委员会希望把这些混血土著女孩训练成为有用的家庭服务人员。为了促进白人家庭接受混血土著女孩，委员会还在流行的妇女杂志上为土著女仆登广告进行宣传。1940 年，《澳大利亚妇女镜报》（Australian Women's Mirror）上登载一篇题为《请试用土著仆人》的文章，宣称"一个混血土著女仆相当于三个白人女仆，她们非常能干"③。

与从事农牧业劳动的混血土著一样，充当家仆的混血土著女孩不仅得不到公正的报酬，而且还经常遭到白人男性性侵犯。在充当家仆期间，混血土著女孩常因主人的侵犯而怀孕。在 1937 年全国土著会议上，新南威尔士土著保护委员会的 A. C. 佩蒂特先生曾专门谈到了混血土著女孩在为白人家庭服务期间怀孕的事情。但是他认为，在新南威尔士，出现这种情况的责任在于混血土著女孩不自重，存在道德问题。他还认为，在家政服务期间怀孕的混血土著妇女是少数，绝大多数表现很好，能够在同一家庭服务数年，不会出现这种情况。④ 但是，事实并不如此。由于保护委员会对混血土著女仆的就业和生活环境缺乏有效监控，以及她们工作环境的私密性特点，许多混血土著女仆曾经遭到白人雇主的残酷

---

① Bleakley, J. W., *The Aborigines of Australia, Their History, Their Habits, Their Assimilation*, Brisbane: Jacaranda, 1961, p. 168.

② Huggins, Jackie, "Firing on in the Mind: Aboriginal Women Domestic Servants in the Inter-War Years", *Hecate*, Vol. 13, Iss. 2, 1987, p. 18.

③ Anna, Haebich, *Broken Circles, Fragmenting Indigenous Families 1800 - 2000*, Fremantle Arts Center Press, 2000, pp. 183 - 184.

④ Gammage, Bill, & Spearritt, Peter, *Australians: 1938*, New South Wales: Fairfax, Syme & Weldon Associates, 1987, p. 111.

虐待。白人雇主的性侵犯非常普遍，许多混血土著女孩因此而怀孕。①多利（Dolly）就是这样一位不幸的混血土著女孩。多利是白人家庭的女佣，终日劳作，但是从未获得过工资，得到报酬仅仅是主人给的仅能蔽体的衣服。后来，主人家庭搬迁到其他地方居住，他们不愿带多利一起搬迁，就把她交由当地警察看管。在警察局，多利被发现已经怀孕7个月了。当地警察把她带往保留地安置，就在半路上，多利产下一个男孩。而可怜的多利只有13岁。②

在为白人家庭服务的过程中，混血土著女孩怀孕后，只好回到土著女孩教养院（Gril's Home）生产，她们的孩子往往也被隔离，重复她们的命运。这些女孩生的小孩往往被带走，由白人家庭来抚养，她们再也见不到自己的孩子。③ 因此，对混血土著女孩来说，最大的幸运就是没有遭受性、生理和精神的虐待。这种幸运的女孩非常少。

总之，混血土著女孩从小就被从其母亲身边带走，安置在远离父母、家庭的养育院里抚养，到14岁的时候把她们送到养育院里去工作。怀孕后的混血土著妇女被送回布道所或养育院生产。然后分离的过程再次重复，她们的孩子一代又一代地重复同样的命运。对此，在1937年全国土著会议上，西澳土著事务专员内维尔这样说道："我们的政策是促进混血土著进入白人社会。如果混血土著女孩在为白人家庭服务的过程中怀孕了，就允许她们回到养育院生活两年。孩子出生后，就从母亲身边隔离开，通常她们之间再也不会见面。这样，这些孩子就会作为白人长大，对他们的家庭背景一无所知。两年期满，混血土著母亲又出去为白人家庭服务。因此，即使混血土著妇女一生中生产一打小孩，也不会有什么问题难以解决。"④内维尔的话道出混血土著女性在白人社会的真实遭遇，她们除了遭受经济剥削而外，还经常遭受白人男性的性侵犯。

---

① Anna, Haebich, *Broken Circles, Fragmenting Indigenous Families 1800 – 2000*, Fremantle Arts Center Press, 2000, pp. 183 – 184.

② Haebich, Anna, *Broken Circles, Fragmenting Indigenous Families 1800 – 2000*, Fremantle Arts Center Press, 2000, p. 174.

③ Moses, A. Dirk, *Genocide and Settler Society: Frontier Violence and Stolen Indigenous Children in Australian History*, New York: Berghahn Books, 2004, p. 285.

④ Moses, A. Dirk, *Genocide and Settler Society: Frontier Violence and Stolen Indigenous Children in Australian History*, New York: Berghahn Books, 2004, p. 285.

第三节 婚姻状况

为控制混血土著人口的增长,各州(领地)都严格限制土著和混血土著的婚姻(性)关系。而推行生物吸收的西澳和北领地则鼓励混血土著妇女与白人男性或肤色较浅的人婚配,以实现对混血土著的吸收,将混血土著改造成为白人。血统改造是在既有的土著管理制度之下开展的,它受到各种法律制度的制约,尤其是受到有关土著婚姻限制条款的制约。加之白人抵制,血统改造成效甚微,基本流于空想。

一、婚姻控制的推行

混血土著根源于种族婚姻(性)关系的存在,控制混血土著产生的源头成为各州普遍采取的措施。限制种族婚姻的目的除了阻止混血土著人口的增加外,其实也是出于对种族婚姻可能带来的经济与种族后果的担心。在西澳、北领地和昆士兰,来自亚洲和太平洋岛屿的有色人种多以男性为主,亚洲人与土著的婚姻在这些地方很普遍。土著妇女与亚洲人的结合往往没有好的结果,来自亚洲的丈夫在回到自己的国家时,就会放弃作为丈夫和父亲的职责,抛弃妻儿。这往往导致土著妇女及其子女成为政府的责任,增加政府的经济负担。①

为了阻止混血土著的增加,昆士兰内政部高级官员威廉·高尔(William Gall)甚至提出,对所有混血土著实施绝育。② 1933 年塞西尔·库克要求政府允许他对那些天生痴呆和其他有智力缺陷的人实施绝育。③ 虽然绝育这种极端的方式没有得到人们认同,但是控制婚姻却成为处理混血土著问题的基本手段广泛使用。混血土著与纯血统土著的结合尤其遭到限制。

---

① Choo, Christine, *Mission Girls: Aboriginal Women on Catholic Missions in the Kimberley, Western Australia, 1900–1950*, Crawley, W. A.: University of Western Australia Press, 2001, p. 114.

② Moses, A. Dirk, *Genocide and Settler Society: Frontier Violence and Stolen Indigenous Children in Australian History*, New York: Berghahn Books, 2004, p. 227.

③ Zgbaum, Heidi, "Herbert Basedow and the Removal of Aboriginal Children of Mixed Descent from Their Families", *Australian Historical Studies*, Vol. 34, Iss. 121, 2003, p. 138.

在维多利亚，1886 年《混血土著法》并没有限制婚姻的条款，但是维多利亚土著保护委员会却在实践中严格限制混血土著与纯血统土著的婚姻。1888 年，维多利亚土著保护委员会报告指出，应阻止混血土著女性与纯血统土著婚配，因为"混血土著与纯血统土著之间的婚姻不利于把混血土著吸收进白人社会"①。显然，如果允许这种婚姻的存在，那么混血土著将会越来越多，这必然加重政府吸收混血土著的负担。纯血统土著男性托卡斯·约翰逊（Tokas Johnson）曾经请求土著保护委员会批准他与混血土著女性艾娜·兰开斯特（Ina Lancaster）结婚。委员会拒绝了他的请求，并警告："根据法律，兰开斯特被认为是白人妇女，而纯血统土著与这样一位妇女结婚后，将不能再要求获得救济，也不能在保留地与其他土著居住在一起。"约翰逊提交申请后连续等待了 6 年，但最终也没有能够与心爱的兰开斯特成婚。②在限制混血土著与纯血统土著的婚姻上，维多利亚土著保护委员会的态度非常坚决。

19 世纪末 20 世纪初，混血土著人口呈现快速增加的势头，控制婚姻（性）关系成为阻止这种势头的重要措施，并写进法律。西澳对土著与混血土著婚姻（性）关系的控制就是典型。西澳《1905 年土著法》对土著与非土著的婚姻（性）关系进行了严格的限制。其中第 41 条规定，未经土著保护官的同意，土著居民与非土著居民结婚为非法；第 43 条规定，没有正式的婚姻关系，非土著男性与土著妇女同居为非法。③ 为严格落实婚姻控制条款，西澳土著事务部进一步规定，任何一个非土著人想要与 1905 年土著法规定的"土著"结婚的话，都必须得到首席保护官的批准。一般而言，首席保护官很少批准这类申请，除非两人事实上已经生活在一起多年，并且已经生育多个子女。④ 西澳《1905 年土著法》使得许多事实婚姻成为非法，只要有一方具有土著血统就是违法。在新

---

① Broome, Richard, *Aboriginal Victorians: A History Since 1800*, Crows Nest, N. S. W.: Allen & Unwin. 2005, p. 189.

② Chesterman, John, & Galligan, Brian, *Citizens Without Rights, Aborigines and Australian Citizenship*, Melbourne: Cambridge University Press, 1997, p. 24.

③ Tilbrook, Lois, *Nyungar Tradition, Glimpses of Aborigines of South-Western Australia 1829 – 1924*, University of Western Australia Press, 1983, p. 36.

④ Choo, Christine, *Mission Girls: Aboriginal Women on Catholic Missions in the Kimberley, Western Australia, 1900 – 1950*, Crawley, W. A.: University of Western Australia Press, 2001, p. 113.

法律下，一些同居多年、已经拥有家庭的夫妻是违法的。一些夫妻被迫向土著部申请结婚以使他们的婚姻合法。混血土著妇女艾利斯·奇普尔（Alice Chipper）与白人男子罗伯特·考克斯（Robert Cox）在一起生活了 7 年。他们彼此深爱对方，申请结婚。他们的申请得到当地警察的支持。后来申请提交到土著事务部门。土著首席保护官 E. 皮切尔（E. Pechelle）回答说，由于奇普尔与土著居民没有联系，她不应该被认为是土著，因此他们的结合不受 1905 年土著法的阻碍。① 这对夫妻是幸运的，当时更多的事实婚姻被强行拆散，这给当事人带来了巨大的痛苦。

北领地的情况与西澳类似。后来被联邦继承的 1910 年《南澳土著法》是南澳治理北领地半个多世纪里第一部为北领地土著颁布的保护法案。该法部分内容是保护土著在工作中免受伤害，在法律上为土著提供公平的保障，以及控制土著居住的场所。但是，该法的主要目的是为了阻止土著女性与非土著男性之间的性关系，无论是自愿还是非自愿的性关系。② 由于白人男性与土著女人之间的性关系无法控制，使得北领地性病流行。北领地首席检察官（Chief Inspector）贝克特（Becket）提出，通过立法的方式，限制白人男性的行为。1918 年，为了限制种族间的性交往，《土著条例》第 53 条规定，除尚未结婚的土著或混血土著外，任何人有如下行为均属违法：（a）经常与土著女人或混血土著女人交往；（b）长期与土著女人或混血土著女人保持情人关系；（c）非法与土著女人或混血土著女人保持性关系。③

1901 年，昆士兰对 1897 年土著法进行修改，要求非土著居民与土著妇女结婚必须正式向土著保护官提交书面申请。1905 年，首席保护官沃特·罗斯主张控制混血土著与纯血统土著的性关系与婚姻。但是，混血土著遭受白人性侵犯一直非常普遍。1913 年，大主教唐纳森（Donaldson）在参观了混血土著教养机构后指出："超过 90% 的混血土著女孩因

---

① Tilbrook, Lois, *Nyungar Tradition*, *Glimpses of Aborigines of South-Western Australia 1829 – 1924*, University of Western Australia Press, 1983, p. 37.
② Austin, Tony, "'A Chance to Be Decent': Northern Territory 'Half-Caste' Girls in Service in South Australia 1916 – 1939", *Labour History*, No. 60, 1991, p. 52.
③ McGregor, Russell, *Imagined Destinies*: *Aboriginal Australians and the Doomed Race Theory*, *1880 – 1939*, Melbourne: Melbourne University Press, 1997, p. 91.

白人男性的侵犯而怀孕。"① 这也是土著部后来一直强调控制混血土著婚姻与性关系的缘由。后来长期担任首席保护官的 J. W. 布莱克利坚持，混血土著儿童应该与混血土著生活在一起，应该在他们内部通婚，严格限制混血土著与白人的婚姻（性）关系。

控制土著与混血土著的婚姻就是优生学的运用。这种做法是把土著当作白人社会的"不适者"，当作问题人群来进行控制。通过控制和限制土著婚姻，达到阻止混血土著人口增加的目的。不过，限制婚姻的做法否定了事实婚姻的合法性，导致事实婚姻的破裂。由此形成了一种氛围，偶尔的种族之间的性关系得到赦免，而稳定的事实婚姻遭到破坏，合法婚姻遭到禁止。② 这种做法不仅对当事人造成了很大的痛苦，而且人为地阻止了混血土著与白人之间结合的合法渠道。以感情为基础的结婚得不到承认和保护，而不时发生的性关系就变得更加难以控制。因此，想以这种方式阻止混血土著人口的增加是不可能的。比较而言，鼓励白人男性与混血土著女性结合也就被一些人宣扬为处理混血土著问题的方式。

二、血统改造的悲哀

血统改造的关键在于鼓励白人男性与混血土著女性婚配。但是，混血土著女性却很少能与白人男性婚配。1936 年，哈斯勒克对西澳混血土著问题开展调查，其结果反映出混血土著妇女的婚姻状况并没有按照内维尔设计的方向发展。他写道，在所谓的科学观察与理论的蛊惑下，人们相信，鼓励混血土著与肤色更浅的人、白人结合，他们的后代就会皮肤越来越白，从而融入白人之中。许多人天真地以为，通过种族婚姻、血统改造的方式就可以解决混血土著问题，40 万西澳白人应该有能力同化 4000 名混血土著。从长远来看，也许可行。但是我们必须面对西澳南部地区的事实：在那里，人们期望的血统改造过程并没有顺利开展，而且也不可能顺利开展。混血土著被封闭起来，切断了与白人的联系。混血土著的处境艰难，她们与白人的婚姻关系很难发生。混血土著被否决

---

① Haebich, Anna, *Broken Circles*, *Fragmenting Indigenous Families 1800 – 2000*, Fremantle Arts Center Press, 2000, p. 178.

② Choo, Christine, *Mission Girls*: *Aboriginal Women on Catholic Missions in the Kimberley*, Western Australia, *1900 – 1950*, Crawley, W. A.: University of Western Australia Press, 2001, p. 114.

了任何与处境更好的人通婚的希望。混血土著的婚姻伙伴依然只能是混血土著,而且越来越多的混血土著与纯血统土著通婚。虽然混血土著女孩对白人男性来说是一种诱惑,也确实存在一些白人男性与混血土著妇女结婚的例子,但是绝大多数混血土著是在内部寻求婚姻对象,有的是从残存的纯血统土著中寻求对象。粗略估计,现在90%混血土著是在他们内部寻求婚姻对象的。南部地区的378名纯血统土著正在成为混血土著的婚姻对象。事实上,不仅没有以生物吸收的方法消除掉混血土著的土著血统,而且更糟糕的事情正在发生:正在把混血土著推向纯血统土著方面。①

事实上,尽管内维尔与塞西尔·库克极力宣扬生物吸收,鼓励混血土著女性与白人男性的婚姻,但是当时澳大利亚却没有有利于这种婚姻发生的社会环境。

如前所述,混血土著的婚姻受到严格的法律限制,白人男性与混血土著的自由结合受到制约。西澳《1905年土著法》和1918年《土著条例》都对土著和混血土著的婚姻关系进行了严格的限制。内维尔和塞西尔·库克就是在这样的法律制度下实施自己的生物吸收计划的,白人男性与混血土著女性的婚姻受到严格控制。白人男性必须提出申请,并得到保护官的批准之后,方可与混血土著妇女结合。

更为重要的是白人男性并不愿意与混血土著女性婚配。布鲁姆地区的混血土著妇女在请愿书中指出,纯血统土著和混血土著之间的婚姻是一个严重的错误,应当禁止。因为,这种结合往往会导致混血土著妻子的早死。她们无法适应纯血统土著的生活,穿着暴露,食物缺乏,卫生条件极度恶劣。而且,混血土著女性因为在白人社会生活过,而被纯血统土著鄙视,她们不得不顺从并谦卑地服侍纯土著血统丈夫。与其在这样的婚姻下生活,不如死去!② 混血土著妇女不愿意与纯血统土著结婚,希望获得与白人男性婚配的机会以改善自己的处境,但白人男性却普遍并不接受这种婚姻。

---

① Hasluck, Paul, "Half-Caste Problem, Big Rise in Numbers, Camps Swarming with Children (No. 1)", *The West Australian*, 23rd July, 1936.
② Choo, Christine, *Mission Girls, Aboriginal Women on Catholic Missions in the Kimberley, Western Australia, 1900 – 1950*, Crawley, W. A.: University of Western Australia Press, 2001, p. 294.

社会上对内维尔和塞西尔·库克提出的以种族婚姻解决混血土著问题的政策存在很多疑问。许多人不相信澳大利亚土著与欧洲人同种同源的理论，表现出对这种婚姻的后代可能产生"返祖现象"的担心。① 在1937年土著福利会议上，昆士兰首席保护官 J. W. 布莱克利就指出，白人与土著居民（包括混血土著）结合的后代存在隔代遗传的危险。一般民众更是发现这种结合的后代似乎并不像内维尔和塞西尔·库克鼓吹的那样，肤色越来越白，越来越接近白人，而是肤色越来越黑，越来越接近土著。

而且，"只有下层白人男性才愿意娶混血土著女性为妻，那些与白人男性婚配的混血土著女性又往往倾向于与土著亲属联系在一起"②。这种婚姻即使产生了，也往往以悲剧结束。20年代末，J. W. 布莱克利对北领地的土著和混血土著情况进行调查后指出："一些优秀的1/2混血土著和1/4混血土著可以帮助北领地解决性别问题，支持那些生活在偏远地区无法找到白人女性做伴侣的白人男性与之结婚。但是多数情况下，这种婚姻并没有幸福的结局。绝大多数白人男性并不愿意与混血土著妇女结婚，使自己成为白人社会的贱民。他们更愿意与混血土著女人保持临时的关系，以便可以随时追求白人妇女，以体面地进入白人社会。"③ 可见，与土著妇女结婚的白人男性是在无法与上层白人男性竞争白种妇女的情况下，转而求其次的。即便有些幸运的混血土著妇女最终与白人男性成婚，但是这种结合并不稳固。一旦混血土著女性青春不再，容颜老去，或者不再健康，白人往往就会狠心地抛弃她们。白人男性对她们的需要集中体现在两个方面：家内服务和生理需要。④ 一旦白人女性出现，他们则会随意地抛弃混血土著妇女。J. W. 布莱克利记载了这样的情况："一位白人牧场主与一位混血土著妇女生活了多年。这位混血土著为他

---

① Moses, A. Dirk, *Genocide and Settler Society*: *Frontier Violence and Stolen Indigenous Children in Australian History*, New York: Berghahn Books, 2004, p. 230.

② Commonwealth of Australia, *Aboriginal Welfare*: *Initial Conference of Commonwealth and State Aboriginal Authorities*, Held at Canberra, 21st to 23rd April, 1937, p. 20.

③ Bleakley, J. W., "The Aborigines and Half Castes of Central Australia and North Australia", in Stone, Sharman N., ed., *Aborigines in White Australia*: *A Documentary History of the Attitudes Affecting Official Policy and the Australian Aborigines*, 1697 – 1973, Melbourne: Heinman Educational Australia, 1974, p. 158.

④ Broome, Richard, *Aboriginal Australians*, *Black Response to White Dominance 1788 – 1980*, Sydney, London, Boston: George Allen & Unwin, 1982, p. 134.

生下了7个孩子，他把这些孩子用作劳动力。后来，他给这位混血土著妇女一笔钱打发走了，然后与一位白人女性结婚了。现在这位混血土著妇女带着两个年幼的孩子居住在艾利斯斯普林。"①

这位白人牧场主随意抛弃为自己生儿育女的混血土著妇女，视之为廉价的生育工具。在澳大利亚西北部地区，由于劳动力非常缺乏，尽管白人父亲不愿意接受年幼的混血土著，但是一旦他长大成人，可以充当劳动力的时候，还是非常乐意把他们当作帮手。在谈及如何解决劳动力不足问题时，常常听到牧场主吹嘘说自己有办法，那就是让土著妇女频繁生育，把混血土著后代作为劳动力使用。②北领地的一位白人牧场主曾经对人吹嘘道，他控制了15名混血土著居民，年龄范围在1岁到36岁之间。他以自己的名字为其中7人命名。这些混血土著长大成人后就是他的劳动力，他坚决反对政府把混血土著从他身边带走。③

以上可见，内维尔和塞西尔·库克所鼓吹的以促进混血土著女性与白人男性婚配为主要内容的生物吸收并没有顺利开展。混血土著女性与白人男性之间时常发生的交往并非土著保护官鼓励的"婚姻关系"，事实上，仅仅是性关系而已，而且其中还充满着白人男性对混血土著女性的剥削、利用和虐待。尽管婚姻是促进不同文化与种族的人们交往的良好渠道，种族婚姻通常被认为是促进少数人群体同化进主流社会的方式④，人们认为"最好的同化是在床上实现的"⑤，但是种族婚姻的产生

---

① Bleakley, J. W., "The Aborigines and Half Castes of Central Australia and North Australia", in Stone, Sharman N., ed., *Aborigines in White Australia: A Documentary History of the Attitudes Affecting Official Policy and the Australian Aborigines, 1697-1973*, Melbourne: Heinman Educational Australia, 1974, p. 157.

② Broome, Richard, *Aboriginal Australians, Black Response to White Dominance 1788-1980*, Sydney, London, Boston: George Allen & Unwin, 1982, p. 134.

③ Bleakley, J. W., "The Aborigines and Half Castes of Central Australia and North Australia", in Stone, Sharman N., ed., *Aborigines in White Australia: A Documentary History of the Attitudes Affecting Official Policy and the Australian Aborigines, 1697-1973*, Melbourne: Heinman Educational Australia, 1974, p. 157.

④ Ellinghaus, Katherineus, *Taking Assimilation to Heart, Marriages of White Women and Indigenous Men in the United States and Australia, 1887-1937*, Lincoln & London: University of Nebraska Press, 2006, p. xi.

⑤ 〔澳〕唐纳德·霍恩：《澳大利亚人——幸运之邦的国民》，徐维源译，上海：上海译文出版社，2000年，第77页。

不能以双方的血统与生理因素为先决条件，而必须建立在双方自由平等交往的基础之上，必须建立在彼此对对方社会文化感知、理解和认同的基础之上。否则，种族婚姻不仅没有好的结局，反而会带来伤害。在混血土著吸收政策中，各州提倡的种族婚姻显然缺乏这样的基础。其实，生物吸收不仅缺乏这些基础，而且把种族婚姻作为解决种族与社会问题的手段，是对人类尊严的侵犯。首先，混血土著吸收是建立在严格按照血统对土著居民进行分类的基础上，纯血统土著、1/2 混血土著、1/4 混血土著和 1/8 混血土著，这些把人像动物一样称呼的术语本身就是对土著的冒犯。其次，生物吸收主张对混血土著的生物体进行改良，以动物选育方法对混血土著进行人种改造，即像选育改良牲口一样对混血土著进行血统改良，而社会文化改造则居于其次，仅仅是辅助手段而已。1936 年，哈斯勒克在调查西澳混血土著状况的过程中发现，不少人认为，混血土著也有血有肉，有情感和思想，不能把他们视为动物。借用动物选育的方法对混血土著问题实施血统改造就是亵渎人类。① 其实，生物吸收不仅把混血土著贬低到牲口的地位，同样也把白人男性贬低到雄性动物的地位。显然，在当时普遍歧视有色人种、种族主义盛行的澳大利亚，试图以促进混血土著女性与白人男性结合来解决种族问题也是不切实际的。不仅如此，生物吸收还在一定程度上为白人男性侵犯混血土著女性，戴上了保证澳大利亚种族纯洁的神圣光环，使得这种关系具有了合法性。

第四节　社会与心理处境

在吸收政策之下，混血土著既不能融入白人社会，也回不到土著社会。他们在情感、心理上遭遇巨大的折磨，成为游离和迷失在白人与土著两个种族之间的边缘群体。所谓的吸收，也只是把混血土著视为劳动力的补充和把混血土著女性视为可供玩弄的工具而已。

一、双重排斥

在"白澳"政策下，澳大利亚社会把种族纯洁和文化同质作为建国的

---

① Hasluck, Paul, "Half-Caste Problem, Big Rise in Numbers, Camps Swarming with Children (No.1)", *The West Australian*, 23rd July, 1936.

基本准则。在纯白色的澳大利亚理想中,土著居民这个即将灭绝的种族没有任何存在的价值。因此澳大利亚联邦建立后,土著居民就被各种法律排斥在澳大利亚社会之外。1902 年,《联邦选举条例》(*Franchise Act 1902*)禁止将任何澳洲、亚洲、非洲或太平洋岛屿(新西兰除外)的土著居民的姓名列入选民册,剥夺了土著居民的选举权;1908 年《残废抚恤金和养老金条例》(*Invalid and Old Age Pensions Act*)规定,亚洲人(在澳大利亚出生者除外)、土著居民(包括澳大利亚土著和大洋洲岛民)不得领取残废抚恤金和养老金,否决了土著居民获得社会保障的基本权利;1912 年《孕妇津贴条例》(*Maternity Allowance Act 1912*)规定,亚洲妇女或澳大利亚土著妇女、巴布亚或太平洋岛屿居民妇女无权获得孕妇津贴。澳大利亚联邦成立伊始就以法律的形式确立了对土著居民的全面排斥。

区别对待混血土著与纯血统土著是 19 世纪末 20 世纪上半期澳大利亚土著政策的基本特点。在把纯血统土著严格纳入控制之下的同时,政府给予混血土著一定的自由。为了加强对混血土著的控制,20 世纪 30 年代,澳大利亚各州法律都扩大了"土著"(Aborigine)的含义,把混血土著纳入这个概念中去。土著事务管理者希望,扩大"土著"的概念可以帮助他们进一步加强对土著人口的婚姻和性关系的控制,从而阻止混血土著人口的进一步增长。1934 年,昆士兰规定,"土著"包括所有纯血统土著和混血土著。1936 年,西澳规定,土著人口包括从纯血统土著到 1/2 混血土著、1/4 混血土著的所有人。① 通过把混血土著包含在土著概念之中,澳大利亚各州确立了对混血土著的全面控制。虽然各州的情况存在差异,但是所有被认为是土著的人都被剥夺了基本权利,充分的公民权、社会福利、平等的教育和就业机会都与他们无缘。澳大利亚社会明确规定了他们的低人一等的社会地位。②

维多利亚是最早采取措施吸收混血土著的州。在那里,混血土著被强制赶出保留地,进入白人社会,而白人却对他们在身边感到不满。一些白人要求保护委员会把聚集在城镇附近的混血土著赶回保留地去。白人尤其不满混血土著子女进入白人的学校学习。霍普金斯·福尔斯

---

① Gammage, Bill, & Spearritt, Peter, *Australians*:*1938*, New South Wales: Fairfax, Syme & Weldon Associates, 1987, p. 49.

② Gammage, Bill, & Spearritt, Peter, *Australians*:*1938*, New South Wales: Fairfax, Syme & Weldon Associates, 1987, p. 53.

(Hopkins Falls) 州立学校咨询委员会的成员约翰·格拉斯哥 (John Glasgow) 曾经向保护委员会指出，霍普金斯·福尔斯州立学校曾经招收了 10 名混血土著儿童，导致白人儿童家长的普遍不满，不久大多数白人儿童就从这所学校转走了。白人家长绝对"不能容忍他们的孩子与土著孩子在同一学校学习"。约翰·格拉斯哥在报告中还指出，州立学校咨询委员会努力消除偏见都无济于事。① 1923 年，一个调查委员会在达尔文发现民众对从小就被强制与父母分离的混血土著表示同情，但是反对混血土著儿童与白人儿童同校学习。对达尔文的市民而言，只要不与混血土著为邻，改善混血土著的状况是可以接受的。②

白人社会根本没有意愿接纳那些被保护委员会赶出保留地的混血土著。至于成年的混血土著，他们被保护委员会强制驱逐出保留地，白人社会不给予他们任何帮助，也不允许给予他们任何帮助，而让他们自行融入白人社会。他们不具备在白人社会生存的能力，很多人无法找到工作，无法得到非土著人有权获得的社会救济，他们生活在保留地附近或者非土著社会边沿的简陋的棚屋里。就是那些在白人社会获得就业机会的混血土著，白人雇主也不会给予他们公正的待遇。

1936 年，保罗·哈斯勒克对西澳土著的状况进行了调查。他指出，真正的难题是混血土著居民生活在我们社会之中，却又不是我们社会的成员。③ 对于混血土著的状况，他是这样描述的："4000 多混血土著人口的多数已经长大成人，或者正在没有培训、没有任何教育、没有帮助他们建立体面生活的情况下成长。而且，通常情况下，他们处境恶劣，白人社会正在贬低他们的品性，使他们一无是处，只是成为流浪汉、成为棚屋中的居民、成为一个特殊的低级社会成员的繁衍者。南部的一些混血土著生活在物质、思想和精神的贫困之中。"④ 这不仅是西澳混血土著的处境的描述，更是对整个澳大利亚各地混血土著状况的描述。

即使那些已经以白人方式生活的混血土著也得不到公正的待遇。

---

① Broome, Richard, *Aboriginal Victorians: A History since 1800*, Crows Nest, N.S.W.: Allen & Unwin, 2005, p. 190.

② McGregor, Russell, *Imagined Destinies: Aboriginal Australians and the Doomed Race Theory, 1880–1939*, Melbourne: Melbourne University Press, 1997, p. 148.

③ Hasluck, Paul, "Half-Caste Problem, Big Rise in Numbers, Camps Swarming with Children (No. 1)", *The West Australian*, 23rd July, 1936.

④ Hasluck, Paul, "Half-Caste Problem, Big Rise in Numbers, Camps Swarming with Children (No. 1)", *The West Australian*, 23rd July, 1936.

1912 年，混血土著约翰·基克特（John Kickett）给西澳教育部长写信，要求他的孩子进入当地的州立学校学习。他提出的理由是："我现在从事农业，拥有 200 亩土地并以此为生，并在州立学校受过教育，已经像白人那样生活和抚养自己的孩子。我不希望我的子女无法接受教育。"① 但是他的呼吁石沉大海，毫无回音。1934 年，一位混血土著向哈斯勒克（年轻的记者）抱怨道："努力工作，但是从来不能自由地到任何地方去。努力提高自己的地位，但是依然不能获得白人拥有的权利。"② 20 世纪 30 年代，在整个北领地，土著的医疗卫生问题被严重的忽视。例如，位于艾利斯斯普林的澳大利亚中部唯一的医疗机构——澳大利亚内陆教会救助站（Australian Inland Mission hostel）拒绝收治混血土著病人。③ 混血土著被排斥在澳大利亚福利国家制度之外，完全被排斥在养老、孕产妇津贴、失业保险和救济之外以及一系列政治、经济和社会权利之外。④

在人们的观念里，混血土著是不受欢迎的人，他们懒惰，不守信用，迷恋酗酒与赌博，从总体上说，混血土著对社会无益。他们酗酒后，往往吵闹、淫乱、骚动，经常发生暴力事件。多数情况下，他们从一个城镇迁到另外一个城镇，从来不会在一个地方居住太长时间，生活在城镇附近的许多保留地。也许把所有混血土著都归为异类有失公平，但这是一种普遍的现象。还有一些混血土著过着体面的生活，他们勤劳而整洁，上进心强。他们值得信任和表扬，但不幸的是，他们不得不忍受歧视与不公正待遇，因为白人从总体上倾向于把所有混血土著归入懒惰与荒淫之列。少数具有良好品行的混血土著不得不因为不受欢迎的多数而遭受同样的歧视，确实是一件悲哀的事情。⑤

土著社会对混血土著又如何呢？很多混血土著无法得到土著部落和家庭的接受。在澳大利亚，白人男性与土著妇女之间性关系非常普遍，

---

① Broome, Richard, *Aboriginal Australians*, *Black Response to White Dominance 1788 – 1980*, Sydney, London, Boston: George Allen & Unwin 1982, p. 166.

② Broome, Richard, *Aboriginal Australians*, *Black Response to White Dominance 1788 – 1980*, Sydney, London, Boston: George Allen & Unwin 1982, p. 166.

③ Gammage, Bill, & Spearritt, Peter, *Australians: 1938*, New South Wales: Fairfax, Syme & Weldon Associates, 1987, p. 52.

④ Austin, Tony, *Never Trust a Government Man: Northern Territory Aboriginal Policy 1911 – 1939*, Darwin: Northern territory University Press, 1997, p. 1.

⑤ Bateman, F. E. A., "Survery of Native Affairs", *Western Australia Votes & Proceeding*, Vol. 2, No. 19, 1948, pp. 31 – 32.

但是有的地方混血土著后代却很少。其中重要的原因在于混血土著后代往往被纯血统土著男性处死。牧师 A. 迈耶（A. Meyer）指出，在因康特湾（Encounter Bay）的土著部落，几乎所有土著妇女与欧洲男性结合所生的孩子通常都被处死。南澳的土著部落那林耶里人（Narrinyeri）大约一半的混血土著婴儿成为土著妇女丈夫嫉妒的牺牲品。① 混血土著不仅得不到白人社会的接受，而且也为纯血统土著排斥。因为政府人为地对纯血统土著与混血土著实施区别对待，无形中也在两者之间制造了紧张关系。混血土著被抛入白人社会，既没有能够实现自食其力，也没有资格获得政府的救济。许多混血土著不得不聚集在保留地附近，希望从保留地获得生存的依靠。这给生活在保留地上本来就艰难的纯血统土著的生存形成了压力。弗雷林汉（Framlingham）的土著居民曾经给委员会写信，抱怨混血土著聚集在保留地附近。1897 年委员会收到一份请愿书，要求把混血土著从保留地附近驱逐出去。

所有的事实都表明，尽管各州都宣扬混血土著吸收，但是白人社会却并不接受他们。混血土著成为既不能为白人社会接受，又不能回到土著社会的一个特殊群体，游离于两个种族之间。

二、心理困境

在这样的社会背景中，混血土著的情感、观念往往错位，缺乏社会认同感，成为迷失在两个种族之间的边缘群体。内维尔曾经说道："二分之一混血土著和四分之一混血土著的处理存在一些差异。混血土著母亲都非常舍不得自己的孩子。二分之一混血土著隔离出来后，允许其母亲到养育院，但是分开居住。混血土著儿童居住在专门的宿舍里，而母亲则安置稍远的居住点。父亲也可以到养育院来看望自己的子女。一般情况下，几个月后，父母都会满意地离开自己的孩子。至于四分之一混血土著，他们的母亲非常喜欢他们，极不愿意与孩子分开。母亲可以到养育院与孩子生活在一起，直到认识到她们的孩子得到了合适的照顾，她们就会乐意地离开养育院，最终忘记这些四分之一混血土著孩子。"② 可见，在隔离混血土著儿童的时候，政府面临的重要问题就是亲情。为了

---

① Westermarck, Edward, *History of Human Marriage Volume* 2, Nabu Press, 2012, p. 44.
② Gammage, Bill, & Spearritt, Peter, *Australians：1938*, New South Wales：Fairfax, Syme & Weldon Associates, 1987, pp. 109 – 110.

实现对混血土著的隔离，粗暴地分离母子是一种普遍的现象。土著管理人员认为，把混血土著与母亲分开是一件残忍的事情，但是，残忍却是实现仁慈的方式。①

就是这种"实现仁慈的残忍"给混血土著带来了严重的心理伤害。1911年，昆士兰一位部长参观亚伦巴（Yarrabah）混血土著养育院，他允许当地的混血土著儿童倾诉自己的抱怨，"所有那些前来诉苦的混血土著无不充满忧伤，无不表示希望回到自己的亲人身边"②。亲情的缺失是混血土著经历的痛苦之一。混血土著儿童在教养院里没有爱的孤独生活，绝对不是白人儿童所经历的家庭生活。一位被隔离的混血土著回忆，他经常在教养院的篱笆边一坐就是几个小时。在那里，他远望城镇，努力想象生活在一个幸福家庭的景象，努力想象自由地逛商店、骑自行车的自在和愉悦。③ 失去家庭的痛苦是他人难以想象的，然而对于混血土著而言，家庭的破碎是他们必须经历的痛苦。

2003年澳大利亚电影《防兔篱笆》（*Rabbit Prevent Fence*）就讲述了三个混血土著女孩从摩尔河混血土著教养院逃出来，经历千难万险终于回家的故事。她们是幸运者，然而更多的混血土著一旦被隔离，就注定再也不能回家，再也见不到亲人。为了阻止混血土著出逃，土著管理者往往欺骗他们。一位曾经被隔离在新南威尔士金奇拉土著男孩教养院的混血土著回忆道：管理人员告诉他，他的父亲已经死了。④ 从小被隔离的著名土著活动家、1965年"自由之行"的组织者查尔斯·帕克斯（Charles Perkins）曾经说过："一路都在失去，最重要的是失去了家庭的温暖。"⑤ 对于混血土著而言，对家庭幸福的渴望只能埋藏在内心深处。

混血土著被灌输的是土著人低贱和白人高贵的种族观念。他们的人

---

① Human Rights and Equal Opportunity Commission, *Bringing Them Home: Report of the National Inquiry into the Separation of Aboriginal and Torres Strait Islander Children from Their Families*, Sydney: Sterling Pess, 1997. p. 90.

② Moses, A. Dirk, *Genocide and Settler Society: Frontier Violence and Stolen Indigenous Children in Australian History*, New York: Berghahn Books, 2004, p. 221.

③ Read, Peter, *A Rape of the Soul So Profound, the Return of the Stolen Generations*, St Leonards NSW: Allen & Unwin, 1999, p. 35.

④ Read, Peter, *A Rape of the Soul So Profound, the Return of the Stolen Generations*, St Leonards NSW: Allen & Unwin, 1999, p. 35.

⑤ Read, Peter, *A Rape of the Soul So Profound, the Return of the Stolen Generations*, St Leonards NSW: Allen & Unwin, 1999, p. 43.

格得不到健康发展,往往非常自卑、抑郁。① 艾丽西亚·亚当斯(Alicia Adams)是一位曾经被隔离在新南威尔士库塔曼德拉混血土著女孩教养院的混血土著。白人社会宣扬的土著低劣观念使她的心理严重扭曲,"我从来不知道自己的亲生父母,只知道女总管是我的妈妈。女总管把我视为白人,我也认为自己是白人。当我发现莎莉(Sally)姐姐的皮肤很黑,再仔细查看自己的皮肤,才意识到自己的皮肤与莎莉姐姐一样。但在内心,我依然坚持自己是白人。此刻,我内心受到深深的伤害,不希望自己的皮肤是棕色的,希望自己是白人"②。

　　白人社会的歧视甚至导致混血土著行为的扭曲。在日常生活中,那些有着种族主义情绪的人绝不允许自己身边存在具有土著血统的人。因此,一些浅色皮肤的混血土著都谎称自己是阿富汗人、印度人或者印度尼西亚人。绝大多数混血土著的处境非常尴尬,他们被从土著居民中分离出来,又不能与白人居民接近。一位曾被隔离在库塔曼德拉的混血土著妇女说:"混血土著被隔离出来,完全被洗脑,要求像白人一样思考。当他们进入白人社会时才发现,因为自己是土著,白人根本不接受他们。当他们试图接近土著社会时又发现,也不能得到土著社会的认同,因为他们毕竟受到太多白人生活方式的影响。混血土著既不是白人,也不是土著,他们就是迷失的一代。我就是他们中的一员。"③ 混血土著丧失了本民族的语言、文化和传统,而又不能融入白人社会。他们孤悬在两种文化之外,精神上无所依归。④

三、社会定位

　　从19世纪80年代到20世纪30年代,除塔斯马尼亚外,澳大利亚各殖民地(州、领地)纷纷采取措施吸收混血土著进入白人社会,并先后形成了经济吸收和生物吸收两种政策模式。经济吸收和生物吸收存在

---

　　① 沈永兴、张秋生、高国荣:《列国志·澳大利亚》,北京:社会科学文献出版社,2003年,第38页。
　　② Read, Peter, *A Pape of the Soul so Profound, the Return of the Stolen Generations*, St Leonards NSW: Allen & Unwin, 1999, pp. 34 - 35.
　　③ Human Rights and Equal Opportunity Commission, *Bringing Them Home: Report of the National Inquiry into the Separation of Aboriginal and Torres Strait Islander Children from Their Families*, Sydney: Sterling Press, 1997, p. 131.
　　④ 沈永兴、张秋生、高国荣:《列国志·澳大利亚》,北京:社会科学文献出版社2003年版,第39页。

密切联系。从理论基础上来看，都是建立在生物决定论的基础上，即认为只有拥有白人血统的混血土著才可以被吸收，混血土著与生俱来的白人血统是他们能够被吸收的基本前提。由此，各州把混血土著按照白人血统的比例进行区分，坚信白人血统的比例越大，被吸收的可能性就越大。同时，经济吸收与生物吸收都实施混血土著儿童的隔离与教育，尽管它们的出发点不同。经济吸收试图以此促进混血土著融入白人的经济生活，成为自食其力的劳动者；而生物吸收则希望以此提高混血土著女性的素质，促进她们与白人男性的婚配。

混血土著吸收主要局限在两个层面：一是经济层面，即把混血土著纳入澳大利亚经济生活中来，充当下层劳动者。二是生物层面，以种族婚姻对混血土著实施血统改造，为混血土著后代注入更多的白人血统，以使他们更接近白人。混血土著政策名为吸收，事实上，澳大利亚社会并没有向混血土著开放。首先，澳大利亚社会政治领域完全排斥混血土著，他们没有资格享有任何政治权利，也没有资格享受任何社会权益和福利，对此时的混血土著来说，公民还是一个陌生的概念。其次，允许混血土著进入澳大利亚经济生活，但是经济领域也并非全部向他们开放。混血土著只能从事白人不愿意从事的工作，永远没有向中高级职业流动的可能与机会。正因为如此，混血土著教育的目的在于以"不会使他们与白人社会产生经济与社会冲突"的方式促进土著就业。[1] 对混血土著的教育和培训也极其简单，尽可能地把土著排斥在技术领域之外，确保他们不会对白人劳动者构成竞争，仅仅是白人劳动力的补充而已。更为严重的是，即使允许混血土著从事下层职业，政府与社会也没有确立起公平、公正地对待混血土著劳动的机制。他们不仅无法与白人一样获得相同的待遇、工作条件和福利，而且绝大多数根本就是在没有工资的情况下工作，许多混血土著得到的劳动报酬仅是能勉强维持生计的口粮和蔽体的衣物。就是在这样一个对混血土著充满排斥的社会里，人们期待混血土著女性与白人男性婚配，并由此对混血土著实施血统改造。

从总体上看，澳大利亚白人社会能够容纳混血土著的只有两个领域：一是经济领域，即主张把混血土著作为经济发展所需的劳动力补充。自从白人殖民以来，剥夺土著的土地和以土著为廉价劳动力一直是土著和

---

[1] Beresford, Quentin, & Omaji, Paul, *Our State of Mind：Racial Planning and the Stolen Generations*, Fremantle, W. A.：Fremantle Arts Centre Press, 1998, p. 263.

白人关系中的主题。对于白人来说，需要有一种边缘化的劳动力以满足急时所需。"经济剥削在全世界种族主义的出现过程中有着重要的作用。"① 二是性关系，即主张生物吸收，鼓励混血土著女性与白人男性婚配。与其说此举在促进种族婚姻，还不如说是试图承认长期以来白人男性对土著妇女（包括混血土著妇女）性侵害的合法。血统改造在有利于满足白人男性需要的同时，还以政策的方式为白人男性对混血土著妇女的性侵犯披上了合法甚至神圣的外衣。

所谓的混血土著吸收不过是这样一幅图景：白人可以接受混血土著妇女充当佣人，洗衣做饭，照顾小孩；可以接受混血土著男性从事农牧业，成为劳动力的补充；为满足经济需要和生理欲望，白人并不介意在日常生活和工作中与混血土著接触。② 混血土著男性只是供白人剥削的劳动力，混血土著女性在被当作家政服务者的同时，还被视为性奴与生育机器。如果说，这种设计给予混血土著女性与白人男性结合的可能，那么混血土著男性则被剥夺了寻求婚姻对象的可能性。因为，一方面，各殖民地（州、领地）普遍对混血土著与纯血统土著的婚姻进行限制；另一方面，即使是自由竞争，混血土著男性也无法在追求混血土著女性方面与白人男性相提并论，更何况政府还以政策的方式鼓励白人男性与混血土著女性结合。因此，混血土著男性被剥夺了寻找伴侣的机会。总之，除了作为劳动力补充和把混血土著妇女作为可供玩弄的对象之外，白人既拒绝与混血土著分享政治权利，又拒绝与混血土著分享社会福利，并以种种手段确立对混血土著的排斥。

---

① Beresford, Quentin, & Omaji, Paul, *Our State of Mind: Racial Planning and the Stolen Generations*, Fremantle, W. A.: Fremantle Arts Centre Press, 1998, p. 263.
② Beresford, Quentin, & Omaji, Paul, *Our State of Mind: Racial Planning and the Stolen Generations*, Fremantle, W. A.: Fremantle Arts Centre Press, 1998, p. 260.

第六章 混血土著吸收政策的终结

第二次世界大战前后，围绕着土著问题的争论日益激烈，土著社会的抗争不断展开，混血土著中的一些杰出代表，开始有组织的斗争，要求在普遍的人权基础上给予土著（不仅仅是混血土著）充分的公民权。与此同时，实施特别的混血土著政策的理由逐步丧失其存在的基础。混血土著吸收政策遭到越来越多的质疑与批评，要求对土著（包括纯血统土著和混血土著）实施文化同化的呼声越来越高，澳大利亚土著政策开始从混血土著吸收逐步转变为土著同化。

第一节 观念的变化

第二次世界大战前后，人们日益认识到土著人口的快速增长，不仅混血土著在不断增长，纯血统土著也在快速增长。"注定灭绝"论，这个长期支撑政府按照血统区分土著的思想基础，开始遭到人们的怀疑。同时，混血土著吸收政策的理论基础破产，包括土著管理官员在内的社会各界开始对土著政策进行反思，要求对土著居民实施文化同化的呼声越来越高。

一、"注定灭绝"论的破产

两次世界大战之间，医学家、人类学家、人道主义者和土著活动家开始对土著"注定灭绝"论表示质疑。① 20世纪30年代，人们开始意识到，土著并没有像人们预计的那样消亡，土著（包括纯血统土著和混血

---

① Thomas, David Piers, *Reading Doctors' Writing: Race, Politics and Power in Indigenous Health Research, 1870–1969*, Canberra: Aboriginal Studies Press, 2004, p.23.

土著）还在迅速增加。① 在 1937 年第一次全国土著会议上，北领地首席保护官塞西尔·库克就谈论过有关这一地区纯血统土著命运问题。他认为，纯血统土著居民是北领地人口的主要组成部分，从数量上看，白人是少数人群体。同时，与纯血统土著比较，混血土著的人口还很少。如果稍微改善土著居民的生存状况，那么土著居民人口都会快速增长。相对纯血统土著的快速增长，北领地的白人人口却增长缓慢。照此下去，在不久的将来，北领地将会出现一个黑色种族。因此，政府面临着艰难的抉择，是出于人道保护土著居民，还是维护白澳社会理想？② 在他看来，纯血统土著并非在灭绝之中，而且他们的生殖能力还非常强大。只要措施得当，纯血统土著会长久存在下去。长期以来白人想象中的注定灭绝并没有在北领地发生。不仅如此，而且自 20 世纪初以来，纯血统土著人口还在不断增加。③

第二次世界大战期间，土著居民或进入军队，或在后方参加劳动为战争服务，土著居民的生活条件有所改善。在与土著居民的接触中，很多人意识到，"有规律的饮食，可供自己自由支配的收入，也许还因为有些土著妇女在抚养孩子方面的天赋，所有这些使一个世纪以来土著人的出生率第一次被承认有所上升"④。对此，20 世纪 40 年代人类学家 A. P. 埃尔金指出，长期以来土著人口的减少不仅开始停止，而且"以高于非土著人口的自然增长率在增加"⑤。澳大利亚联邦内政部的一份报告也指出，自从殖民以来，土著人口第一次出现增长。⑥ 1951 年担任内政部长的哈斯勒克也指出："土著人口正在以高于澳大利亚总人口自然增长率的

---

① Partington, Geoffery, "Saying 'Sorry!' about Aboriginal Children, the Fundamental Problem", *Australia & World Affairs*, Iss. 37, 1998, p. 19.
② Commonwealth of Australia, *Aboriginal Welfare: Initial Conference of Commonwealth and State Aboriginal Authorities*, Held at Canberra, 21st to 23rd April, 1937, p. 13.
③ Catrion Elder, *Dreams and Nightmares of a White Australia: the Discourse of Assimilation in Selected Works of Fiction*, The Australian National University Press, 1999, p. 55.
④ 〔澳〕杰弗里·博尔顿：《澳大利亚历史》，李尧译，北京：北京出版社，1992 年，第 16 页。
⑤ Moses, A. Dirk, *Genocide and Settler Society: Frontier Violence and Stolen Indigenous Children in Australian History*, New York: Berghahn Books, 2004, p. 296.
⑥ Moses, A. Dirk, *Genocide and Settler Society: Frontier Violence and Stolen Indigenous Children in Australian History*, New York: Berghahn Books, 2004, p. 295.

速度增长。"①

表 6-1 是人类学家 A. P. 埃尔金根据澳大利亚联邦年度报告做出的统计。1940 年澳大利亚土著人口为 73271 人，其中纯血统土著 47960 人，混血土著 25311 人。1921—1947 年，新南威尔士、维多利亚、南澳、西澳的土著人口增长幅度较大。1921—1947 年，全澳大利亚的土著人口从 60479 人增加到 73817 人（见表 6-2）。澳大利亚土著不但没有灭绝，反而在不断增长。

表 6-1　1940 年澳大利亚土著人口的分布与构成　　（单位：人）

州	纯血统土著（人）					混血土著（人）					总计
	流动	就业	监控	其他	总计	游动	就业	监控	其他	总结	
新南威尔士州	34	98	410	148	690	274	1676	5037	3184	10171	10861
维多利亚州		19	20	38	77	7	201	209	256	673	750
昆士兰州	1486	3061	3330	889	8766	100	1705	1950	2409	6164	14930
南澳	1675	407	351	271	2704	826	405	792	227	2250	4954
西澳	15166	3595	1884	1176	21821	649	1099	1736	1297	4781	26602
北领地	6035	2818	4070	978	13901		56	32		88	13989
塔斯马尼亚州	1				1	9		212	61	282	283
首都直辖区						6	395	346	155	902	902
澳大利亚	24397	9998	10065	3500	47960	1862	5546	10314	7589	25311	73271

注：1940 年，北领地的混血土著为 902 人。1941 年由于战争爆发，600 多混血土著妇女和儿童转移到了南部各州，而混血土著男性则编入军队之中。

资料来源：Elkin, Adolphus Peter, *Citizenship for Aborigines: A National Aboriginal Policy*, Sydney: Australian Publishing Company, 1944, p. 100.

表 6-2　澳大利亚土著与托勒斯海峡岛民的数量与分布：1788—1947 年

（单位：人）

	1788	1901	1921	1947
新南威尔士	40000	8065	6067	11560
维多利亚	11500	521	573	1277
昆士兰	100000	26670	15454	16311
南澳	10000	3070	2741	4296

---

① Moses, A. Dirk, *Genocide and Settler Society: Frontier Violence and Stolen Indigenous Children in Australian History*, New York: Berghahn Books, 2004, p. 295.

（续表）

	1788	1901	1921	1947
西澳	52000	5261	17671	24912
塔斯马尼亚	2500	0	0	214
北领地	35000	23363	17973	15147
首都直辖区	—	—	0	100
澳大利亚	251000	66950	60479	73817

注：1788 年和 1901 年首都特区还是新南威尔士的一部分。
资料来源：Jones, F. Lancaster, *The Structure and Growth of Australia's Aboriginal Population*, Adelaide: Social Science Research Council of Australia, 1970, p. 4.

20 世纪 30 年代以来，土著人口的增长体现在两个方面：一是纯血统土著的增长；二是混血土著的增长。土著居民人口的增长，尤其是纯血统土著居民人口的增长，直接证明了注定灭绝论的荒唐。自 19 世纪 60 年代以后，澳大利亚各殖民地（州、领地）实施土著保护政策，建立保留地，将纯血统土著圈禁其中。当时人们认为，保留地就是纯血统土著的最后生存地，他们将在那里自行灭绝。然而到 20 世纪 30 年代，人们发现预期的注定灭绝并未发生，相反却是纯血统土著的不断增加。面对这一现实，澳大利亚政府不得不思考和寻找新的解决办法。"正是因为政府认识到土著没有自行灭绝，才被迫从保护政策转向同化政策。"① 既不可能灭绝且在不断增长，政府被迫设法把他们纳入澳大利亚社会之中。②

与此同时，长期以来澳大利亚政府把混血土著作为土著政策关注的重点，实施隔离、教育和控制婚姻等方式促使其融入白人之中。人们越来越清醒地意识到，他们不仅没有融入白人社会，而且越来越与纯血统土著结合在一起，开展一系列反抗斗争。混血土著中的一些杰出人物成为土著反抗运动的领导者和组织者，其土著身份的意识和归属感越来越强烈。这一切无不预示着长期以来推行的混血土著政策的失败。

既然纯血统土著没有像人们期望的那样灭绝，土著问题就不仅仅是

---

① 黄源森、陈弘：《当代澳大利亚社会》，上海：华东师范大学出版社，1991 年，第 103 页。

② Partington, Geoffery, "Saying 'Sorry!' about Aboriginal Children, the Fundamental Problem", *Australia & World Affairs*, Iss. 37, 1998, pp. 14–23.

混血土著问题，还存在纯血统土著问题，即整个土著种族的问题。既然混血土著没有像政府希望的那样融入白人之中，那么如何以新的思维和方法来处理土著问题（而不仅仅是混血土著问题）就成为澳大利亚政府和民众面临的重大挑战。

二、生物吸收理论基础的丧失

澳大利亚土著与欧洲人同种同源的理论与优生学的结合是血统改造的理论基础。如前所述，出于对土著处境的同情和促进白人改变对土著的态度考虑，赫伯特·巴斯道成为这种理论的提倡者和宣扬者。然而，就在内维尔和塞西尔·库克以他的理论开展生物吸收的时候，巴斯道已经开始怀疑自己的理论。巴斯道是一个有良知的科学家。由于早年在德国留学，回国后一直与德国科学界保持着密切联系，巴斯道对纳粹推行的种族卫生计划有所了解。他开始觉察到内维尔实施的生物吸收与纳粹准备在欧洲实施的种族清洗之间有着某种相似性。1930年左右，巴斯道开始明确反对生物吸收，并重新审视自己的理论。从疾病调查着手，他对疾病与生理特征的变化之间的关系进行分析。他最终发现，金黄色头发之所以会在土著儿童身上出现，原因在于染上了某种疾病。对于土著儿童而言，金黄色头发就是一种变态的反映，而非常态。在他所著的《影响土著的疾病》中"皮肤颜色反常"条目下专门对"青少年金黄色头发"问题进行了分析。他指出，金黄色头发是某些家族的遗传结果，而不再以种族因素来进行解释。① 当时澳大利亚寄生虫病流行，在北领地的调查中发现，50.4%的土著和4.9%的白人患有钩虫病。经过研究，1934年3月，巴斯道终于认识到，土著儿童的金黄色头发并非土著居民与白人种族血缘接近的关系，而是一种反常现象，其原因是营养不良和寄生虫病。② 土著儿童的金黄色头发曾经被他多次用作科学根据来论证澳大利亚土著与欧洲人同种同源，现在证明他原先提出的澳大利亚土著是澳大利亚—高加索血统后裔的所谓科学证据是根本错误的。由此看来，之前宣扬的同种同源论缺乏令人信服的证据支撑。与此同时，悉尼大学

---

① Zgbaum, Heidi, "Herbert Basedow and the Removal of Aboriginal Children of Mixed Descent from Their Families", *Australian Historical Studies*, Vol. 34, Iss. 121, 2003, p. 137.

② Zgbaum, Heidi, "Herbert Basedow and the Removal of Aboriginal Children of Mixed Descent from Their Families", *Australian Historical Studies*, Vol. 34, Iss. 121, 2003, p. 134.

人类学系的学者们也明确地反对血统改造和澳大利亚土著与白人同种同源的理论。① 人类学家埃尔金经过自己的研究明确宣布，澳大利亚土著不属于蒙古利亚人种，也不属于尼格罗人种，更不属于高加索人种。从种族归属来看，澳大利亚土著属于"澳大利亚人种（Australoid）"，是一个独特的种族。②

混血土著与白人结合的后代不会出现返祖现象是鼓吹生物吸收的基本理由，曾经被内维尔和塞西尔·库克等人用来鼓励白人男性与混血土著女性的结合。20 世纪 30 年代以来，人们越来越认识到这种说法没有任何科学依据。阿德莱德大学人类学教授 J. B. 克莱兰曾是生物吸收政策和澳大利亚土著与白人同种同源论最有力的支持者。20 世纪 30 年代早期，他认为，混血土著与白人的结合，其后代不会出现返祖现象，但是到 1939 年 11 月，J. B. 克莱兰教授指出："混血土著与白人的混血后代不存在返祖现象似乎是正确的，但至今尚无有关支持这一论断的科学研究问世。"③

吸收政策的基本思想在于认为，混血土著与生俱来的白人血统是他们能够被吸收的基本前提，即血统或生理因素决定了混血土著的前途与命运，因此改造土著就必须从改造血统入手。人们对这种生物决定论的观念也开始质疑。1938—1939 年，在哈佛大学和阿德莱德大学联合资助下，南澳博物馆的人类学家 N. B. 廷代尔（N. B. Tindale）对南澳的混血土著问题进行调查。通过对 2500 名混血土著的研究，1941 年《南澳混血土著问题调查》出版。该报告是澳大利亚第一个也是唯一出版了的关于生物吸收可行性论证的研究。在报告里，廷代尔列举大量的细节来说明种族婚姻与生物吸收是一个种族改良问题。他与其他血统改造政策的支持者一样，也强调生物吸收的实施是一个血统改造过程，最终目标是使混血土著作为一个独特的种族群体完全消失。但他认为，生物吸收也是一个社会文化改造过程，生物吸收的成功必须以一系列的社会文化进步为前提，包括提高混血土著的教育、职业和经济水平，使其成为文明社会的成员，成为白人男性的配偶。在最后对混血土著问题产生的根源

---

① McGregor, Russell, "An Aboriginal Caucasian: Some Uses for Racial Kinship in Early Twentieth Century Australia", *Australian Aboriginal Studies*, No. 1, 1996, p. 15.
② Elkin, Adolphus Peter, *The Australian Aborigines*, Garden City, N. Y.: Doubleday, 1964, p. 4.
③ McGregor, Russell, "An Aboriginal Caucasian: Some Uses for Racial Kinship in Early Twentieth Century Australia", *Australian Aboriginal Studies*, No. 1, 1996, p. 16.

进行分析时,他指出了混血土著问题存在的社会根源:"似乎没有足够的证据说明,混血土著难以适应文明社会是由于混血土著生理低劣的缘故。他们之所以无法适应,教育和家庭培训的缺乏以及阻止他们认同于土著血统/身份才是主要原因。多数混血土著是普普通通的正常人,他们的智力并不比白人低一等,只是社会环境使他们陷于贫困、无知和隔绝之中。"① 廷代尔指出,血统等生物因素并不是混血土著问题产生的根源。既然如此,那么立足于生理因素的血统改造也就不可能解决混血土著问题,因为这种方法并未针对问题产生的根源。

第二次世界大战也使那些相信有色人种天生低劣的白人开始反思。德国纳粹把澳大利亚人和英国人视为劣等民族,而他们同为白种人。英国人还长期视自己为优等民族,歧视有色人种。亚洲的日本则长期被澳大利亚人视为劣等民族。但是太平洋战争爆发后,日本却一路南下,直逼澳洲大陆北端。英军溃败,美军被迫退守澳洲。现在,"澳大利亚人对日本人无论是何等愤慨和恐惧,但都几乎不可能再认为他们生来在生理上和心理上是低劣的了"②。"尤其是德国纳粹对他们视为劣种的千百万男人、妇女和儿童进行的残酷屠杀,向世人演示了种族主义鬼话的逻辑和实际的恶果,使人们认识到种族主义不仅在科学上是荒谬的,而且在道义上也是臭名昭著的。"③ 第二次世界大战结束后,纳粹优生学遭到世人的批评和谴责,澳大利亚社会也抛弃了优生学。然而,混血土著已经在伪科学的影响下,遭受多年的痛苦。20世纪50年代初,阿德来德大学的一位优生学教授向南澳土著保护协会指出,混血土著血统改造政策的理论基础本身就是错误的。遗传并不遵从土著事务官员"选育改变肤色(Breeding out the Color)"的路径。二分之一混血土著或者四分之一混血土著的儿童可能会比他们父母的皮肤颜色更黑,而不一定会越来越淡。④ 但是,此时已经有成千上万的混血土著儿童因为这个错误的理论

---

① McGregor, Russell, "An Aboriginal Caucasian: Some Uses for Racial Kinship in Early Twentieth Century Australia", *Australian Aboriginal Studies*, No.1, 1996, p.16.

② Ward, Russel, *The History of Australia: the Twentieth Century 1901 – 1975*, Heinemann Educational Books, 1978, p.280.

③ Ward, Russel, *The History of Australia: the Twentieth Century 1901 – 1975*, Heinemann Educational Books, 1978, p.281.

④ Zgbaum, Heidi, "Herbert Basedow and the Removal of Aboriginal Children of Mixed Descent from Their Families", *Australian Historical Studies*, Vol.34, Iss.121, 2003, p.138.

付出了沉重的代价。

随着混血土著吸收理论基础的破产，社会各界开始对混血土著政策表示质疑。儿童隔离是混血土著吸收政策的基本手段，巴斯道于1925年组建的土著保护联盟（APL）最早对儿童隔离产生的破坏性影响进行评估。土著保护联盟反对混血土著儿童隔离，主张保存土著家庭；号召在澳大利亚中部地区建立一个独立的土著州，保护土著文化遗产。土著保护联盟的宣言称："混血土著儿童被从他们的家园、家庭、父母以及他们本应有机会在其中定居和结婚的环境中隔离出来，被安置在陌生的环境里，不准结婚，不能承继自己的民族传统。即使土著管理者表现出最大限度的友好与善意，他们也会不断地感觉到孤独，被流放和被奴役的感受将伴随他们终生。当知道隔离这些土著儿童意味着什么时，我们应当提出进一步的措施，即创建一个土著（自治）州。"① 巴斯道已经认识到混血土著儿童隔离的巨大危害。他反对隔离政策，主张保存土著家庭，重视土著家庭的功能。其观念得到土著活动家玛丽·贝内特（Mary Bennett）的认同。她也提出，政府应该允许混血土著与其家庭一起生活在保留地。②

内维尔在西澳推行的混血土著儿童隔离政策也遭到人们的批评。西澳议会议员 A. A. 科弗莱（A. A. Coverley）就长期批评内维尔的做法。1936年，在西澳议会讨论土著法修改问题时，科弗莱坚持认为，应该允许土著母亲看望她们的子女，与子女交谈，带子女回土著社区，政府应倾听她们关于子女抚育的建议。这样做会对那些失去混血土著子女的土著人有好处，至少对她们的心灵是一种安慰。因为她们对自己的子女被带到何地、是生是死都一无所知。③ 在他看来，强制阻断混血土著儿童与土著母亲的联系是不人道的。诺安格拉普布道所（Gnowangerup Mission）负责人 H. W. 赖特（H. W. Wright）坚持应保存土著家庭。1939年，他写信给内维尔："阁下在此看到的浅色皮肤的儿童，是合法婚姻的子女。如果这些儿童的父母愿意送子女上学，并鼓励他们成为守法公民

---

① Zgbaum, Heidi, "Herbert Basedow and the Removal of Aboriginal Children of Mixed Descent from Their Families", *Australian Historical Studies*, Vol. 34, Iss. 121, 2003, p. 133.

② Euersley, Ruth, "Aboriginal Children and Their Families: History and Trends in Western Australia", *Youth Studies*, Vol. 9, Iss. 2, 1990, p. 34.

③ Beresford, Quentin, & Omaji, Paul, *Our State of Mind: Racial Planning and the Stolen Generations*, Fremantle, W. A.: Fremantle Arts Centre Press, 1998, p. 59.

的话，我认为破坏他们的家庭是非常不明智的。"① 内维尔则回答："即使这些儿童属于合法婚姻的后代，我也认为允许浅色皮肤的儿童自由成长是错误的。我不希望破坏他们的家庭，但另一方面必须超越情感，理智地看待这一切，我们必须淘汰浅色皮肤的儿童。"② 在退休前夕，内维尔依然坚信自己的混血土著吸收政策。

20 世纪 30 年代，塞西尔·库克在北领地推行的血统改造计划一直饱受争议。民众谴责库克为达目的不择手段。违背混血土著女性的意愿，塞西尔·库克强迫或以欺骗的方式诱导混血土著女性与白人男性结合。对于白人男性，塞西尔·库克常常以提供工作机会为补偿，诱骗他们与混血土著女人成婚。③ 1933 年 6 月 8 日，英格兰《每日先驱报》(*Daily Herald*) 刊文报道塞西尔·库克的混血土著血统改造计划，题目为"娶混血土著为妻者有奖"(Bonus for Marrying Half-Caste)，副标题是"选育清除土著血统"(Plan to Breed out Black Strain)。④英国媒体的报道引起澳大利亚联邦政府的高度重视。澳大利亚联邦驻英国高级专员斯坦格利·布鲁斯(Stangley Bruce) 立即给澳大利亚联邦总理乔·莱昂斯(Joe Lyons) 发出紧急电报，要求政府调查该报道是否属实。⑤ 就是在对混血土著吸收进行质疑的基础上，要求对土著居民实施文化同化的呼声越来越高。

三、社会文化同化观念的高涨

悉尼大学人类学系教授 A. P. 埃尔金被认为是 20 世纪中期最重要的同化主义理论家，他对同化和吸收政策进行了严格的区分。A. P. 埃尔金坚持认为，应该从社会文化角度出发同化土著，而不是从种族血统上吸

---

① Beresford, Quentin, & Omaji, Paul, *Our State of Mind Racial Planning and the Stolen Generations*, Fremantle, W. A.: Fremantle Arts Centre Press, 1998, p. 54.
② Beresford, Quentin, & Omaji, Paul, *Our State of Mind: Racial Planning and the Stolen Generations*, Fremantle, W. A.: Fremantle Arts Centre Press, 1998, p. 54.
③ Moses, A. Dirk, *Genocide and Settler Society Frontier Violence and Stolen Indigenous Children in Australian History*, New York: Berghahn Books, 2004, p. 230.
④ Moses, A. Dirk, *Genocide and Settler Society: Frontier Violence and Stolen Indigenous Children in Australian History*, New York: Berghahn Books, 2004, p. 242.
⑤ Moses, A. Dirk, *Genocide and Settler Society: Frontier Violence and Stolen Indigenous Children in Australian History*, New York: Berghahn Books, 2004, p. 230.

收混血土著。① 1932 年，A. P. 埃尔金说，如果土著要生存下去，他们就必须迅速地从完全依靠采集自然食物过渡到利用和开发自然，从部落生活的神秘社会组织过渡到对自然和社会的组织与控制阶段。② 1933 年，A. P. 埃尔金在为土著种族保护协会（APNR）所写纲领性文件《土著政策》(A Policy for The Aborigines) 中宣称，土著从当前的破碎状况获得政治、经济和社会以及生活的进步是可能的，而唯一方法在于对土著居民实施社会文化同化。③ 这是最早提倡文化同化的文献之一。

20 世纪 30 年代，新南威尔士土著保护委员会成员 A. C. 佩蒂特就主张对混血土著进行同化。他说："应该促进混血土著融入白人社会。混血土著的潜力是巨大的，许多混血土著男性很能干，而许多混血土著女性很优秀。如果能够把他们融入白人社会之中，混血土著问题就会成为一个小问题，而不是大问题。我们有一套制度，及时把混血土著女孩带出来，进行家政服务技能训练。如果允许混血土著女孩回到土著社会的话，她们会在年纪很小的时候就成为私生子的母亲。我的兄长雇用了一位混血土著男性做园丁，他工作很出色。我本人雇用了一位混血土著女性做家政服务，她聪明、勤快、爱干净、守纪律。我相信，如果我们采取措施改善处理混血土著问题的方法，我们就能够改变混血土著对待生活的态度，使他们有可能被白人社会同化，成为良好的澳大利亚公民。"④

1936 年，二战后出任联邦内政部长的保罗·哈斯勒克对西澳混血土著的状况进行了调查。他指出，对于混血土著，人们有两种可供选择的处理方法。一是让他们在恶劣的环境不断繁殖，成为社会寄生者，继续处于缺乏教育、缺乏社会劳动能力的状态。二是给予混血土著提高自己地位和改善处境的机会，成为对社会有用的人，生活在社会之中。他主张，解决混血土著的唯一办法是后者，是把他们改造成为自食其力的劳

---

① McGregor, Russell, "An Aboriginal Caucasian: Some Uses for Racial Kinship in Early Twentieth Century Australia", *Australian Aboriginal Studies*, No. 1, 1996, p. 15.

② Moses, A. Dirk, *Genocide and Settler Society: Frontier Violence and Stolen Indigenous Children in Australian History*, New York: Berghahn Books, 2004, p. 296.

③ Shoemaker, Adam, *Black Words White Page*, *Aboriginal Literature 1939 – 1988*, The Australian National University E Press, 2004, p. 24.

④ Gammage, Bill, & Spearritt, Peter, *Australians: 1938*, New South Wales: Fairfax, Syme & Weldon Associates, 1987, pp. 110 – 111.

动者，融入白人社会。① 从哈斯勒克的建议中可以看出，内维尔在西澳实施混血土著吸收政策并没有把他们吸收进白人之中来，混血土著的处境依然没有多大改变。因此，改变政策，提高他们的地位，改善他们的处境，实施社会文化同化，促进他们融入白人社会，才是解决之道。

在1937年的会议上，社会文化改造的观念得到了体现。坚决反对生物吸收的昆士兰土著保护官J. W. 布莱克利认为，混血土著吸收是一个社会文化过程，它包括教育和培训过程。吸收的重点不是种族婚姻，而是教育与培训。因为教育和培训才是促进混血土著融入白人社会的根本手段。② 主张生物吸收的塞西尔·库克也已经意识到，纯血统土著并没有像人们希望的那样灭绝。有鉴于此，塞西尔·库克在大会上提出解决土著问题的两个步骤：一是以生物吸收的方法把混血土著人口吸收进白人之中，然后以文化同化的方法把纯血统土著纳入澳大利亚白人社会之中。在此，塞西尔·库克博士表达了促进北方与西澳等土著人口比例较大的地区实施土著同化的动机与担心——除非把土著人口快速地吸收进白人人口中，否则这个过程就会倒过来，白人人口将会被吸收进土著人口之中。③ 虽然当时混血土著吸收，尤其是生物吸收占据主导地位，并以内维尔的建议通过了吸收混血土著的决议，但是此时无论是土著事务官员，还是社会各界，主张社会文化同化的声音，已经开始出现并逐步高涨。

土著活动家也要求政府实施社会文化同化政策。在1938年1月的哀悼日活动中，土著活动家们明确地表达了希望政府实施社会文化同化和成为公民的愿望。1938年7月26日，澳大利亚土著联盟秘书威廉·库珀在给联邦内政部长的信中再次指出，希望政府把土著当作真正的人来看待，当作大英帝国的子民和澳大利亚联邦的臣民来看待。如果政府给予土著居民以机会，确保土著获得进步，促进土著居民文明程度的提高，那么土著居民将成为澳大利亚社会的财富。而且，只有提高文明程度才

---

① Hasluck, Paul, "Half-Caste Problem, Big Rise in Numbers, Camps Swarming with Children (No. 1)", *The West Australian*, 23rd July, 1936.

② Bleakley, J. W., *The Aborigines of Australia: Their History, Their Habits, Their Assimilation*, Brisbane: The Jacaranda Press, 1961, p. 302.

③ Catrion Elder, *Dreams and Nightmares of a White Australia: the Discourse of Assimilation in Selected Works of Fiction*, The Australian National University, 1999, p. 56.

能阻止土著种族的萎缩,才能拯救土著种族。①

总之,越来越多的人认识到,土著问题不仅仅是混血土著问题,而是整个土著种族的问题;接纳和吸收不应该是一个血统改造的过程,而应该是一个社会文化改造的过程。

第二节 土著的抗争

第二次世界大战前后,不甘忍受的混血土著开始以土著种族的代言人身份组织起来进行抗争。混血土著活动家纷纷涌现,他们建立土著团体,开展抗议与斗争,其中最重要的事件就是1938年"哀悼日"活动。他们要求政府实施同化政策,给予所有土著(包括纯血统土著和混血土著)平等和公民权。

一、土著权利运动的兴起

第二次世界大战前,一批优秀的混血土著开始成长为土著权利运动的先驱。在白人有志之士的帮助下,土著权益组织开始建立起来,为争取土著处境改善的抗议活动也逐步开展。他们用同化(Assimilation)这个术语作为自己的策略。在他们看来,同化这个术语意味着土著获得与其他澳大利亚人一样的权利,意味着给予所有土著公民权。②

20世纪20年代末和30年代初,混血土著谢德拉克·詹姆斯(Shadrach James)成为维多利亚土著居民的代言人。1929年,他开始向传教士和其他白人组织发表演说,向澳大利亚各地媒体写信阐述土著问题。1930年,詹姆斯指出:"自从白人侵入我们的土地,我们土著种族的灭绝就开始了,这个过程已经持续了一百多年了,并还在继续。白人社会一直贬损我们,使我们丧失自尊,缺乏信心,没有希望。尽管现在,我们已经更加勤劳、更加自信、更有智慧、更有远见,但是依然是没有土地、无家可归的流浪者。"他要求政府改变土著政策,呼吁给予土著充分的公民权,联邦政府控制全国土著事务,土著代表进入联邦议会,各

---

① Attwood, Bain, Markus, Andrew, *Thinking Black*: *William Cooper and the Australian Aborigines' League*, Canberra: Aboriginal Studies Press, 2004, p. 102.

② Elliott, Johnston Q. C., Hinton, Martin, & Rigney, Daryle, *Indigenous Australians and the Law*, Cavendish Publishing Pty Limited, 1997, p. 14.

州组建有土著参与的咨询委员会。①

就在詹姆斯表达土著种族的愿望与要求的同时，一批混血土著活动家开始成长起来。1924 年，弗雷德·梅纳德（Fred Maynard）在悉尼成立澳大利亚土著进步协会（Australian Aborigines Progressive Association）。1925 年，该协会在新南威士北部和悉尼拥有成员 500 人左右。协会要求"自由、自主、公民权与土地"②。澳大利亚土著进步协会举行街头集会、召开会议，利用媒体的力量向政府和英国国王乔治五世写信和请愿，揭示土著居民遭遇的不幸与苦难，激发土著居民的斗争精神。澳大利亚土著进步协会的目标是促进土著居民物质状况的改善和结束政治压迫的局面。1913—1927 年，新南威士土著保留地的土地从 26000 英亩减少为 13000 英亩。为抗议政府剥夺土著保留地的土地，土著进步协会展开了积极的斗争。对于新南威士土著保护委员会隔离混血土著儿童的做法，土著进步协会也采取反对的立场，坚持认为土著家庭有权保护自己的子女。③ 由于遭到警察持续的干预和控制，土著进步协会被迫于 1927 年停止活动。但几乎与此同时，西澳混血土著农民威廉·哈里斯（William Harris）于 1926 年建立了土著联盟（Native Union）。

20 世纪 30 年代，土著斗争进一步高涨。1932 年，66 岁的混血土著威廉·库珀（William Cooper）在墨尔本组建澳大利亚土著联盟（Australian Aborigines League）。库珀带领澳大利亚土著联盟不断向政府抗议，要求改善土著处境，改善保留地与救助站的卫生条件。库珀指出，土著保留地疾病流行，死亡率（尤其婴幼儿）极高；政府给的口粮严重不足，导致营养不良；保留地的住房严重不达标，非常拥挤；那里的教育非常有限，限制了儿童将来获得工作机会的可能。他还攻击政府的种族主义做法，指责政府的歧视性政策，主张土著妇女与白人一样应该享有获得孕妇津贴的权利。④

1937 年，得到著名土著活动家帕尔·吉布斯（Pearl Gibbs）、杰克·

---

① Broome, Richard, *Aboriginal Victorians: A History since 1800*, Crows Nest, N. S. W.: Allen & Unwin, 2005, p. 300.

② Haebich, Anna, *Broken Circles, Fragmenting Indigenous Families 1800 – 2000*, Fremantle Arts Center Press, 2000, p. 185.

③ Maynard, John, "Fred Maynard and the Australian Aboriginal Progressive Association (AAPA): One God, One Aim, One Destiny", *Aboriginal History*, Vol. 21, 1997, p. 2.

④ Attwood, Bain, *Rights for Aborigines*, Crows Nest NSW: Allen & Unwin, 2003, p. 39.

金奇拉（Jack Kinchela）以及约翰·帕滕（John Patten）的支持，混血土著威廉·弗格森（William Ferguson）在新南威尔士的达博（Dubbo）组建了新的土著进步协会（Aborigines' Progressive Association）。该协会公开地批评新南威尔士土著保护委员会，呼吁给予土著居民社会与经济上的平等，土著代表进入土著保护委员会。土著进步协会向政府施加压力，迫使政府对新南威尔士土著保护委员会的活动进行调查。① 与其他团体一样，新的土著进步协会的目的在于，争取土著公民权和促进土著同化进入白人社会。在当时，同化是一种激进的主张，因为多数澳大利亚人依然相信低劣的土著将自行灭绝。② 土著进步协会在各个保留地建立分支机构，并举行了五次年度会议。③

混血土著领袖的涌现和团体的产生标志着土著居民开始觉醒，标志着土著有组织的政治斗争的开始。1938年4月，土著进步协会创办自己的机关报《土著之声》（The Voice of the Aborigines），每月出版一期。在首期发表的《告全体土著书》中指出："《土著之声》是我们自己的报纸，与那些把我们视为低劣种族的传教士、人类学家没有关系。它的创办是为了表达土著的要求和声音。我们不是一个劣等种族，仅仅是被白人社会拒绝了受教育的机会而已。代表6万纯血统土著和2万混血土著，《土著之声》将大声呼吁政府给予我们教育、机会平等和充分的公民权。"④ 混血土著活动家把自己视为整个土著种族的代表，他们以公民权作为明确的政治主张，要求整个土著种族的权益得到保障。

二、1938年"哀悼日"活动

1938年1月26日是英国殖民澳洲150周年纪念日，在澳大利亚民众和政府举行庆祝之时，土著活动家把这一天称为"哀悼日"（The Day of

---

① Horner, Jack, *Seeking Racial Justice: An Insider's Memoir of the Movement for Aboriginal Advancement, 1938 – 1978*, Canberra: Aboriginal Studies Press, 2004, p. 8.
② Broome, Richard, *Aboriginal Australians, Black Response to White Dominance 1788 – 1980*, Sydney, London, Boston: George Allen & Unwin, 1982, p. 167.
③ Ellinghaus, Katherineus, *Taking Assimilation to Heart, Marriages of White Women and Indigenous Men in the United States and Australia, 1887 – 1937*, Lincoln & London: University of Nebraska Press, 2006, p. 209.
④ "To all Aborigines!" *The Australian ABO CALL*, April 1938.

Mourning),开展哀悼日活动,抗议政府的土著政策。

"哀悼日"活动的缘起与土著组织长期斗争无果有关。1935 年,库珀草拟了一份给英国国王乔治五世的请愿书,要求土著代表进入联邦议会和承认土著土地权。请愿书获得许多土著居民的签名,但是遭到联邦的阻挠,未能将请愿书送达乔治五世。随后,库珀呼吁直接向联邦内政部请愿,要求联邦专门组建土著事务部。在这些请愿都没有产生多大影响的情况下,1937 年 11 月,库珀召集各地土著领导人集会,并提议在 1938 年 1 月 26 日澳大利亚白人庆祝澳大利亚殖民 150 周年之际,举行哀悼日活动以抗议土著居民的悲惨命运。他的提议得到土著进步协会的两位领导人弗格森和帕滕的认同和接受。[①] 从此,库珀领导的澳大利亚土著联盟与弗格森领导的土著进步协会联合在一起,开始共同准备哀悼日活动。

在哀悼日前夕,在出版商 P. R. 斯蒂芬森(P. R. Stephenson)的鼓励下,弗格森和帕滕草拟了题为《土著公民权宣言》的政治声明,并在哀悼日的前一周发表。宣言开篇写道:"澳大利亚庆祝的所谓进步的 150 年,也是白人入侵者给澳大利亚土著居民带来灾难和痛苦的 150 年。"宣言指出,土著是澳大利亚原住民,"你们白人只是最近才到达澳大利亚的,你们用暴力的方式剥夺了我们的土地。你们已经几乎导致我们种族的灭绝,但是我们依然有足够的力量去揭露你们——文明的、进步的、仁慈的、人道的白种澳大利亚人——的罪行和谎言"[②]。《土著公民权宣言》揭露土著居民在澳大利亚社会的悲惨处境,批评白人的伪善,指责澳大利亚政府试图在"照顾与保护"的旗号下灭绝土著种族。宣言谴责土著保护委员会的法律与行为,宣布拒绝接受"白人的仁慈保护",要求"公正、尊严和平等的待遇",呼吁澳大利亚实施以接纳和平等地位为特征的全国性土著政策,给予土著居民充分的公民权和平等的机会[③];要求"平等的教育、公平的机会、拥有财产和决定自己事务的平等权利,

---

[①] Horner, Jack, *Seeking Racial Justice*: *An Insider's Memoir of the Movement for Aboriginal Advancement, 1938 – 1978*, Canberra: Aboriginal Studies Press, 2004, p. 9.
[②] Attwood, Bain, & Markus, Andrew, *The Struggle for Aboriginal Rights*: *A Documentary History*, St. Leonards, N. S. W.: Allen & Unwin, 1999, pp. 81 – 86.
[③] Horner, Jack, *Seeking Racial Justice*: *An Insider's Memoir of the Movement for Aboriginal Advancement, 1938 – 1978*, Canberra: Aboriginal Studies Press, 2004, p. 10.

简而言之，就是成为公民"①。宣言强烈反对混血土著低劣的观念，指出："如果你们认为混血土著生来就落后和智力低下的话，那就完全错了。即使我们混血土著落后，那也是白人使然。如果拥有平等的机会，事实会证明，我们会表现得同样优秀。"② 在当时，这是很激进的土著斗争纲领，再次明确地提出土著居民的政治诉求，就是要成为澳大利亚公民，与其他澳大利亚人享有平等的社会权益。

在两个土著组织的努力下，1938年1月26日哀悼日活动如期在悉尼澳大利亚会堂举行，大约100名来自新南威尔士和维多利亚各地的具有土著血统（混血土著和纯血统土著）的活动家参加。除一名白人记者和一名白人警察外，参加会议的全部是土著。大会收到来自西澳、昆士兰和北领地土著发来的电报以及全国各地土著寄来的大量信件。这些电报和信件表达了对大会的支持。在约翰·帕滕的主持下，大会于下午1点30分正式开始，于下午5点结束。帕滕、弗格森、道格·尼科尔斯（Doug Nicholls）、库珀和帕尔·吉布斯等先后在大会上发言。

帕滕首先指出，他们在此集会就是要引起白人对土著居民艰难处境的注意，宣布土著居民再也不打算在这样的环境中继续生活下去了。他要求给予土著居民充分的公民权以及教育和机会的平等。接着他代表大会宣读了一份决议，抗议150年来白人对土著居民的残酷对待，呼吁制订新法律和实施新政策——提升土著居民的地位，给予土著居民充分的公民权。他认为，充分的公民权意味着土著居民与白人的平等。土著居民从出生以来就开始接受文明教化，新南威尔士很少有土著居民不知道如何计算钱物和照顾自己的。如果土著居民获得教育和平等的权利，那么在8到9年内，将会有大量的土著居民进入大学学习。他呼吁废除土著保护委员会，并提出，除非与白人一样接受教育，否则，不应该把混血土著赶出保留地。文明是土著发展的目标，而教育是确保土著进步的

---

① Ellinghaus, Katherineus, *Taking Assimilation to Heart*, *Marriages of White Women and Indigenous Men in the United States and Australia*, *1887-1937*, Lincoln & London: University of Nebraska Press, 2006, p. 209.

② Ellinghaus, Katherineus, *Taking Assimilation to Heart*, *Marriages of White Women and Indigenous Men in the United States and Australia*, *1887-1937*, Lincoln & London: University of Nebraska Press, 2006, p. 210.

关键，呼吁给予土著居民平等的受教育权利。① 随后，威廉·弗格森发表演讲。他宣称，现在土著居民为自己的权利和地位斗争的时机已经成熟，这也是土著进步协会组建的原因。他呼吁废除新南威尔士土著保护委员会，得到与会者的欢呼。② 最后，与会者自由发言，呼吁土著居民的团结。库珀也呼吁政府给予土著居民平等的公民权，并表达了斗争到底的决心。③

1938 年哀悼日抗议活动是由维多利亚和新南威尔士两地的土著组织发起、得到全国各地土著支持和参与的大型抗议活动。这次抗议也是澳大利亚历史上土著为争取充分的公民权而进行的第一次大规模的公开斗争。④ 抗议活动的重要意义不仅在于它标志着土著斗争水平的提高，也在于促进了白人社会更加关注土著问题。

哀悼日活动立即引起政府的重视。1938 年 1 月 31 日，弗格森、吉布斯和帕滕带领的一个由 20 名土著人组成的代表团与联邦总理 J. A. 赖昂斯（J. A. Lyons）和内政部长麦克尤恩（McEwan）进行会谈。代表团首先向总理提出了当前土著居民急需改变状况的要求，希望联邦政府能按照各州土著的比例给予各州特别的财政支持，以改变土著事务资金不足的状况。要求这些资助用于增加救济和改善目前各州控制下的土著住房条件。代表团希望政府把这些问题作为紧急事项来办理，因为土著居民正面临饿死的危险。代表团还提出了要求土著权利与平等的十点计划。他们要求联邦接管全国土著的管辖权，并在教育、住房、工作条件、土地买卖和社会福利方面提高资助。1938 年 4 月，帕滕编辑的土著报纸《土著之声》第一期全文登载了代表团提出的十点计划：

第一，我们要求联邦政府管理全国土著事务，实施统一的土著政策。

第二，我们建议联邦组建土著事务部负责全国土著事务的管理。

---

① "Our Historic Day of Mourning & Protest Aborigines Conference, Held at Australian Hall, Sydney, 26th January, 1938, Report of Proceedings", *The Australian ABO CALL*, Apr. 1938, p. 2.

② Horner, Jack, *Seeking Racial Justice: An Insider's Memoir of the Movement for Aboriginal Advancement, 1938–1978*, Canberra: Aboriginal Studies Press, 2004, p. 10.

③ "Our Historic Day of Mourning & Protest Aborigines Conference, Held at Australian Hall, Sydney, 26th January, 1938. Report of Proceedings", *The Australian ABO CALL*, Apr. 1938, p. 2.

④ Peterson, Nicolas, & Sanders, Will, *Citizenship and Indigenous Australians, Changing Conceptions and Possibilities*, Melbourne: Cambridge University Press, 1998, p. 55.

第三，我们建议联邦土著事务部以部长为首脑，以咨询委员会为协助。咨询委员会由 6 人组成，土著进步协会有权提名 3 名具有土著血统的人加入其中。

第四，土著政策的目标应该是促进全国所有土著居民获得充分的公民权，获得平等的地位和权利。尤其应该立即授予所有土著居民以下权利：平等的受教育机会和劳动权益；无论是否生活在土著保留地，都可以获得养老保险金和伤残保险金；可以拥有土地和财产，允许以个人银行账户存款，依据相同的法律办理财产的继承与转移；获得现金工资，而不是口粮等实物。

第五，依据相同的法律对土著和混血土著婚姻进行管理，土著和混血土著有权自由地选择婚姻对象。

第六，土著应该获得平等住房待遇。

第七，实施促进土著定居的土地政策，鼓励那些愿意从事农业生产的土著定居，并给予他们农业技术指导和资金支持，使其早日实现自给自足。

第八，对于未开化和半开化的土著居民，联邦政府应该培训土著血统的人充当教师、护士和官员，鼓励和促进他们学习与适应西方文明。

第九，所有土著和混血土著妇女应该获得母亲津贴以及产期免费住院治疗，且与白人妇女的相关待遇不应有所差别。

第十，在反对隔离政策的同时，我们呼吁，应该设定过渡期，允许现有那些无法及时在白人社会寻找到自己恰当位置的人继续在土著保留地生活。①

在接见中，联邦总理 J. A. 赖昂斯充满同情地聆听了代表团的诉求，但是事后却没有采取任何行动。

在向政府明确土著的政治要求的同时，威廉·弗格森开始向新南威尔士土著保护委员会宣战，揭露保留地上土著的状况，号召土著居民起来抗争。

1939 年，弗格森、帕滕、吉布斯和其他土著活动家乘车巡行考察新南威尔士各地的土著保留地，收集证据控告土著保护委员会对土著居民的迫害。在土著活动家的鼓舞下，库穆拉冈亚（Cummeragunja）保留地

---

① "Our Ten Points", *The Australian ABO CALL*, Apr. 1938, p. 1.

的土著开始举行罢工,抗议那里的工作条件。大约 100 名该保留地的土著离开该地,向南穿过默里(Murry)到达巴默比(Barmbh)地区,在那里宿营达数月之久。他们的罢工行动得到了墨尔本的澳大利亚土著联盟(Australian Aborigines League)的道义支持和物资援助。①

这些活动在争取权利和处境改善方面取得的实际成效非常有限,但是土著的种族与斗争意识已开始觉醒。他们已经不再是任由白人处置的贱民了。正如 1938 年土著进步协会的主席弗格森所说:"我们必须以斗争来教育白人,否则,150 年前就已经开始的悲惨命运还将继续下去,直到我们从地球上消失。"② 在这些斗争中,一些优秀的混血土著居民成为土著运动的领袖,他们代表土著种族(而不是仅仅代表混血土著)在澳大利亚历史上首次提出了权利平等响亮的政治要求,尤其突出的是主张无条件地获得公民权,主张生而平等。

第三节 政策的转变

迫于压力,第二次世界大战前后,混血土著吸收政策逐步被放弃,一种接纳土著居民的新政策——土著同化——逐步形成。1939 年土著新政(New Deal)是从混血土著吸收向土著同化转变的起点,1951 年全国土著会议是土著同化政策最终确立的标志,第二次世界大战则成为土著政策完成变革的促进因素。

一、1939 年"土著新政"

澳大利亚土著政策开始出现转折的标志是 1939 年新政。在 1937 年会议召开前后,澳大利亚土著政策已经开始出现转变的态势。科学研究、人道主义和教会的努力以及一些委员会的调查,使民众越来越了解土著的状况和处境,民众要求改善土著处境和变革土著政策的呼声越来越高。③ 20 世纪 30 年代末,除维多利亚州认为其土著人口微不足道不需考

---

① Broome, Richard, *Aboriginal Australians*, *A History Since 1788*, Sydney: Allen & Unwin, 2010, pp. 206 – 207.
② Horner, Jack, *Seeking Racial Justice*: *An Insider's Memoir of the Movement for Aboriginal Advancement*, *1938 – 1978*, Canberra: Aboriginal Studies Press, 2004, p. 9.
③ Elkin, Adolphus Peter, *Citizenship for the Aborigines*, *A National Aboriginal Policy*, Sydney, N. S. W.: Australian Publishing Co. Pty. Ltd, 1944, p. 10.

虑外，迫于舆论压力，其他各州政府均不得不思考对土著政策进行改革。①

转变的信号首先从土著保护委员会和首席保护官名称的改变传递出来。1936年，西澳首席保护官改名为土著事务专员（Commissioner of Native Affairs）；1939年，北领地和昆士兰首席保护官改为土著事务主任（Director of Native Affairs）；同年，新南威尔士的土著福利主管改称土著管理委员会的首席行政官；1940年新南威尔士土著保护委员会改为土著福利委员会（Aborigines Welfare Board）。②放弃"保护"的字眼不仅体现了各州政府意识到纯血统土著没有像以前预料的那样"注定灭绝"，还预示着管理制度的转变。

与此同时，随着长期坚持以种族婚姻对混血土著实施血统改造的主要代表人物的退休，土著政策出现转折的时机开始成熟。1939年塞西尔·库克的免职和1940年内维尔的退休被普遍认为是土著政策发生转折的开始。塞西尔·库克在北领地和内维尔在西澳的生物吸收试验在1939—1940年都结束了。内维尔、塞西尔·库克任土著首席保护官多年，是两次世界大战之间澳大利亚最重要的土著管理者和混血土著吸收的设计者、实施者。老一代土著事务官员的退休为政府重新审视土著政策扫除了障碍。1939年，长期担任北领地首席保护官的塞西尔·库克被联邦政府免职。随即，约翰·麦克尤恩（John MacEwan）被任命为负责北领地土著事务的联邦政府内政部长。就在上任当年，麦克尤恩进行改革，倡导"土著新政"（New Deal）。

1939年，麦克尤恩会同人类学教授A. P. 埃尔金、联邦内政部秘书J. A. 卡罗达斯共同草拟"土著新政"文件。"土著新政"宣布，对土著居民实施同化政策，明确"所有土著居民努力的方向和目标就是成为澳大利亚公民"③。联邦政府希望"促进土著从传统的游牧生活方式转变到定居的生活方式。必须教会土著居民定居生活方式的基本法则，即保障财产权和法治，违背者将会受到处罚。必须告诉土著居民，通过教育与培

---

① Elkin, Adolphus Peter, *Citizenship for the Aborigines*, *A National Aboriginal Policy*, Sydney, N. S. W.：Australian Publishing Co. Pty. Ltd, 1944, p. 11.

② Elkin, Adolphus Peter, *Citizenship for the Aborigines*, *A National Aboriginal Policy*, Sydney：Australian Publishing Co. Pty. Ltd. , 1944, p. 11.

③ Moses, A. Dirk, *Genocide and Settler Society*：*Frontier Violence and Stolen Indigenous Children in Australian History*, New York：Berghahn Books, 2004, p. 295.

训，适应定居生活方式的人将得到奖赏，获得公民权"①。也就是通过促使土著居民生活方式的转变，"提高土著的地位，授予他们权利和普通公民的资格，使他们享有与其他澳大利亚人一样的机会"②。不过，麦克尤恩补充道："土著获得公民权需要漫长的过程（即社会文化同化的过程），具体的时间不应该以年来计算，而应该以代来计算。"③

在澳大利亚历史上，1939 年"土著新政"第一次全面地阐述了土著同化政策，具有划时代的意义，标志着澳大利亚土著政策开始转变。它提出了具有积极意义的土著政策长期目标，即土著居民成为澳大利亚社会的普通公民，而不再要求血统改造。④ 尽管新政所描绘的土著前景与土著活动家的要求存在差距——土著活动家要求生而平等，无条件地获得公民权，而新政对授予公民权是有条件的。公民权的获得必须经历一个在特定机构接受教育和培训的过程，即文化同化过程。只有那些真正被同化、真正适应了白人生活方式的土著居民方可获得公民权。尽管如此，与混血土著吸收比较，新政有了巨大的进步。首先，通过新政，澳大利亚政府宣布澳大利亚土著可以成为澳大利亚公民。在澳大利亚历史上，澳大利亚土著居民第一次在政治和法律上被接纳到澳大利亚社会之中，标志着澳大利亚社会开始表现出接纳土著居民的意愿；其次，新政改变以往对纯血统土著和混血土著分而治之的思路，不再把政策的对象限定于混血土著，而把所有土著都纳入政策关照之内；再次，种族血统等生理因素不再是澳大利亚土著成为澳大利亚公民的前提条件，是否接受白人的文化和生活方式以及接受的程度才是成为公民的先决条件。澳大利亚土著是否能够成为公民取决于是否同化以及同化的程度。

为在北领地落实土著同化政策，曾在新几内亚政府任职的人类学家 E. W. P. 钦纳里（E. W. P. Chinnery）得到澳大利亚联邦政府信任，被任

---

① Peterson, Nicolas, & Sanders, Will, *Citizenship and Indigenous Australians*, *Changing Conceptions and Possibilities*, Melbourne: Cambridge University Press, 1998, p. 56.
② Peterson, Nicolas, & Sanders, Will, *Citizenship and Indigenous Australians*, *Changing Conceptions and Possibilities*, Melbourne: Cambridge University Press, 1998, p. 56.
③ Broome, Richard, *Aboriginal Australians: Black Response to White Dominance 1788 – 1980*, Sydney, London, Boston: George Allen & Unwin, 1982, p. 165.
④ Moses, A. Dirk, *Genocide and Settler Society: Frontier Violence and Stolen Indigenous Children in Australian History*, New York: Berghahn Books, 2004, p. 295.

命为北领地土著事务主任。① 在联邦政府提出土著新政的影响下，维多利亚和新南威尔士也相继清理土著法律，废除歧视性条款，开始对土著居民进行文化同化。② 不过不久，第二次世界大战的战火波及澳洲大陆北部，阻滞了1939年土著新政的及时实施，但也成为进一步促进土著政策变革的重要因素。

二、第二次世界大战与土著政策变革

第二次世界大战爆发后，澳大利亚发布征兵令，维多利亚土著居民积极响应政府的征兵号召。1940年1月来自泰尔斯湖（Lake Tyers）的20名土著自愿应征。由于宪法规定非白人没有资格参军，1940—1941年澳大利亚展开了关于是否接纳土著居民入伍的争论。1941年3月，18名泰伊斯湖土著在经过几个月的训练后被军队清退。但随着日本军队日益逼近澳大利亚北部，1941年底，政府和军队被迫允许土著应征入伍。第二次世界大战中，维多利亚有150多名土著（主要是混血土著）应征入伍，转战中东和新几内亚等地。③ 澳大利亚北部尤其是北领地经常遭到空袭，军队就把当地的土著当作必要的人力资源组织起来。④ 截止1945年9月，在澳大利亚军队中服务的土著居民和托雷斯海峡岛民达到3000人左右，准军事组织也雇用了不少人。⑤ 第二次世界大战中，人手紧张，澳大利亚政府以及雇主只得招募土著居民从事劳动。随着就业机会的增加，土著居民可以在布里斯班和悉尼城区附近获得正式工作。⑥

战争使土著成为澳大利亚需要的劳动力和军人来源，具有了更为重要的价值。为满足战争时期对劳动力的需求，土著居民大量流入城镇工作，或加入军队，或以各种形式为军队服务。在战争中，他们为澳大利

---

① Broome, Richard, *Aboriginal Australians*, *Black Response to White Dominance 1788 – 1980*, Sydney, London, Boston: George Allen & Unwin, 1982, pp. 165 – 166.
② Hodge, Brian, & Whitehurst, Allen, *Nation and People: An Introduction to Australia in a Changing World*, Sydney: Hicks, Smiths &Sons, 1967, p. 253.
③ Broome, Richard, *Aboriginal Victorians: A History since 1800*, Crows Nest, N. S. W.: Allen & Unwin, 2005, p. 307.
④ Elkin, Adolphus Peter, *The Australian Aborigines*, Garden City, N. Y.: Doubleday & Company, Inc., 1964, p. 347.
⑤ Joan Beaumont, *Australia's War*, Allen & Unwin Ltd, 1996, p. 59.
⑥ 〔澳〕杰弗里·博尔顿：《澳大利亚历史》，李尧译，北京：北京出版社，1992年，第15页。

亚赢得战争做出了贡献。也就是在为这场保家卫国的共同斗争中，澳大利亚白人不仅加深了对土著居民的了解和认识，而且对土著的传统观念也开始改变。第二次世界大战中，在军队服役和为军队服务的土著居民表现出对文明生活的适应与欣赏。人们发现，他们很快地适应了工作的节奏、卫生习惯和军营生活。他们的工作很有效率，他们欣赏文明服务与环境（医院、卫生、餐具、电影、房屋与学校）。① 在战争中的交往使白人"扫除了认为土著人对货币一无所知、对卫生习惯一窍不通的偏见。人们曾经担心，不同种族的混杂会酿成社会的分裂。而事实证明，这种担心是毫无根据的。他们曾经被人们认为很懒惰，但在马塔伦卡，土著人一天干10个小时的活，他们在中东干得比白人士兵和民工卖力得多"②。他们的工作表现得到了军队的赞赏，与军队的其他成员能够友好相处。③

战争期间，为军队服役和服务的土著首次获得较为公正的待遇，他们的处境也有所改善。作为军队后勤劳动力的一部分，1000名土著参加了工事修筑工作。这些土著工人每天得到10便士的现金工资，他们及其家属在军队的营地里生活。④ 尽管他们的女人会经常遭受白人和美国黑人大兵的侵犯，但生活在军营的土著获得了医疗服务。因为只要土著生病、营养不良和生活在不卫生的环境里，他们就会直接威胁到驻扎在北方的盟军士兵的健康。因此，自殖民开始以来，土著第一次获得与白人一样的体面的饮食和医疗服务。⑤ 尽管这主要是为了保护白人军队和保持他们的战斗力，而不是出于土著权利和普遍的人道主义考虑。一些优秀的土著士兵还得到军队的提升和嘉奖。来自维多利亚的土著士兵雷格·桑德斯（Reg Saunders）参加了北非和新几内亚的战斗，成为澳大利

---

① Elkin, Adolphus Peter, *The Australian Aborigines*, Garden City, N. Y.: Doubleday & Company, Inc., 1964, p. 347.
② 〔澳〕杰弗里·博尔顿：《澳大利亚历史》，李尧译，北京：北京出版社，1992年，第16页。
③ Broome, Richard, *Aboriginal Australians*, *Black Response to White Dominance 1788 – 1980*, Sydney, London, Boston: George Allen & Unwin, 1982, pp. 137 – 138.
④ Broome, Richard, *Aboriginal Australians*, *Black Response to White Dominance 1788 – 1980*, Sydney, London, Boston: George Allen & Unwin, 1982, pp. 137 – 138.
⑤ Shoemaker, Adam, *Black Words White Page*, *Aboriginal Literature 1939 – 1988*, The Australian National University E Press, 2004, p. 32.

亚军队中第一位获得军衔的土著士兵。① 鉴于当时社会上普遍歧视土著的状况，桑德斯获得军衔成为战争期间土著人开始获得较为公正待遇的象征，他们的政治权益也开始受到人们的重视。1940 年阿瑟·伯登（Arthur Burdeu）写信给联邦总理孟席斯（Menzies），指出，由于受到法律限制，为战争效力的土著士兵无法获得与其他士兵一样的权益。他要求，一旦战争结束，参战的土著士兵应该被授予充分的公民权，获得包括军人待遇、养老金和伤残保险金以及联邦选举权等权益，他们的妻子应该获得孕产妇津贴。联邦政府同意了阿瑟·伯登的建议，并拟定《1940 年联邦选举法（战时）》。②

土著在工作中更多地接触到白人社会，战争时期得到了初步的平等，了解到平等自由等观念，也进一步强化了土著对公民权利的要求。这促进了土著居民要求公民权的斗争。那些参与战争并获得军衔、稳定的工资以及家属给养的土著，战后不愿意回到北领地养牛场备受剥削的状态之中。战争结束后，这种势头却没有得到保持，反而遭遇越发严重的歧视和排斥。《1940 年联邦选举法（战时）》曾决定，战后授予参战土著士兵以公民权，但是政府并没有兑现承诺。然而，战争中的努力毕竟使土著首次获得平等与尊重，一旦受到过平等待遇，就不可能忘记。当他们回到充满偏见和不平等的社会生活中时，就会加剧他们的痛苦和愤怒。③1945 年 5 月，西澳发生土著工人罢工事件，数百名土著工人参与罢工。他们主张，最低工资标准的确定必须征询土著工人的意见，地方政府机关必须有土著工人代表参加。1951 年 1 月，类似的罢工事件也在北部领土发生。

土著的痛苦还得到国际社会的关注，他们的愤怒得到国际社会日益强烈的支持。随着人权、民主、自由和平等观念在国际社会深入人心，基于宗教、民主、种族、语言、出生等差别的社会歧视逐步丧失其存在的合理性和合法性。1948 年 12 月 10 日，联合国大会通过《世界人权宣言》，其中第二条规定："人人皆得享受本宣言所载之一切权利与自由，

---

① Broome, Richard, *Aboriginal Australians*, *Black Response to White Dominance 1788 – 1980*, Sydney, London, Boston: George Allen & Unwin, 1982, p. 169.
② Broome, Richard, *Aboriginal Victorians*: *A History since* 1800. Crows Nest, N. S. W.: Allen & Unwin, 2005, p. 307.
③ Shoemaker, Adam, *Black Words White Page*, *Aboriginal Literature 1939 – 1988*, The Australian National University Press, 2004, p. 32.

不分种族、肤色、性别、语言、宗教、政见或他种主张，国籍或门第、财产、出生或他种身份。"《联合国宪章》以及后来的一系列国际公约规定无差别的自由权利和平等地位。联合国成为反对种族歧视、保障人权的核心机构。在关于人权问题的国际准则的鼓舞下，世界各国少数族群争取平等自由、主张公民权的社会运动快速兴起，各国少数民族要求平等和承认的呼声不断高涨，斗争不断展开。美国兴起的民权运动以及南非的反种族隔离运动成为国际社会反种族歧视的重要事件，鼓舞着澳大利亚土著争取权益的斗志。

在这种背景下，澳大利亚土著的遭遇和处境得到国际社会的重视。澳大利亚及其委任统治下的新几内亚土著人的命运成为国际社会关注的问题。在当代国际人权标准和国际法形成之时，澳大利亚依然顽固地坚持种族歧视的态度与政策。在 1945 年旧金山会议上，鉴于国际社会可能施加压力要求澳大利亚改变白澳政策与土著政策，以总理的全权代表身份参加会议的澳大利亚外交部长赫伯特·维尔·伊瓦特（Herbert Vere Evatt）极力主张，联合国宪章应该规定禁止联合国当局干涉成员国国内政策。伊瓦特的举动使得澳大利亚被列入"种族主义阵营"①。1952 年，为了确保"白澳政策"不受联合国的审查和谴责，澳大利亚驻联合国代表抗议将南非的种族隔离政策列入 1952 年的联合国大会议程。② 此举不仅没有达到目的，澳大利亚的种族问题反而被 1952 年联合国大会列入议程，与南非种族隔离相提并论，在大会上受到同声谴责。一些非洲国家甚至把澳大利亚称为"亚洲的南非"③。

孟席斯政府坚持要求联合国尊重不干涉成员国内部事务的原则，并以此捍卫澳大利亚的土著政策和移民政策。在英国迫于国际压力将南非逐出英联邦之时，孟席斯说道："国际社会无论如何不满，种族隔离都是南非的内部事务。就像澳大利亚的移民政策是我们的国内问题一样，种族隔离也是南非的国内问题。在我看来，由于国内问题将南非排除在英

---

① Beresford, Quentin, & Omaji, Paul, *Our State of Mind: Racial Planning and the Stolen Generations*. Fremantle, W. A.: Fremantle Arts Centre Press, 1998, p. 259.

② Beresford, Quentin, & Omaji, Paul, *Our State of Mind: Racial Planning and the Stolen Generations*. Fremantle, W. A.: Fremantle Arts Centre Press, 1998, p. 259.

③ 金涛、孙运来：《世界民族关系概论》，北京：中央民族大学出版社，1996 年，第 197 页。

联邦成员国之外是不可接受的。"①

顽固的种族主义立场使得澳大利亚在国际社会的处境越来越尴尬。担心澳大利亚的种族主义影响自己的国际形象,英国政府也要求澳大利亚政府采取措施改变土著的处境。直到 1940 年,澳大利亚的外交事务一直由英国代为执行,澳大利亚对土著居民的种族歧视也严重损害了英国的国际声誉。种族主义的臭名也严重影响澳大利亚走向国际社会。在第二次世界大战后的美苏冷战格局中,"当澳大利亚充当美国的伙伴为美国对抗苏联而呐喊助威时,才发现自己由于对土著的不公正而处于尴尬之中。同样,种族主义名声也影响了它与北方近邻的交往"②。种族主义已经对澳大利亚的国际形象和国际交往构成严重障碍。

总之,第二次世界大战后,土著居民再也不能容忍在原有的状态下继续生存,他们要求平等与公民权的呼声越来越高。种族主义已经失去其存在的合法性,遭到世人的唾弃,澳大利亚要在这个世界上得到世人的尊重,就必须在种族问题上表现出积极的姿态,切实改变土著政策。

三、土著同化政策的确立

第二次世界大战后,土著问题显得更加紧迫。一方面,经济扩张,需要大量劳动力,土著可以作为劳动力的补充,改善土著处境和地位,成为充分利用这一劳动力资源的条件。二是人类学家的研究引起澳大利亚社会对土著问题的关注。拉德克利·布朗和 A. P. 埃尔金等著名人类学家都曾撰文公正地介绍澳大利亚土著居民,号召澳大利亚人关心土著居民。他们要求政府放弃对土著居民的歧视,改变土著政策;改善土著的教育状况,给予他们更多的受教育机会;提高土著居民的政治地位,给予他们基本的政治权益;促进土著居民的就业,改善他们的生活处境。1949 年,人类学家唐纳德·汤姆逊在墨尔本的《先驱报》上发表文章,关注土著居民的处境。他结合自己对土著居民生活的长期研究,指出:"那些没有见过北领地、西澳和昆士兰畜牧场土著的人,是很难想

---

① Beresford, Quentin, & Omaji, Paul, *Our State of Mind: Racial Planning and the Stolen Generations*. Fremantle, W. A.: Fremantle Arts Centre Press, 1998, pp. 259 – 260.

② Michael, C. Ifoward, *Ethnicity and Nation-Building in the Pacific*, Tokyo: United National University, 1989, p. 125.

象这种悲剧的全部悲惨情形的。"① 人类学家们通过自己的努力，引起民众对土著居民的关注，引起民众对土著居民凄苦生活处境的同情，同时提高了白人社会对土著居民文化的认识。民众逐渐形成一种共识：只有将土著人尽快同化到主流社会中来，才是解决土著问题的唯一途径。

1937年会议11年之后，即1948年，澳大利亚第二次联邦与各州土著事务会议召开，各州（领地）土著事务官员和联邦卫生、社会服务和教育部长参加会议。1937年会议提议的联邦政府与各州政府定期商讨土著事务的机制终于形成。1937年会议上占主导地位的一些观念，包括纯血统土著注定灭绝、混血土著是严重的社会与种族威胁以及混血土著吸收等已经不再流行。20世纪40—50年代，文化同化论者从边缘发展成为土著管理领域的主导思想，土著同化政策开始得到逐步落实，实现对土著种族的社会整合成为普遍的政策趋势。

但工党政府忙于战后重建，主要关注移民招募和经济恢复工作，对土著问题并没有多大兴趣。1949年12月，孟席斯自由乡村党上台执政，他们与上届政府一样对土著事务没有热情。但是，此时要求改变土著政策的呼声和压力越来越大。首先，澳大利亚民众要求改变土著状况的呼声越来越高。第二次世界大战以来，民众与土著接触越来越多，也就越来越了解土著的状况，越来越多的澳大利亚人同情土著的悲惨遭遇；其次，第二次世界大战后经济和社会发展的过程中，澳大利亚社会与土著的接触更加频繁，尤其在土地资源的利用开发上土著与白人之间矛盾日益突出，白人与土著关系日益紧张；其三，国际社会对澳大利亚土著问题日益关注。这些因素促使一些议员关注土著问题，要求政府改变政策。战后初期，各政党中一些关注土著福利和权利的代表相继被选入议会。1949年，来自西澳的自由党成员保罗·哈斯勒克和来自新南威尔士的自由党成员W. C. 温特沃思（W. C. Wentworth）当选。1945年，来自西澳的工党成员金·比兹利（Kim Beazley）当选。1955年，来自维多利亚的工党成员G. M. 布赖恩特（G. M. Bryant）当选。在议会里，他们有效地推动了土著同化政策的启动，其中最重要的是哈斯勒克。

1949年，哈斯勒克当选议员。1950年，作为后座议员的哈斯勒克在

---

① 骆介子：《澳大利亚建国史》，北京：商务印书馆，1991年，第36页。

议会发表演说，产生了重要的影响。他首先指出国际社会的压力对澳大利亚的影响："今天，种族主义被明确地归类为一种世界病，澳大利亚因为白澳政策而背有种族主义的坏名声。我们参加国际上的讨论，提高我们的嗓音时——在保卫人权、维护人类福利方面，我们应该大声疾呼——我们的发言却由于整个大陆遍布着成千上万蜷缩在垃圾堆上的被歧视和被压迫的人民而变得一文不值。让我们销毁套在我们身上的枷锁，否则我们澳大利亚将被认为是一个心怀恶意的民族。只有我们在这样做的时候，我们才能作为一个自尊的民族自信而骄傲地面对世界。"①他接着指出，混血土著吸收政策为人接受的时代已经过去，澳大利亚国家应该进入一个新的时代，放弃混血土著吸收和纯血统土著保护制度成为历史的需要，实施社会文化同化、实现对土著居民的社会整合将是土著政策的基本目标。最后他建议，在宪法依然限制联邦对全国土著事务进行管辖的情况下，联邦政府应该与各州在土著事务上开展合作，这种合作包括给予土著人口较多、土著事务开支巨大的州以额外的资金帮助。他还建议，联邦政府提出相关动议，尽快与各州总理进行会商，与各州政府和基督教会就土著事务进行合作。

他的提议得到了来自昆士兰的乡村党议员 T. V. 吉尔默（T. V. Gilmore）和金·比兹利的支持。联邦领土部长 M. 麦克布赖德（M. McBride）也对哈斯勒克的建议有所认同，并承认联邦与各州在土著事务方面开展合作的必要。但他同时指出土著问题非常复杂。虽然领土部长支持他的建议，但是联邦政府并不真正欢迎哈斯勒克这位后座议员的提议。哈斯勒克的提议也没有受到议会的重视，直到 1951 年 6 月本届议会解散时也没有就此提议进行进一步的讨论。但是自由党再次当选后，哈斯勒克成为联邦领地部长，并连续 12 年担任这一职位。从此，他成为第二次世界大战后澳大利亚土著同化政策的推动者和实施者。

1951 年 6 月，哈斯勒克被联邦新政府任命为领地部长。上任后，哈斯勒克立即召集各州土著事务官员召开了澳大利亚第三次土著福利会议。在会上，他宣布同化是联邦管理土著人口的新政策，宣扬同化政策对土著的好处，要求各州和北领地在政策上保持一致。他指出，澳大利亚对待土著的做法对澳大利亚在国际上促进人权事业形成了嘲讽。经过他的

---

① Summers, John, *The Parliament of the Commonwealth of Australia and Indigenous Peoples 1901 - 1967*, Department of the Parliamentary Library, 2000, p. 37.

努力，会议一致同意，同化是"土著福利措施"的目标。就是在1951年第三次全国土著福利会议上，与会代表接受了同化原则，正式推行土著同化政策。①

1951年10月，哈斯勒克在众议院就第三次全国土著会议的情况发表声明，提出了总体土著政策设计及其理由。他认为："实施种族隔离已经不合时宜。土著与白人的联系日益密切，全国无处不涉及土著问题，而且三分之二多的土著要么脱离了部落习气，要么正在脱离部落习俗。尽管在北部和中部建立了大片保留地，但白人与其他三分之一的土著的联系必定会增加。即使我们希望把这依然过着原始部落生活的三分之一土著隔离在澳大利亚大陆的某个角落里，但这也会吸引白人猎奇的目光。大量土著正在或已经脱离部落习俗，除非有合适的生活方式取代传统的部落习俗，否则他们将在精神上和物质上一无所有。因此，必须实施一种新的政策，即接纳那些已经放弃原有生活方式的土著人，给予他们成为澳大利亚社会成员的机会。随着时间推移，人们有希望看到所有土著（包括纯血统和混血土著）都将与白人一样地生活。"②

1952年8月，哈斯勒克对土著同化政策进一步进行解释，提出废除限制性法律和扩大土著权利的目标。他宣布修改北领地土著条例，废除其中的一些适用于土著种族的条款。在议会讨论中，同化政策的实施途径——废除限制和给予土著充分的公民权——得到进一步的认可。③ 同化政策成为澳大利亚各级政府支持的一种主导的信条。1961年，澳大利亚联邦政府召集各州政府代表举行土著事务会议，再次重申对土著居民实施同化政策。

20世纪70年代以前，澳大利亚政府一直对土著居民实行同化政策。土著居民必须尽快地学习非土著居民的生活方式。④ 需要指出的是，

---

① Blackmore, W. H., Cotter, R. E., Elliott, M. J. *Landmarks, A History of Australia to the Present Day*, Macmillan of Australia, 1969, p. 166.

② Summers, John, *The Parliament of the Commonwealth of Australia and Indigenous Peoples 1901 – 1967*, Department of the Parliamentary Library, 2000, pp. 37 – 38.

③ Summers, John, *The Parliament of the Commonwealth of Australia and Indigenous Peoples 1901 – 1967*, Department of the Parliamentary Library, 2000, p. 38.

④ 〔澳〕戈登·福斯:《当代澳大利亚社会》，赵署明译，南京：南京大学出版社，1993年，第13页。

1967年全民公决后，各州才把管理土著的权力移交联邦政府。[①] 由于联邦政府并无绝对权力处理全国土著问题，联邦政府不能强制要求各州政府推行统一的政策，各州政府在土著问题处理上依然拥有很大的自主性，所以各州在同化政策的实施上也不一致。但从总体上看，文化同化已经成为趋势，成为各州土著政策的基本原则。

所谓文化同化，就是使土著居民"文明化"，并赋予他们澳大利亚公民地位。[②] 在1963年于达尔文召开的联邦政府与各州政府土著事务官员参与的土著事务会议上，文化同化被解释为"所有土著和半土著将获得与其他澳大利亚人同样的生活方式，成为单一的澳大利亚社会的成员，和其他澳大利亚人一样，享受同等的权利，承担同等的义务，遵循同样的信仰、希望和忠诚情感的陶冶"[③]。根据哈斯勒克的理解，同化并不意味着文化压迫，而是随着一代又一代时间的推移，土著将会产生文化的适应和调整。所谓的文化适应与调整就是要求土著居民欧化，或者西化，接受与采纳欧洲的价值观念与生活方式，像欧洲人那样生活。为此，20世纪50年代，政府的土著同化宣传册上集中推出土著同化的象征——一位穿着整洁的土著正在白人老师的带领下学习、工作、烹调和生活的图片。[④] 为了形象地宣传土著同化政策，澳大利亚政府推出了同化成功后的土著标准形象："穿短裤，喝啤酒，玩滚球或高尔夫球，看电视，并且在他市郊的花园里栽培玫瑰。"[⑤] 由此可见，所谓的土著同化，其实质是要求土著居民放弃他们传统的生活方式，摒弃传统的种族文化身份，认可和接受澳大利亚社会主流的生活方式、价值观念、思想文化以及宗教信仰，融入澳大利亚主流社会。

为实施土著同化政策，1951年，哈斯勒克在联邦领土部设立土著福利司。该司专门负责教化土著儿童，以澳大利亚标准的教育模式训练土

[①] E. Brown, Michael, Ganguly, Sumit, *Government Polices and Ethnic Relations in Asia and Pacific*, Cambridge, Mass: MIT Press, 1997, p. 409.

[②] 〔美〕约翰·根室：《澳新内幕》，符良琼译，上海：上海译文出版社，1979年，第103页。

[③] Hodge, Brian, Whitehurst, Allen, *Nation and People: An Introduction to Australia in a Changing World*, Sydney: Hicks, Smiths & Sons, 1967, p. 254.

[④] Broome, Richard, *Aboriginal Australians, Black Response to White Dominance 1788 – 1980*, Boston: George Allen & Unwin, 1982, p. 171.

[⑤] 〔美〕约翰·根室：《澳新内幕》，符良琼译，上海：上海译文出版社，1979年，第116页。

著居民，以便他们实现文化同化，融入澳大利亚社会。① 1953 年，在哈斯勒克推动下，《北领地土著条例》出台。该条例认为："如果鼓励土著学习职业技能，照顾自己的健康与卫生，过着定居生活，同化将是必然的发展结果。"②

在同化政策的推行过程中，各州开始给予土著人享受社会福利的权利，扩大就业机会，提高工资待遇，改善工作条件。修改了《全国健康和养老金保险条例》、《联邦妊娠补助条例》和《残废恤金和养老金条例》，使土著人得以享受相关权益。制订《福利条例》、《受监护人就业条例》和《社会福利条例》，为土著人就业、培训、工资、住房提供法律保障。1959 年，澳大利亚联邦政府给予土著居民获得养老金和产期津贴的社会权益。1966 年，联邦仲裁法庭宣布，北领地牧场的土著工人与白人工人同工同酬。③ 1971 年 6 月 30 日联邦人口统计表明，106290 名土著人中有 23546 人受雇于农牧业、制造业、建筑业和服务业等行业。1972 年，联邦政府废止《教师手册》中的歧视性条款，规定任何学校及其教师不得拒绝土著儿童入学要求。

与此同时，各州也开始给予土著应有的政治权利。1949 年 3 月通过了新的《联邦选举权条例》，允许新南威尔士、维多利亚、南澳大利亚和塔斯马尼亚的土著人享有联邦议会选举权。1951 年，联邦政府鼓励同化成功的土著居民申请获取公民权。1962 年 3 月联邦议会选举权扩及昆士兰、西澳大利亚和北领地的土著人。各州也先后允许土著人参加州和地方议会选举。1967 年 5 月，澳大利亚举行全民公决，成功地对联邦宪法进行改革，废除宪法中对土著居民的歧视性条款，规定土著居民计入澳大利亚人口之中，联邦政府从各州政府手中接管全国土著事务的管辖权。从此，澳大利亚在法律上确认土著的合法存在。

尽管同化政策依然是澳大利亚对土著居民的一种压制性政策，但是与之前的混血土著吸收和保护政策比较，有着明显的进步。同化政策是在确保所有土著（包括纯血统土著和混血土著）的生命权和生存权的前

---

① 〔美〕约翰·根室：《澳新内幕》，符良琼译，上海：上海译文出版社，1979 年，第 103—104 页。

② Shoemaker, Adam, *Black Words White Page*, *Aboriginal Literature 1939 – 1988*, The Australian National University E Press, 2004, p. 68.

③ Hodge, Brian, & Whitehurst, Allen, *Nation and People*: *An Introduction to Australia in a Changing World*, Sydney: Hicks, Smiths & Sons, 1967, p. 253.

提下,消灭澳大利亚土著居民的文化认同和民族身份,要求他们放弃自己的传统文化、价值观念、生活方式,接受和采纳澳大利亚主流的文化、价值观念和生活方式。如果说生物吸收是以归附和融入白人血统为前提来接纳混血土著的话,那么同化政策则是以归附白人文化和融入白人生活方式为前提接纳土著。从这个意义上讲,文化同化政策与混血土著吸收相比,有了一定的进步。因为,任何人都无法选择自己的出身和血统,却可以选择改变自己的文化和生活方式。虽然要求澳大利亚土著居民放弃自己的种族文化特征为条件来换取生存的权利,但土著同化政策毕竟正式承认和允许他们在澳大利亚社会生存了。因为有了生存,才谈得上社会地位的提高,才谈得上政治、经济及其他各方面处境的改善。澳大利亚政府对土著居民实施同化政策也是基于这样的观念,即"如果土著居民以澳大利亚白人的生活方式生活,那么他们也会从中获益"[1]。使土著居民真正成为澳大利亚社会的一员,过上与其他澳大利亚人一样的生活,也会在很大程度上改善他们的生存环境和条件。事实上,同化政策的推行在一定程度上确实提高了土著居民的地位,土著居民的生活条件有所改善,他们也获得了一些政治权利。

---

[1] Brown, Michael E., & Ganguly, Sumit, *Government Polices and Ethnic Relations in Asia and Pacific*, Cambridge, Mass: MIT Press, 1997, p. 407.

结　语

自西方殖民者走向世界以来，欧洲人与新大陆各地土著居民之间的矛盾与冲突、交流与碰撞就成为世界历史的重要内容。尽管西方列强殖民与掠夺澳大利亚的时间相对较短，但对澳大利亚土著居民所造成的悲剧却不亚于南北美洲。1887年美国通过《道斯法》（Daws Act），以试图促进印第安人转变成为自立的农民为土著政策的目标，以建立全面土著教育体系为达到这一目标的基本手段。[①] 美国试图把印第安人同化进美国社会之时，澳大利亚却正在设计和实施一系列政策试图彻底将澳大利亚土著种族从澳大利亚社会中清除掉。

19世纪末，随着殖民过程的完成，丧失土地的澳大利亚土著在经历暴力冲突和疾病侵袭后人口急剧减少。在社会达尔文主义的影响下，"注定灭绝"论广泛流行，并被官方接受为处理土著问题的理论基础。各殖民地（州、领地）相继确立保护制度，把土著限制在保留地任其自然消亡。当时的人们认为，土著的灭绝只是时间问题，他们的历史命运不容怀疑。

就在庆幸土著即将灭绝之时，人们开始意识到混血土著的存在及其可能带来的威胁。从踏上澳洲开始，由于严重的性别失调，白人男性普遍以各种方式追逐土著妇女。这不可避免地导致一个特殊群体——混血土著——的产生。19世纪末20世纪初，相对于纯血统土著人口的急剧减少，混血土著却在快速增长。这不仅对澳大利亚追求的种族纯洁构成了严重威胁，而且成为政府的经济负担和社会动荡的潜在根源。混血土著被视为严重的种族与社会问题，引起社会的广泛关注。确立必要的机制阻止混血土著人口的增长，强制改造现有混血土著，成为当务之急。

---

① Ellinghaus, Katherine, "Indigenous Assimilation and Absorption in the United States and Australia", *Pacific Historical Review*, Vol. 75, No. 4, 2006, p. 575.

1886年维多利亚《混血土著法》是澳大利亚系统地处理混血土著问题的开始。它确立了对纯血统土著和混血土著区别对待、将混血土著纳入白人社会经济生活的基本思路，开创了经济吸收模式。维多利亚开创的经济吸收模式先为新南威尔士和南澳所接受，后在全国广泛地推行。在经济吸收广泛实施之时，优生学和人类学关于澳大利亚土著种族归属的理论则为解决混血土著问题提供了新的思路，巴斯道由此提出生物吸收方案。在维多利亚、新南威尔士和南澳，人们更多从经济角度思考混血土著问题，主张通过立法强制混血土著融入白人经济生活；在土著人口较多的西澳、北领地以及昆士兰，人们高度关注混血土著对种族纯洁构成的威胁。20世纪20年代末和30年代，内维尔和塞西尔·库克分别在西澳和北领地开展广泛的生物吸收试验。而J. W. 布莱克利则在昆士兰主张严格禁止白人与土著的婚姻。尽管各有侧重，但两种模式都强调混血土著吸收，都强调种族血统等生理因素对混血土著吸收的决定意义。正因为如此，1937年第一次全国土著事务会议通过了题为《种族命运》的决议，宣布："混血土著的命运，而不是纯血统土著的命运，在于最终被澳大利亚人口所吸收。因此，建议所有努力都应指向这一目标。"混血土著吸收政策得到联邦政府和各州的认可。

第二次世界大战前后，不甘忍受的混血土著开始组织起来为平等权益而抗争。与此同时，纯血统土著迅速增加。既然纯血统土著还在增加，那么土著问题就不仅仅是混血土著，而是整个土著种族的问题。而且，解决混血土著问题的理论基础纷纷破产，澳大利亚土著与白人同种同源论的谬误得到科学的证实，优生学遭到世人唾弃。在这种背景下，随着国际社会对澳大利亚种族问题的关注，要求对所有土著实施社会文化同化的呼声越来越高。澳大利亚对土著的观念与态度随之改变，土著政策开始从对混血土著的吸收逐步转变为对所有土著（包括纯土著和混血土著）的文化同化。

无论混血土著吸收政策，还是土著同化政策，都以"白澳"为指导思想，不过是创建澳大利亚同质社会的不同方式而已。在澳大利亚国家的创建过程中，"白澳"成为建国理想。作为创建社会同质和国家认同的基本原则，"白澳"本身也经历了两个阶段的发展。第二次世界大战前，在"白澳"观念中，白人就是不列颠英国人及其后裔，不列颠传统和制度与保持种族血统纯洁的同质成为坚守澳大利亚纯洁的基本内容。

澳大利亚人普遍坚信,种族纯洁导致民族伟大,而种族混杂则导致民族崩溃。于是,澳大利亚极度关注种族血统差别,并视不同种族血统的存在为国家共同体的威胁。因此,长期把被视为种族纯洁威胁的亚洲人、太平洋岛民和土著居民排斥在国家共同体之外;对土生土长的土著居民进行分而治之,让纯血统土著在保留地自生自灭,对混血土著实施吸收政策,通过混血土著女性与白人男性的婚姻清除混血土著的土著血统,以捍卫澳大利亚的种族纯洁。第二次世界大战后,在种族主义遭到世人唾弃的情况下,随着大量非英语移民的到来,"白澳"开始放弃种族纯洁的信条,转而坚持以不列颠传统和制度为基础的文化同质。即认为,澳大利亚是一个基于不列颠传统和制度的文化同质社会,不同文化传统、价值观和生活方式的存在就是对这种同质性的破坏。土著同化要求土著放弃自己的文化特征和传统的生活方式,认同澳大利亚白人的价值观念、文化习俗和生活方式,以捍卫澳大利亚的文化同质。混血土著吸收是澳大利亚社会对土著居民的部分接纳,其基本前提建立在对混血土著的土著血统的否定之上,而文化同化是澳大利亚社会对土著居民的全部接纳,其基本前提是建立在对土著的种族文化特征的否定之上的。[1] 因此,混血土著吸收和土著同化也体现出澳大利亚在不同时代对"民族国家"的不同理解。混血土著吸收体现出澳大利亚在种族纯洁意义上对"民族国家"的理解,因为它把种族血统作为澳大利亚国家共同体的基石,把生理因素作为是否被吸收和接纳的先决条件。外来者要进入国家共同体,就必须与其成员在血统上发生联系,并最终放弃包括原有生理和文化特征在内的所有特征,因为这些特征标志着他们的族源、历史和世系与澳大利亚国家共同体不符。[2] 相对而言,文化同化政策则是建立在政治民族主义的基础之上,因为它把共同的权利与责任、共同的大众文化、价值观念以及对国旗和国歌等象征物的崇拜作为创建国家共同体的基础。

在此,混血土著吸收明显表现出承上启下的过渡特征。一方面,混血土著吸收,尤其是生物吸收,试图消灭的是混血土著的土著血统和生

---

[1] Moran, Anthony, "White Australia, Settler Nationalism and Aboriginal Assimilation", *Australian Journal of Politics and History*, Vol. 51, No. 2, 2005, p. 172.

[2] Moses, A. Dirk, *Genocide and Settler Society: Frontier Violence and Stolen Indigenous Children in Australian History*, New York: Berghahn Books, 2004, p. 297.

理特征。在一定程度上讲，它与保护制度将纯血统土著赶进保留地自行灭绝一样，要消灭的是生物体。生物吸收只是作为保护制度的补充而已，是在意识到混血土著不可能自行灭绝的时候而采取的一种促进土著种族整体消亡的手段。保护制度把土著隔离在保留地使其自然消亡，生物吸收则是在积极促使混血土著的消亡，使混血土著的种族身份随其土著生理特征和血统的消失而消亡。另一方面，混血土著吸收与屠杀、保护制度又存在明显差异。无论赤裸裸的屠杀，还是通过保护制度寄希望于种族生存竞争导致的自然灭绝，其根本出发点非常明确，就是要纯血统土著从白人的澳大利亚彻底地消失。屠杀与保护制度否定的是土著的生命权和生存权，而混血土著吸收在否定混血土著所具有的土著血统和生理特征的同时，允许以他们身上所具有的白人血统为基础融入白人之中。因此，混血土著吸收也表现出对混血土著的某种程度接纳，即以生物吸收或经济吸收的方式促进他们融入白人之中。从这个角度上看，混血土著吸收政策与二战后实施的土著同化政策都是旨在将处于社会外围的种族群体纳入澳大利亚社会的努力。正因为如此，澳大利亚莫纳什大学凯瑟琳·艾琳豪斯（Katherine Ellinghaus）教授也把混血土著吸收视为澳大利亚土著同化的一种模式。他认为，澳大利亚对土著居民的同化分为两种模式：一是通过种族婚姻促进土著血统和生理特征消失的生物吸收（Biological Absorption），或称之为生物同化（Biological Assimilation）；一是教育和帮助土著居民采纳文明的生活方式和自力更生的文化同化（Cultural Assimilation）。①

  总体上看，混血土著是澳大利亚在特定历史时期，为创造种族纯洁和血统纯正的"白澳"国家提出来并以极端手段加以解决的种族问题与社会问题。经济吸收没有促进混血土著自食其力，反而成为对混血土著有组织的经济剥削。生物吸收是在经济吸收之下实施的，不过是经济吸收的一种补充而已。它不仅没有把混血土著改造成为"白人"，反而为白人男性对混血土著妇女的性侵犯披上了合法外衣。因此，无论是经济吸收，还是血统改造，不仅没有促使混血土著融入白人社会，反而使他们长期深受其苦。被从土著社会中隔离出来，却又不被白人社会接受，

---

① Ellinghaus, Katherine, *Taking Assimilation to Heart: Marriages of White Woman and Indigenous Man in the United States and Australia 1887 – 1937*, Lincoln & London: University of Nebraska Press, 2006, p. xi.

混血土著成为游离于两个种族之间的特殊群体。

在世界近现代史上,种族纯洁与文化同质的单一民族国家曾经是西方各国追求的建国理想。为此,很多国家的强势族群利用政府公权力,以各种方式排斥甚至灭绝处于弱势地位的少数群体,导演出一幕幕历史悲剧。在"种族优生"(Racial Hygiene)名义下纳粹德国推行的大屠杀成为20世纪的噩梦,但是这种悲剧并不仅仅发生在纳粹德国。除了这种直接的肉体消灭外,在种族优越论高涨的20世纪上半期,社会改革家们凭借自然科学与社会学理论推动人种改造成为当时西方世界的通行做法。20世纪初,美国总统西奥多·罗斯福宣称:文明社会的一个重大问题,就是确保优等血统人口不断增加,劣等血统人口不断减少。他主张禁止劣等血统人种生育,鼓励优等人种生育。① 20世纪上半期,美国16个州通过优生绝育法,以造就西奥多·罗斯福理想中的"良种公民"。与美国对罪犯与身心障碍者等实施的"绝育"和纳粹德国对犹太人实施的屠杀不同,澳大利亚在处理混血土著问题过程中实施的"血统改造",则是以种族婚姻从生理上把混血土著改造成为白人。尽管路径选择有所不同,但是通过消灭弱势群体和造就"优秀"国民来建构完美国家的目标惊人地一致。在这个意义上,澳大利亚混血土著"血统改造"不仅是时代的缩影,而且也在一定程度上向我们昭示,在近现代民族国家的建构过程中面临的重要课题,就是一个国家的强势群体如何处理政治共同体与民族共同体的关系,以及如何将少数群体纳入民族共同体的问题。

就在澳大利亚建国前后狂热地追求种族纯洁的几十年里,各殖民地(州、领地)把混血土著视为严重的种族与社会威胁,并以他们与生俱来的白人血统为依据对混血土著进行吸收。不过,所谓吸收不仅没有促使混血土著融入澳大利亚白人之中,反而使他们长期深受其苦。在实施混血土著吸收的过程中,教育与培训不过是对混血土著儿童的控制,种族婚姻的论调高扬,而真正的种族婚姻却很少发生,实实在在严格实施的只有混血土著儿童隔离。这种隔离对混血土著及其家庭以及土著社会都带来了深重的灾难。"公平地说,除了生活在边远地区的外,没有哪个土著家庭不受儿童隔离政策的影响。所有人都曾经失去亲

---

① 〔美〕杰里米·里夫金:《生物技术世纪:用基因重塑世界》,付立杰等译,上海:上海科技教育出版社,2000年,第118页。

人。"①1997年人权与机会平等委员会关于"被偷的一代"的报告指出，根据1949年澳大利亚批准的《种族灭绝公约》，澳大利亚土著儿童隔离政策就是种族灭绝行为。报告称："种族灭绝就是旨在破坏某个群体的行为。调查发现，土著儿童隔离的主要目的是把他们吸收或同化进非土著社会，从而最终消灭他们独特的价值观念和民族身份。"②

美国著名记者约翰·根室说过，澳大利亚土著是"一个备受折磨、惨遭践踏，同时又非常吸引人的少数民族"③。作为澳大利亚土著的一个特殊群体，混血土著不仅更是"备受折磨，惨遭践踏"，而且他们的遭遇也更具有吸引力，更能吸引人们去关注历史上和现实中各种被边缘化的少数人群体的命运。土著居民曾是世界上长期遭受排斥的一种特殊的少数族群，时至今日他们仍处在社会的底层，遭受歧视和不公正待遇。对此，联合国负责经济与社会事务的副秘书长沙祖康在2009年《世界土著居民现状》的前言中指出："土著居民面临着持续的排斥、贫困和边缘化。"④ 英国历史学家阿克顿曾说："自由的试金石就是身处弱势的少数人所享有的地位和安全状态。"⑤ 阿克顿勋爵提出的是一个人类必须严肃对待的课题，已经并将持续引发历代学者的思考，激励各国政治家为之奉献心力。在多元文化成为世界潮流的今天，回顾和反思澳大利亚混血土著的苦难历史，不仅可以揭示这个课题的深刻性，而且由此提醒我们永远铭记历史教训，防止悲剧重演。

---

① Ellinghaus, Katherine, *Taking Assimilation to Heart, Marriages of White Women and Indigenous Men in the United States and Australia, 1887 – 1937*, Lincoln & London: University of Nebraska Press, 2006, p. 201.

② Human Rights and Equal Opportunity Commission, *Bringing Them Home: Report of the National Inquiry into the Separation of Aboriginal and Torres Strait Islander Children from Their Families*, Sydney: Sterling Pess, 1997, pp. 272 – 273.

③ 〔美〕约翰·根室：《澳新内幕》，符良琼译，上海：上海译文出版社，1979年，第92页。

④ United Nations, Dept. of Economic and Social Affairs, *State of the World's Indigenous People*, New York: United Nations Publications, 2009, p. v.

⑤ 〔英〕阿克顿：《自由与权力》，侯健、范亚峰译，北京：商务印书馆，2001年，第312页。

参考文献

英文部分

1. Anderson, Warwick, *The Cultivation of Whiteness, Science, Health, and Racial Destiny in Australia*, New York: Basic Books, 2003.

2. Armitage, Andrew, *Comparing the Policy of Aboriginal Assimilation: Australia, Canada, and New Zealand*, University of British Bolumbia Press, 1995.

4. Attwood, Bain, and Magowan, Fiona, *Telling Stories: Indigenous History and Memory in Australia and New Zealand*, Crows Nest, N. S. W.: Allen & Unwin, 2001.

6. Attwood, Bain, *The Making of the Aborigines*, Sydney, Boston: Allen & Unwin, 1989.

7. Attwood, Bain, *Frontier Conflict: The Australian Experience*, National Museum of Australia Press, 2003.

8. Attwood, Bain, *Telling the Truth About Aboriginal History*, Crows Nest, N. S. W.: Allen & Unwin, 2005.

9. Attwood, Bain, *Rights for Aborigines*, Crows Nest, N. S. W.: Allen & Unwin, 2003.

10. Attwood, Bain, and Griffiths, Tom, *Frontier, Race, Nation: Henry Reynolds and Australian History*, Melbourne: Australian Scholarly Publishing, 2009.

11. Austin, Tony, *Never Trust a Government Man: Northern Territory Aboriginal Policy 1911–1939*, Darwin: Northern Territory University Press, 1997.

12. Babidge, Sally, *Aboriginal Family and the State: the Conditions of History*, Burlington, Vt.: Ashgate Pub. Company, 2010.

13. Barcan, A., *Shaping our Heritage, Australia and the European Background 1770–1914*, Macmillan, 1973.

14. Barker, Anthony, *What Happened When: A Chronology of Australia from 1788*, St. Leonards, N. S. W.: Allen & Unwin, 2000.

15. Beaumont, Joan, *Australia's War*, Allen & Unwin, 1996.

16. Bennett, David, *Multicultural States: Rethinking Difference and Identity*, Routledge, 1998.

17. Beresford, Quentin, and Omaji, Paul, *Our State of Mind: Racial Planning and the Stolen Generations*, Fremantle: Fremantle Arts Centre Press, 1998.

18. Bessel, Richard, and B. Haake, Claudia, *Removing Peoples, Forced Removal in the Modern World*, Oxford University Press, 2009.

19. Blackmore, W. H., *Landmarks, A History of Australia to the Present Day*, Macmillan of Australia, 1969.

20. Bleakley, John William, *The Aborigines of Australia: Their History, Their Habits, Their Assimilation*, Brisbane: Jacaranda Press, 1961.

21. Bourke, Colin, *Aboriginal Australia: An Introductory Reader in Aboriginal Studies*, University of Queensland Press, 1998.

22. Broome, Richard, *Aborigineal Australians, Black Response to White Dominance 1788–1980*, George Allen & Unwin, 1982.

23. Broome, Richard, *Aboriginal Victorians: A History Since 1800*, Crows Nest: Allen & Unwin, 2005.

24. Buchan, Bruce, *The Empire of Political Thought: Indigenous Australians and the Language of Colonial Government*, London, Brookfield, Vt.: Pickering & Chatto, 2008.

25. Chesterman, John, and Galligan, Brian, *Citizens Without Rights, Aborigines and Australian Citizenship*, Melbourne: Cambridge University Press, 1997.

26. Chesterman, John, *Civil Rights: How Indigenous Australians Won Formal Equality*, University of Queensland Press, 2005.

27. Choo, Christine, *Mission Girls: Aboriginal Women on Catholic Missions in the Kimberley, Western Australia, 1900 – 1950*, Crawley, W. A.: University of Western Australia Press, 2001.

28. Clark, Jennifer, *Aborigines and Activism: Race, Aborigines and the Coming of the Sixties to Australia*, Crawley, W. A.: UWA Press, 2008.

29. Clendinnen, Inga, *Dancing With Strangers: Europeans and Australians at First Contact*, Cambridge University Press, 2005.

30. Coombs, Herbert Cole, *Kulinma, Listening to Aboriginal Australians*, Canberra: Australian National University Press; Norwalk, Conn.: Books Australia, 1978.

31. Cowlishawm, Gillian, *Rednecks, Eggheads and Blackfellas, A Study of Racial Power and Intimacy in Australia*, St Leonards NSW: Allen & Unwin, 1999.

32. Craven, Rhonda, *Teaching Aboriginal Studies*, St Leonards, N. S. W.: Allen & Unwin, 1999.

33. Curthoys, Ann, and Markus, Andrew, *Who are Our Enemies? Racism and the Australian Working Class*, Neutral Bay: Hale and Iremonger, in Association with the Australian Society for the Study of Labour History, 1978.

34. Curthoys, Ann, *Freedom Ride: A Freedom Rider Remembers*, Crows Nest, N. S. W.: Allen & Unwin, 2002.

35. Davies, A. F., and Encel, S., *Australian Society: A Sociological Introduction*, New York: Atherton Press, 1965.

36. Davis, S. L., and Prescott, J. R. V., *Aboriginal Frontiers and Boundaries in Australia*, Carlton, Vic.: Melbourne University Press, 1992.

37. Prentis, Macolm D., *A Study in Black and White: The Aborigines in Australian History*, Rosenberg Publishing; 2009.

38. Jacobs, Margaret D., *White Mother to a Dark Race: Settler Colonialism, Maternalism, and the Removal of Indigenous Children in the American West and Australia, 1880 – 1940*, Lincoln: University of Nebraska Press, 2009.

39. Dixon, John, and P. Scheurell, Robert, *Social Welfare with Indigenous Peoples*, New York: Routledge, 1995.

40. Douglas, Bronwen, and Ballard, Chris, *Foreign Bodies: Oceania and*

the Science of Race 1750 – 1940, Canberra, A. C. T. : ANU E Press, 2008.

41. Smithers, Gregory D. , *Science, Sexuality, and Race in the United States and Australia, 1780 – 1890*, New York: Routledge, 2009.

42. Dyck, Noel, *Indigenous Peoples and the Nation-State: Fourth World Politics in Canada, Australia, and Norway*, Newfoundland: Institute of Social and Economic Research, Memorial University of Newfoundland, 1985.

43. Elkin, Adolphus Peter, *The Australian Aborigines*, Garden City, N. Y. : Doubleday, 1964.

44. Elkin, Adolphus Peter, *Citizenship for the Aborigines, A National Aboriginal Policy*, Sydney: Australasian Publishing Co. Pty. Ltd. , 1944.

45. Elkin, Adolphus Peter, *Aboriginal Men of High Degree*, Sydney: Australasian Pub. , 1946.

46. Ellinghaus, Katherine, *Taking Assimilation to Heart, Marriages of White Women and Indigenous Men in the United States and Australia, 1887 – 1937*, Lincoln & Lodon: University of Nebraska Press, 2006.

47. Flood, Josephine, *The Original Australians: Story of the Aboriginal People*, Allen & Unwin Academic, 2007.

48. Folds, Ralph, *Crossed Purposes: the Pintupi and Australia's Indigenous Policy*, Sydney: UNSW Press, 2001.

49. Gale, Fay, *Urban Aborigines*, Canberra: Australian National University Press, 1972.

50. Grattan, Hartley, *The Southwest Pacific Since* 1900, *A Modern History Australia, New Zealand and the Islands Antarctica*, Ann Arbor: The university of Michigan Press, 1963.

51. Griffiths, Max, *Aboriginal Affairs 1967 – 2005: Seeking A Solution*, Dural, N. S. W: Rosenberg Publishing, 2006.

52. Haebich, Anna, *Broken Circles: Fragmenting Indigenous Families, 1800 – 2000*, Fremantle, W. A. : Fremantle Arts Centre Press, 2000.

53. Hartley, Robyn, *Families and Cultural Diversity in Australia*, St. Leonards, N. S. W. : Allen & Unwin, 1995.

54. Harney, W. E. , *Life Among the Aborigines*, London: Robert Hale Ltd. , 1957.

55. Hasluck, Paul, *Black Australians*: *A Survey of Native Policy in Western Australia*, *1829 – 1897*, Carlton, Vic.: Melbourne University. Press, 1970.

56. Havemann, Paul, *Indigenous Peoples' Rights in Australia*, *Canada*, *New Zealand*, Oxford University Press, 1999.

57. Horner, Jack, *Seeking Racial Justice*: *An Insider's Memoir of the Movement for Aboriginal Advancement*, *1938 – 1978*, Canberra, ACT: Aboriginal Studies Press, 2004.

58. Irving, Helen, *To Constitute a Nation*: *A Cultural History of Australia's Constitution*, Cambridge University Press, 1997.

59. Isaacs, Jennifer, *Australian Dreaming*: 40, 000 *Years of Aboriginal History*, New Holland Publishing Australia Pty Ltd, 2006.

60. Jamrozik, Adam, Boland, Cathy, and Urquhart, Robert, *Social Change and Cultural Transformation in Australia*, Cambridge University Press, 1995.

61. Jones, F. Lancaster, *The Structure and Growth of Australia's Aboriginal Population*, Canberra: Australian National University Press, 1970.

62. Johnston QC, Elliott, Hinton Martin Rigney, Daryle, *Indigenous Australians and the Law*, Gavendish Pubishing, 1997.

63. Jupp, James, *Ethnic Politics in Australia*, George Allen & Unwin, 1984.

64. Jupp, James, *From White Australia to Woomern*, *the Story of Australian Immigration*, Melbourne: Cambridge University Press, 2003.

65. Kelly, Paul, *100 Years*, *the Australian Story*, St Crows Nest NSW: Allen & Unwin, 2001.

66. Laudine, Catherine, *Aboriginal Environmental Knowledge*: *Rational Reverence*, Farnham, England; Burlington, VT: Ashgate, 2009.

67. Layton, Robert, *Uluru*: *An Aboriginal History of Ayers Rock*, Canberra: Aboriginal Studies Press, 2001.

68. Macintyne, Stuart. *A Concise History of Australia*, 上海外教出版社, 2006年。

69. Mander, Linden A., *Some Dependent Peoples of the South Pacific*, Leiden E. J. Brill, 1954.

70. Manne, Robert, *Whitewash: On Keith Windsshuttle's Fabrication of Aboriginal History*, Melbourne: Schwartz Publishing, 2003.

71. Markus, Andrew, and Ricklefs, M. C., *Surrender Australia? Essays in the Study and Uses of History, Geoffrey Blainey and Asian Immigration*, Sydney: George Allen & Unwin Australia Pty Ltd, 1985.

72. Markus, Andrew, *Governing Savages*, Sydney: Allen & Unwin, 1990.

73. Markus, Andrew, *Race: John Howard and the Remaking of Australia*, Crows Nest, NSW, Australia: Allen & Unwin, 2001.

74. Mattingley, Christobel, and Hampton, Ken, *Survival in Our Own Land: Aboriginal Experiences in South Australia Since 1836*, Sydney: Hodder & Stoughton, 1992.

75. McKnight, David, *From Hunting to Drinking, the Devastating Effects of Alcohol on an Australian Aboriginal Community*, London and New York: Routledge, 2002.

76. McGinness, Joe, *Son of Alyandabu: My Fight for Aboriginal Rights*, St Lucia, Qld., Queensland, Australia: University of Queensland Press, 1991.

77. McGregor, Russell, *Imagined Destinies: Aboriginal Australians and the Doomed Race Theory, 1880 – 1939*, Melbourne: Melbourne University Press, 1997.

78. Mee, Arthur, *The Passing of the Aborigines: A Lifetime Spent Among the Natives of Australia*, New York: Praeger, 1967.

79. McGrath, Anne, and Ground, Contested, *Australian Aborigines Under the British Crown*, Allen & Unwin Pty LTD, 1995.

80. Mcleod, R., & Denoon, D., eds., *Health and Healing in Tropical Australia and Papua New Guinea*, James Cook University, 1991.

81. Michael, C. Ifoard, *Ethnicity and Nation-building in the Pacific*, Tokyo, Japan: United National University, 1989.

82. Michael, E. Brown, and Ganguly, Sumit, *Government Policies and Ethnic Relation in Asia and Pacific*, Cambridge, Mass: MIT Press, 1997.

83. Moran, Anthony, *Australia: Nation, Belonging, and Globalization*, New York. Routledge, 2004.

84. Moses, A. Dirk, *Genocide and Settler Society: Frontier Violence and Stolen Indigenous Children in Australian History*, New York: Berghahn Books, 2004.

85. Muecke, Stephen, *Aboriginal Australians: First Nations of an Ancient Continent*, Thames & Hudson Ltd, 2004.

86. Murphy, John, *Imagining the Fifties, Private Sentiment and Political Culture in Menzies Australia*, UNSW Press, 2000.

87. Neill, Rosemary, *White Out, How Politics is Killing Black Australia*, St. Leonards, N. S. W.: Allen & Unwin, 2002.

88. Neville, A. O., *Australia's Coloured Minority: Its Place in the Community*, Sydney: Currawong Publishing Co., 1947.

89. Ngabidj, Grant, *My Country of the Pelican Dreaming: the Life of an Australian Aborigine of the Gadjerong, Grant Ngabidj, 1904 – 1977 as Told to Bruce Shaw*, Canberra: Australian Institute of Aboriginal Studies, 1981.

90. Partington, Geoffrey, *Hasluck Versus Coombs, White Politics and Australia's Aborigines*, The Bennelong Society, 2005.

91. Pattel-Gray, Anne, *The Great White Flood: Racism in Australia, Critically Appraised from an Aboriginal Historico-Theological Viewpoint*, Atlanta, Ga.: Scholars Press, 1998.

92. Perkins, Charles, *A Bastard Like me*, Sydney: Ure Smith, 1975.

93. Peterson, Nicolas, and Sanders, Will, *Citizenship and Indigenous Australians: Changing Conceptions and Possibilities*, Cambridge: Cambridge University Press, 1998.

94. Pitts, Herbert, *The Australian Aboriginal and the Christian Church*, Nabu Press, 2010.

95. Read, Peter, *A Rape of the Soul so Profound: the Return of the Stolen Generations*, St. Leonards, NSW: Allen & Unwin, 1999.

96. Reynolds, Henry, *The Other Side of the Frontier: Aboriginal Resistance to the European Invasion of Australia*, Sydney: University of New South Wales Press, 2006.

97. Rorabacher, Louise E., *Aliens in Their Land: the Aborigine in the Australian Short Story*, Melbourne; Canberra: Cheshire, 1968.

98. Rowley, C. D., *The Destruction of Aboriginal Society*, Melbourne, Penguin, 1972.

99. Shoemaker, Adam, *Black Words White Page*, *Aboriginal Literature 1929 – 1988*, The Australian National University, ANU E Press, 2004.

100. Shuker, Rhonda, and Gistitin, Carol, *An Introductory Aboriginal and Islander History*, Central Queensland University, 2000.

101. Summers, John, *The Parliament of the Commonwealth of Australia and Indigenous People 1901 – 1967*, Department of the Parliamentary Library, 2000.

102. Thomas, David Piers, *Reading Doctor's Writing: Race, Politics and Power in Indigenous Health Research, 1870 – 1969*, Canberra: Aboriginal Studies Press, 2004.

103. Tilbrook, Lois, *Nyungar Tradition*, *Glimpses of Aborigines of South-Western Australia 1829 – 1924*, University of Western Australia Press, 1983.

104. Ward, Russel, *The History of Australia The Twentieth Century 1901 – 1975*, Heinemann Educational Books London, 1978.

105. Woolmington, James, *Aborigines in Colonial Society: 1788 – 1850: From "Noble Savage" to "Rural Pest"*, Cassell Australia, North Melbourne, 1973.

106. Yarwood, A. T., and Knowling, M. J., *Race Relations in Australia: A History*, North Ryde, N. S. W.: Methuen Australia, 1982.

107. Attwood, Bain, and Markus, Andrew (eds.), *The Struggle for Aboriginal Rights: A Documentary History*, St. Leonards, N. S. W.: Allen & Unwin, 1999.

108. Attwood, Bain, and Markus, Andrew (eds.), *Thinking Black: William Cooper and the Australian Aborigines' League*, Canberra: Aboriginal Studies Press, 2004.

109. Chesterman, Joan, and Galligan, Brian (eds.), *Defining Australian Citizenship: Selected Documents*, Meibourne: Meibourne University Press, 1999.

110. Commonwealth of Australia, *Aboriginal Welfare: Initial Conference of Commonwealth and State Aboriginal Authorities*, Held at Canberra, 21st to 23rd

April, 1937.

111. Commonwealth of Australia, *Native Welfare Conference*, Held at Parliament House Canberra, 26th – 27th January, 1961.

112. Commonwealth of Australia, *Aboriginal Welfare Conference of Commonwealth and State Ministers*, Held at Parliament House Perth 21st July, 1967. Proceedings and Decisions.

113. Human Rights and Equal Opportunity Commission, *Bringing Them Home: Report of the National Inquiry into the Separation of Aboriginal and Torres Strait Islander Children from Their Families*, Sydney: Sterling Press, 1997.

114. Stone, Sharman N. (ed.), *Aborigines in White Australia: A Documentary History of the Attitudes Affecting Official Policy and the Australian Aborigines, 1697 – 1973*, Melbourne: Heinman Educational Australia, 1974.

115. "To all Aborigines!", *The Australian ABO CALL*, Apr. 1938.

116. "Our Historic Day of Mourning & Protest Aborigines Conference, Held at Australian Hall, Sydney, 26th January, 1938; Report of Proceedings", *The Australian ABO CALL*, Apr. 1938.

117. "Our Ten Points", *The Australian ABO CALL*, Apr. 1938.

118. Reference Group for the Australian Academy of the Humanities, *Knowing Ourselves and Others: The Humanities in Australia into the 21st Century*, Volume 2 Discipline Surveys, Commonwealth of Australia, 1998.

119. John Stonham (ed.) *Official Year Book of the Commonwealth of Australia No. 33 – 1940*, Melbourne: Australia Commonwealth Bureau of Census and Statistics, 1940.

120. John Stonham (ed.), *Official Year Book of the Commonwealth of Australia No. 26 – 1933*, Melbourne: Australia Commonwealth Bureau of Census and Statistics, 1933.

121. John Stonham (ed.), *Official Year Book of the Commonwealth of Australia No. 17 – 1924*, Melbourne: Australia Commonwealth Bureau of Census and Statistics, 1924.

122. Briscoe, Gordon, *Disease, Health and Healing: Aspects of Indigenous Health in Western Australia and Queensland, 1900 – 1940*, The Austral-

ian National University, 1996.

123. Copland, Mark, *Calculating Lives: the Numbers and Narratives of Forced Removeals in Queensland 1859 – 1972*, School of Arts, Griffith University, February 2005.

124. Elder, Catrion, *Dreams and Nightmares of a "White Australia": the Discourse of Assimilation in Selected Works of Fiction*, The Australian National University, Junuary 1999.

125. Goodall, Heather, *A History of Aboriginal Communities in New South Wales, 1909 – 1939*, Department of History, University of Sydney, December 1982.

126. Moran, Anthony, *Nation: Settler-Nationalism and Aboriginality*, the Department of Political Science, Faculty of Arts, University of Melbourne, November, 1999.

127. Norris, Rae, *The More Thing Change: Continuity in Australian Indigenous Employment Disadvantage 1788 – 1967*, Department of Politics and Public Policy, Griffith University, January 2006.

128. Panzironi, Francesca, *Indigenous People' right to Self-determination and Development Policy*, Faculty of Law, University of Sydney, 2006.

129. Stephenson, Peta, *Beyond Black and White: Aborigines, Aaian-Australians and the National Imagary*, The Australian Centre, Faculty of Arts The University of Melbourne, March 2003.

130. Wyndham, Diana, H. , *Striving for National Fitness, Eugenics in Australia 1910s to 1930s*, Department of History, University of Sydney, July 1996.

131. Melissa Johns, and Will Sanders, "Debating Indigenous Issues: more Continuity than Change", *Australian Journal of Social Issues*, Vol. 40, No. 1, 2005.

132. Lorenzo Veracini, "A Prehistory of Australia's History Wars: The Evolution of Aboriginal History during the 1970s and 1980s", *Australian Journal of Politics and History*, Vol. 52, No. 3, 2006.

133. Katie Glaskin, "Book Reviews, 'Rights for Aborigines'", *Australian Journal of Anthropology*, Vol. 16, Iss. 1, 2005.

134. A. Grenfell Price, "Australian Native Policy: A Review", *Geographical Review* Vol. 34, No. 3, 1944.

135. Colin Tatz, "Genocide in Australia", *Journal of Genocide Research*, Vol. 1, Iss. 3, 1999.

136. Jeffery R. Dafler, "Social Darwinism and the Language of Racial Oppression: Australia's Stolen Generation", *ETC: A Review of General Semantics*, Vol. 62, Iss. 2, 2005.

137. Damiet Short, "Reconciliation, Assimlation, and the Indigenous Peoples of Australia", *International Political Science Review*, Vol. 24, No. 4, 2003.

138. Robert Murray, "Disease: the Real Invader", *Quadrant Magazine History*, Volume XLVII Number 10, 2003.

139. Wilbur R. Jacbs, "The Fatal Confrontation: Early Native-White Relations on the Frontiers of Australia, New Guinea, and America: Acomparative Study", *The Pacific historical Review*, Vol. 40, No. 3, 1971.

140. David Mercer, "Citizen Minus? Indigenous Australians and the Citizenship Question", *Citizenship Studies*, Vol. 7, No. 4, 2003.

141. Jacobs, Patricia, "Science and Veiled Assumptions: Miscegenation in W. A. 1930 – 1937", *Australian Aboriginal Studies*, Iss. 2, 1986.

142. Ruth Euersley, "Aboriginal Children and Their Families: History and Trends in Western Australia", *Youth Studies*, Vol. 9, Iss. 2, 1990.

143. Geoffery Partington, "Saying 'Sorry!' about Aboriginal Children, the Fundamental Problem", *Australia & World Affairs*, Iss. 37, 1998.

144. Jackie Huggins, "'Firing on in the Mind': Aboriginal Women Domestic Servants in the Inter-War Years", *Hecate*, Vol. 13, Iss. 2, 1987.

145. Colin MacLeod, "What Really Happened in the Northern Territory", *Review-Institute of Public Affairs*, Vol. 50, No. 3, 1998.

146. Heidi Zgbaum, "Herbert Basedow and the Removal of Aboriginal Children of Mixed Descent from Their Families", *Australian Historical Studies*, Vol. 34, Iss. 121, 2003.

147. Robert van Krieken, "The 'Stolen Generations' and Cultural Genocide: the Forced Removal of Australian Indigenous Children from Their Fami-

lies and its Implications for the Sociology of Childhood", *Childhood*, Vol. 6, No. 3, Aug. 1999.

148. Taylor, Griffith, "White and Black Races in Australia", *Pacific Affairs*, Vol. 1, No. 3. Jul. 1928.

149. Anthony Moran, "White Australia, Settler Nationalism and Aboriginal Assimilation", *Australian Journal of Politics and History*, Vol. 51, No. 2, 2005.

150. Russell McGregor, "An Aboriginal Caucasian: Some Uses for Racial Kinship in Early Twentieth Century Australia", *Australian Aboriginal Studies*, Iss. 1, 1996.

151. Frederick Osborn, "Development of a Eugenic Philosophy", *American Sociological Review*, Vol. 2, No. 3, Jun. 1937.

152. Catherine H. Berndt, "Mateship or Success: An Assimilation Dilemma", *Oceania*, Vol. 33, No. 2, 1962.

153. Inara Walden, "To Send Her to Service: Aboriginal Domestic Servants", *Aboriginal Law Bulletin*, Vol. 3 No. 76, 1995.

154. Jeremy P. M. Long, "The Administration and the Part-Aboriginals of the Northern Territory", *Oceania*, Vol. 37, No. 3, 1966.

155. Marilyn Lake, "Citizenship as Non-Discrimination: Acceptance or Assimilationism. Political Logic and Emotional Investment in Campaigns for Aboriginal Right in Australia, 1940 to 1970", *Gender & History*, vol. 13. No. 3. Nov. 2001.

156. John Maynard, "Fred Maynard and the Australian Aboriginal Progressive Association (AAPA): One God, One Aim, One destiny", *Aboriginal History*, Vol. 21, 1997.

157. Paul Ban, "Aboriginal Child Placement Principle and Family Group Conferences", *Australian Social Work*, Vol. 58, No. 4, Dec. 2005.

158. Bain Attwood, Andrew Markus, "The 1967 Aborigines Referendum and All that: Narrative and Myth, Aborigines and Australia", *Australian Historical Studies*, Vol. 29, Iss. 111, Otc. 1998.

159. F. E. A. Bateman, "Survery of Native Affairs", *Western Australia Votes & Proceeding*, Vol. 2, No. 19, 1948.

160. Paul Hasluck, "Half-Caste Problem, Big Rise in Numbers, Camps Swarming with Children (No. 1)", *The West Australian*, 23rd July, 1936.

161. Paul Hasluck, "Seeking a Solution, Farm Schools Suggested Camps Swarming with Children, (No. 4)", *The West Australian*, 27th July, 1936.

162. Norman Tindale, "Survey of the Half-Caste Problem in South Australia", *Proceeding of the Royal Geographic Society* (South Australia Branch), Vol. XLII, 1940–1941.

163. Donald MacKenzie, "Eugenics in Britain", *Social Studies of Science*, Vol. 6, 1976.

164. Austin, Tony, "'A Chance to Be Decent': Northern Territory 'Half-Caste' Girls in Service in South Australia 1916–1939", *Labour History*, No. 60, 1991, pp. 51–65.

中文部分

1. 〔美〕约翰·根室:《澳新内幕》, 符良琼译, 上海: 上海译文出版社, 1979年。

2. 〔澳〕曼宁·克拉克:《澳大利亚简史》, 中山大学翻译组译, 广州: 广东人民出版社, 1973年。

3. 〔澳〕唐纳德·霍恩:《澳大利亚人——幸运之邦的国民》, 徐维源译, 上海: 上海译文出版社, 2000年。

4. 〔澳〕里查德·怀德:《创造澳大利亚》, 杨岸青译, 昆明: 云南人民出版社, 1999年。

5. 〔澳〕杰弗里·博尔顿:《澳大利亚历史》, 李尧译, 北京: 北京出版社, 1992年。

6. 〔澳〕澳巴特莱特:《澳大利亚的土著人》, 陈静译, 北京: 中国水利水电出版社, 2005年。

7. 〔澳〕戈登·格林伍德:《澳大利亚政治社会史》, 北京: 商务印书馆, 1960年。

8. 〔英〕科林·麦克伊韦迪、理查德·琼斯:《世界人口历史图集》, 陈海宏、刘文涛译, 北京: 东方出版社, 1992年。

9. 〔英〕彼得·狄肯斯:《社会达尔文主义, 将进化思想和社会理论联系起来》, 涂俊译, 长春: 吉林人民出版社, 2005年。

10. 〔英〕阿克顿：《自由与权力》，侯健、范亚峰译，北京：商务印书馆，2001年。

11. 〔美〕艾尔弗雷德·W. 克罗斯比：《生态扩张主义，欧洲900～1900年的生态扩张》，许学征译，沈阳：辽宁教育出版社，2001年。

12. 〔苏〕C. A. 托卡列夫：《澳大利亚和大洋洲各族人民》，李毅夫译，北京：生活·读书·新知三联书店，1980年。

13. 骆介子：《澳大利亚建国史》，北京：商务印书馆，1991年。

14. 黄源森、陈弘：《当代澳大利亚社会》，上海：华东师大出版社，1991年。

15. 郑寅达、费佩君：《澳大利亚史》，上海：华东师范大学出版社，1991年。

16. 倪卫红、沈江帆：《澳大利亚历史1788—1942》，北京：北京出版社，1992年。

17. 张天：《澳洲史》，北京：社会科学文献出版社，1996年。

18. 刘丽君：《澳大利亚文化史稿》，汕头：汕头大学出版社，1998年。

19. 田森：《大洋洲探秘——澳新社会透视》，杭州：浙江人民出版社，1998年。

20. 姜天明：《澳大利亚联邦史》，沈阳：辽宁大学出版社，2000年。

21. 王宇博：《澳大利亚——在移植中再造》，成都：四川人民出版社，2000年。

22. 沈永兴、张秋生、高国荣：《列国志·澳大利亚》，北京：社会科学文献出版社，2003年。

23 阮西湖：《澳大利亚民族志》，北京：民族出版社，2004年。

24. 周小平：《寻梦澳洲土著》，重庆：重庆出版社，2006年。

25. 〔澳〕欧阳昱：《表现他者：澳大利亚小说中的中国人1888—1988》，北京：新华出版社，2000年。

26. 周勇：《少数人权利的法理——民族、宗教和语言上的少数人群体及其成员权利的国际司法保护》，北京：社会科学文献出版社，2002年。

27. 金涛、孙运来：《世界民族关系概论》，北京：中央民族大学出版社，1996年。

28. 联合国教科文组织、世界文化与发展委员会：《文化多样性与人类全面发展——世界文化与发展委员会报告》，广州：广东人民出版社，2006 年。

29. 许国润：《法律、理性与历史：澳大利亚的理念、制度和实践》（上），北京：中国法制出版社，2000 年。

30. 姜守明：《世界地理大发现》，济南：山东画报出版社，2004 年。

31. 王宇博、汪诗明、朱建君：《世界现代化历程（大洋洲卷）》，南京：江苏人民出版社，2012 年。

32. 骆以清、梅茜、马桂馨：《骑在羊背上的国家——澳大利亚》，北京：科学普及出版社，1994 年。

33. 张秋生：《澳大利亚华侨华人史》，北京：外语教学与研究出版社，1998 年。

34. 石发林：《澳大利亚土著人研究》，成都：四川大学出版社，2010 年。

35. 张秋生：《艰难的里程——澳大利亚土著人的历史与现状》《世界知识》1993 年第 13 期。

36. 周学军：《澳大利亚对土著居民政策的演变》，载《世界历史》1993 年第 5 期。

37. 刘丽君：《澳大利亚土著文化及其滞后原因》，《汕头大学学报（人文科学版）》1997 年第 6 期。

38. 刘晓燕：《澳大利亚土著人，历史变迁与发展》，《内蒙古大学学报（人文社会科学版）》1998 年第 5 期。

39. 张建新：《谁应为塔斯马尼亚土著的灭绝负责》，《世界民族》1999 年第 3 期。

40. 〔澳〕伊考·费丝尔：《澳大利亚 1988 年将庆祝什么？》，阮西湖译，《世界民族研究》1987 年第 4 期。

41. 阮芳赋：《优生学史：一种新的三阶段论》，《优生与遗传》1983 年第 1 期。

42. 冯津峰：《优生学：科学还是非科学》，《中华读书报》2004 年 6 月 23 日。

43. 唐嘉燕：《澳大利亚土著的悲惨命运》，《国际展望》1992 年第 2 期。

译名对照表

A. A. Coverley　A. A. 科弗莱
A. C. Pettit　A. C. 佩蒂特
A. H. Tebbutt　A. H. 特巴特
A. O. Neville　A. O. 内维尔
A. W. Howitt　A. W. 霍瓦特
Aborigines Protection Board　土著保护委员会
Aborigines Welfare Board　土著福利委员会
Albury　奥尔伯
Alex Gordon　亚历克斯·戈登
Alexander Sutherland　亚历山大·萨瑟兰
Alfred Deakin　艾尔弗雷德·迪金
Alfred Reginald Radcliffe-Brown　拉德克利夫-布朗
Alfred Russel Wallace　A. R. 华莱士
Alice Chipper　艾利斯·奇普尔
Alice Spring　艾利斯斯普林
Alicia Adams　艾丽西亚·亚当斯
Amy Laurie　埃米·劳尔
Anderson　安德鲁
Andrew Armitage　安德鲁·阿米蒂奇
Andrew Markus　安德鲁·马库斯
Anglican　英国圣公会
Ann Curthoys　安·柯斯伊
Anna Haebich　安娜·黑比奇
Archibald Meston　阿奇博尔德·梅斯顿

Arnhem Land　阿拉姆地

Arthur Burdeu　阿瑟·伯登

Arthur Phillip　阿瑟·菲利普

Aurukun　奥鲁昆

Austin　奥斯汀

Australian Aborigines Amelioration Association　澳大利亚土著改善协会

Australian Aborigines League　澳大利亚土著联盟

Australian Aborigines Progressive Association　澳大利亚土著进步协会

Australian Inland Mission hostel　澳大利亚内陆教会救助站

B. S. Harkness　B. S. 哈克尼斯

Bain Attwood　贝恩·阿特伍德

Baldwin Spencer　B. 斯潘塞

Barambah　巴拉姆巴

Barmbh　巴默比

Beagle Bay　比格湾

Becket　贝克特

Bede Polding　比德·波尔丁

Bill Harney　比尔·哈尼

Biskup　比斯卡普

Black Town　布莱克镇

Bomaderry　博马德里

Bordertown　博德顿

Boxall　博克索尔

Brain Galligan　布雷恩·加利根

Bronislaw Kasper Malinowski　马林诺夫斯基

Broome　布鲁姆

C. A. Bailey　C. A. 布莱尼

C. H. Berndt　C. H. 伯纳特

Campbell　坎贝尔

Cape Bedford　贝德福德角

Carnarvon　卡那封

Carnegie Institution of Washington　华盛顿卡耐基研究院

Carolyn Landon　卡罗琳·兰登

Carrolup　卡罗鲁皮

Cassandra Pybus　卡桑德拉·派伯斯

Caucasian Melanochroi　高加索种人

Cecil Cook　塞西尔·库克

Cecil Fisher　塞西尔·费希尔

Charles B. Daveport　查尔斯·B. 达文波特

Charles Dunford Rowley　C. D. 罗利

Charles Gale　查尔斯·盖尔

Charles Perkins　查尔斯·帕金斯

Cherbourg　瑟堡

Colac　科拉克

Colebrook Children's Home　科尔布鲁克儿童养育院

Colin Macleod　科林·麦克伦德

Commissioner of Native Affairs　土著事务专员

Congregational Council for World Mission，即今 Council for World Mission　公理会世界传教会

Cootamundra Aboriginal Girls Home　库塔曼德拉土著女孩养育院

Coranderrk　考兰德尔克

Cumberland　坎伯兰

Daisy Bates　黛西·贝茨

Darling　达林

Darwin Convent　达尔文女修道会

Darwin Half-caste Home　达尔文混血土著养育院

Daryl Tonkin　达里尔·汤金

David Thomas　戴维·托马斯

Dianne Barwick　戴曼·巴里克

Dolly　多利

Donald Thomson　唐纳德·汤姆逊

Donaldson　唐纳森

Doug Nicholls　道格·尼科尔斯

Dubbo　达博

E. Pechelle   E. 皮切尔
E. S. Morris   E. S. 莫里斯
E. Tylor   E. 泰勒
E. W. P. Chinnery   E. W. P. 钦尼
Earl Grey   厄尔·格雷
Edwardstown   爱德华镇
Elena Govor   艾琳娜·戈佛
Encounter Bay   因康特湾
Euphie   尤菲
F. E. A. Bateman   F. E. A. 贝特曼
Flinders Island   佛林德斯岛
Framlingham   弗拉林汉
Francis Galton   弗朗西斯·高尔顿
Frank Gare   弗兰克·加里
Frank Gillen   弗朗克·格林
Fraser Island   弗雷泽岛
Fred Maynard   弗雷德·梅纳德
Frederic Wood Jon   弗雷德里克·伍德·琼斯
Frederick Goldsmit   弗雷德里克·戈德史密斯
G. M. Bryant   G. M. 布赖恩特
G. B. Barton   G. B. 巴顿
George Augustus Robinson   乔治·奥古斯塔斯·鲁滨逊
George Gawler   乔治·戈勒
George Thornton   乔治·桑顿
George V   乔治五世
Georgina River   乔治纳河
Gippsland   吉普斯兰德
Gove Peninsula   戈夫半岛
Griffith Taylor   格里菲斯·泰勒
H. W. Wright   H. W. 赖特
H. A. Barrenger   H. A. 巴罗杰
H. D. Moseley   H. D. 莫里斯

H. S. Bailey　　H. S. 贝利
Harry Spencer　　哈里·斯潘塞
Harvard-Adelaide E（DX）expedition　　哈佛–阿德莱德远征考察队
Healesville　　希斯维尔
Henry Markus　　利·马库斯
Henry Prinsep　　亨利·普林斯普
Henry Reynolds　　亨利·罗纳德
Herbert Basedow　　赫伯特·巴斯道
Herbert Spencer　　赫伯特·斯宾塞
Herbert Vere Evatt　　赫伯特·维尔·伊瓦特
Herman Klaatsch　　霍尔曼·克拉奇
Herman Merival　　赫尔曼·梅里维尔
Hopkins Falls　　霍普金斯·福尔斯
Hoveden　　霍夫登
Humphrey McQueen　　汉弗莱·麦奎因
Ina Lancaster　　艾娜·兰开斯特
J. A. Carodus　　J. A. 卡罗达斯
J. A. Lyons　　J. A. 赖昂斯
J. B. Cleland　　J. B. 克莱兰
J. H. Sexton　　J. H. 塞克斯顿
Jack Kinchela　　杰克·金奇拉
Jackie Huggins　　杰基·哈金斯
James Cook　　詹姆斯·库克
James Frazer　　詹姆斯·弗雷泽
James Gray　　詹姆斯·格雷
James Gunther　　詹姆斯·根室
James Isdell　　詹姆斯·艾斯戴尔
James Stephen　　詹姆士·斯蒂芬
Jens Lyny　　詹斯·莱恩
Joan Chesterman　　约翰·切斯特曼
Joe Lyons　　乔·莱昂斯
John Glasgow　　约翰·格拉斯哥

John Kickett   约翰·基克特
John La Nauze   约翰·拉·诺兹
John MacEwan   约翰·麦克尤恩
John Mathew   约翰·马修
John Maynard   约翰·梅纳德
John Patten   约翰·帕滕
John Smith   约翰·史密斯
John Stokes   约翰·斯托克斯
John William Bleakley   J. W. 布莱克利
Kahlin   卡林
Kamilaroi   卡密勒罗伊
Katanning   卡坦宁
Katherine Ellinghaus   凯瑟琳·艾琳豪斯
Kempsey   肯普西
Kim Beazley   金·比兹利
Kimberley   金伯利
Kinchela Boys Home   金奇拉男孩养育院
Kitty Clarke   基蒂·克拉克
Koonibba Children's Home   库尼巴儿童养育院
L. Fison   L. 菲森
L. H. Morgon   L. H. 摩尔根
L. L. Chapmen   L. L. 查普曼
Lachlan Macquarie   麦夸里
Lake Condah   康达湖
Lake Hindmarsh   德马什湖
Lake Macquarie Aboriginal Mission   麦夸里湖土著布道所
Lake Macquarie   麦夸里湖
Lake Moodemere   穆德迈尔湖
Lake Tyers   泰尔斯湖
Lake Wellington   惠灵顿湖
Lancelot Edward Threlkeld   兰斯洛特·爱德华·思雷尔克德
Leandro Illin   莱昂德罗·林

Lismore　利斯摩尔
London Missionary Society　伦敦传道会
Lucy　露西
Lyndall Ryan　林多尔·瑞安
M. M. Bennett　M. M. 贝内特
M. McBride　M. 麦克布赖德
M. T. Mclean　M. T. 麦克林
Macassan　望加锡
Maloga Mission　马拉加布道所
Managed Reservations　直管保留地
Manning Clark　曼宁·克拉克
Mapoon　马蓬
Marangesda Mission　马兰格斯达布道所
Marnie Kennedy　马尼·肯尼迪
Martin Hinton　马丁·亨顿
Mary Bennett　玛丽·贝内特
Mattew Moorthouse　马修·莫尔豪斯
McEwan　麦克尤恩
Menzies　孟席斯
Merle Jackomos　默尔·杰克摩斯
Monamona　莫纳莫纳
Moola Bulla Settlement　莫拉布拉定居点
Moola Bulla　莫拉布拉
Moore River　摩尔河
Moreton Bay　摩顿湾
Mornington　莫宁顿
Mr. Mathew　马修
Mrs Bond　邦德女士
Mrs Hansen　汉森女士
Mrs Isabelle　伊莎贝拉女士
Mrs Pickering　皮克林女士
Mrs Williams　威廉女士

Marray River　墨累河
Murrumbidgee River　马兰比吉河
Murry　默里
Myall Creek　麦艾尔溪
Myilly Point　米利角
N. B. Tindale　N. B. 廷代尔
Narrinyeri　那林耶里人
Narrogin　纳罗金
Native Union　土著联盟
Negroid　尼格罗人种
Nicholas Peterson　尼古拉斯·彼得森
Noel Loos　诺埃尔·卢斯
Nonel Butlin　诺勒·勃特林
Norman B. Tindale　诺曼·B. 廷代尔
Normanton　诺曼顿地区
Northumberland　诺森伯兰
Oodnadatta　乌德纳达塔
P. M. Karberry　P. M. 凯贝里
P. R. Stephenson　P. R. 斯蒂芬森
Palm Island　棕榈岛
Palmerston　帕默斯顿
Parramatta Aboriginal Mission　帕拉巴马土著布道所
Parramatta　帕拉玛纳
Parry Okeden　帕里·奥克登
Paul Hasluck　保罗·哈斯勒克
Paul Havemann　保罗·哈夫曼
Payne Fletcher　佩恩·弗莱彻
Pearl Gibbs　帕尔·吉布斯
Perth　珀斯
Peter Beveridge　彼特·比瑞吉
Peter Read　彼得·里德
Pine Creek　派恩克里克

Point Mcleay　波因特麦克利
Port Phillip　菲利普港地区
Portland　波特兰
Presbyterian Church　长老会派
Purga　普拉加
Quentin Beresford　昆顿·贝斯福德
Quorn　奎恩
R. Lydekker　R. 莱德克
R. M. Berndt　R. M. 伯纳特
R. M. Crawford　R. M. 克劳福德
R. Salvado　R. 赛瓦多
R. Thorpe　R. 索普
Reg Saunders　雷格·桑德斯
Regina Ganter　雷吉娜·甘特
Rev. A. Meyer　A. 梅耶牧师
Rev. J. Johnston　J. 约翰逊牧师
Reverend Stahle　内维伦德·斯托尔
Richard Bourke　理查德·伯克
Richard Broome　里查德·布鲁姆
Richard Semon　理查德·西蒙
Robert Cox　罗伯特·考克斯
Robert Manne　罗伯特·曼
Ruby De Satge　鲁比·德萨特杰
Sally　莎莉
Seventh Day Adventists　基督复临安息日会
Shadrach James　谢德拉克·詹姆斯
Sister Kate Home　凯特修女养育院
Sophie Harrison　索菲·哈里森
Stangley Bruce　坦格利·布鲁斯
Stanley D. Porteus　斯坦利·D. 波蒂厄斯
Stirling　斯特林
Stuart Rintoul　斯特尔特·林托尔

Stuart　斯图尔特
Swan River Colony　天鹅河殖民地
Swan River　斯旺河
T. V. Gilmore　T. V. 吉尔默
T. Paterson　T. 佩特森
Taroom　塔鲁姆
Thomas Embling　托马斯·恩布林
Thomas Henry Huxley　托马斯·亨利·赫胥黎
Tokas Johnson　托卡斯·约翰逊
Trubannman　特鲁班曼（或称 Mitchell River Mission）
Unmanaged Reservations　托管保留地
Victoria Haskins　维多利亚·哈斯金斯
Vincent Cesina　文森特·塞斯尼
W. Cowper　W. 考珀
W. Baldwin Spencer W. B. 斯潘塞
W. C. Wentworth　W. C. 温特沃思
W. E. Dalton　W. E. 多尔顿
W. E. H. Stanner　W. E. H. 斯坦勒
W. E. Harney　W. E. 哈尼
W. E. Roth　W. E. 罗斯
W. G. South　W. G. 索思
W. H. Flower　W. H. 弗劳尔
W. Yate　W. 耶特
Warrnambool　瓦兰布尔
Water Roth　沃特·罗斯
Wave Hill　潮汐山
Weipa　韦帕
Wellington Mission　惠灵顿布道团
Wellington Valley Aboriginal Mission　惠灵顿山谷土著布道所
Wellington Valley　惠灵顿山谷
Will Sanders　威尔·桑德斯
William Cooper　威廉·库珀

William Dampier　威廉·丹皮尔
William Ferguson　威廉·弗格森
William Gall　威廉·高尔
William Garnett　威廉·加尼特
William Harris　威廉·哈里斯
William Pember Reeves　威廉·彭伯·里夫斯
William Ramsay Smit　威廉·拉姆塞·史密斯
William Shelley　威廉·雪莱
William Walker　威廉·沃克
Willington　惠灵顿
Wimmera　维么拉
Wobart Eliza　沃伯特·伊丽莎
Woorabinda　伍拉宾达
Yarrabah　亚拉巴
Yass　亚斯
York　约克

图书在版编目(CIP)数据

澳大利亚混血土著问题研究 / 杨洪贵著. —北京：中央编译出版社，2018.3
ISBN 978-7-5117-3560-7

Ⅰ. ①澳…
Ⅱ. ①杨…
Ⅲ. ①澳大利亚人-研究
Ⅳ. ①K611.8

中国版本图书馆 CIP 数据核字（2018）第 036421 号

澳大利亚混血土著问题研究

| 出 版 人：葛海彦
| 出版统筹：贾宇琰
| 责任编辑：曲建文
| 责任印制：刘　慧
| 出版发行：中央编译出版社
| 地　　址：北京西城区车公庄大街乙 5 号鸿儒大厦 B 座（100044）
| 电　　话：（010）52612345（总编室）　　（010）52612370（编辑室）
| （010）52612316（发行部）　　（010）52612346（馆配部）
| 传　　真：（010）66515838
| 经　　销：全国新华书店
| 印　　刷：河北下花园光华印刷有限责任公司
| 开　　本：710 毫米×1000 毫米　1/16
| 字　　数：269 千字
| 印　　张：17
| 版　　次：2018 年 3 月第 1 版
| 印　　次：2018 年 3 月第 1 次印刷
| 定　　价：58.00 元

| 网　　址：www.cctphome.com　　　　邮　　箱：cctp@cctphome.com
| 新浪微博：@中央编译出版社　　　　　微　　信：中央编译出版社（ID: cctphome)
| 淘宝店铺：中央编译出版社直销店(http://shop108367160.taobao.com)　　（010）55626985

本社常年法律顾问：北京市吴栾赵阎律师事务所律师　闫军　梁勤
凡有印装质量问题，本社负责调换，电话：（010）55626985